## 大宗商品特色课程系列教材编写委员会

顾　　　　问　王德禄
编 委 会 主 任　孙惠敏
编委会副主任　李　羽　蒋天颖　刘　莉
编 委 会 成 员　（按姓氏笔画排序）
　　　　　　　　王丹华　王长松　王　瑞　王启强
　　　　　　　　孙　晋　纪鸿聪　励国荣　陈执强
　　　　　　　　武文生　赵迎军　袁　炯

大宗商品特色课程系列

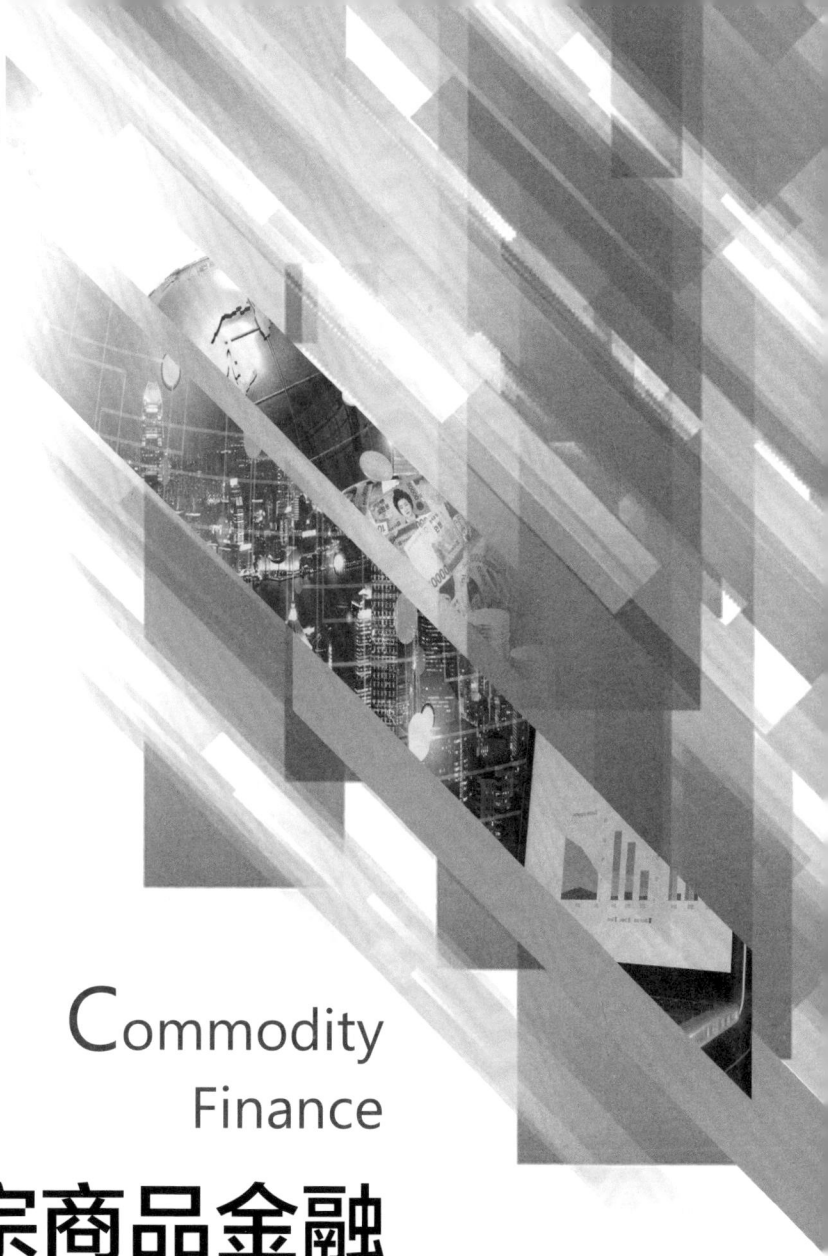

Commodity
Finance

# 大宗商品金融

李 玫 肖本华 / 主 编
马 骏 巩雨欣 / 副主编

ZHEJIANG UNIVERSITY PRESS
浙江大学出版社

# 序

在很多不同的场合，我都指出，20世纪90年代，是民营企业崛起的十年；21世纪的头十年，是"中国制造"崛起的十年；而接下来的十年，则将是大宗商品唱主角的十年。大宗商品将会是中国和西方国家竞争最激烈的领域，因为谁把握住了大宗商品的主导权，谁就把握住了未来十年经济的主导权。

在"中国制造"崛起的十年中，中国成为世界上规模最大、品种最全的制造业中心。为了满足迅速发展的制造业对各种原材料的需求，中国对大宗商品原材料的进口及消费不断增加，成为全球最大的大宗商品消费国，已经有20多个大宗商品品种等消费量居全球第一，而且一些重要的大宗商品，如石油、煤炭、铁矿石、铜、镍、大豆等商品先从净出口后转为净进口。这个拐点正是大宗商品的"中国时刻"。

然而，中国巨大的需求量并没有带来相应的话语权与定价权，在大宗商品全球产业链的分工中，中国长期扮演着加工者的角色，在价格方面被欧美国家所绑架。在大宗商品唱主角的十年，中国需求怎么能参与全球定价机制，如何才能形成价格话语权，是目前要回答的一个重要问题。

实际上，中国要想谋求大宗商品定价的话语权，涉及从宏观到微观、从政府到企业、从体制到观念的各个层面，需要我们反思并且持续进行改革与创新。而在这期间中国大宗商品领域会出现哪些业态的变化呢？大宗商品贸易、生产等产业链环节与物流、金融等相关服务业将融合创新发展，中国很多大宗商品的贸易商将成为运营商，会出现若干个大宗商品领域的金融创新，会出现很多针对大宗商品配置领域的不同环节的产业集聚。而在这个过程中，一定要有人才，一方面要吸引国际性的大宗商品人才回归中国；另一方面，要自己着力培养一批人才，我们要出顶级的大宗商品分析师、操盘手，站在全球视野把握市场，并运筹帷幄。

宁波大红鹰学院的大宗商品特色课程系列教材，是国内首套大宗商品专业教育教材，该系列的著者有学校的专业教师，有行业的优秀实践者，他们对大宗商品相关领域的发展做了长期的研究和探索,教材内容突出了"教学育人"与"学以致用",十分可贵。从"中国制造"到大宗商品,我国在世界经济中的角色正在经历着一次深刻的转型,从原来的被动加工者转型为世界资源的主动调配者。大宗商品特色课程系列教材的出版,可谓恰逢其时,正当其用,尤其对大宗商品相关领域的新任职人员和学生适用。

北京市长城企业战略研究所所长

王德禄

2017 年 8 月

# 前 言
## PREFACE

　　系统完整的大宗商品金融课程体系在国内尚属空白。但大宗商品交易的快速发展迫切需要加快培养大宗商品金融人才。为此,本书编者不仅到国内一些大宗商品交易所和大宗商品交易企业进行调研,了解企业对员工在大宗商品金融方面知识和能力的要求;还到国内相关高校进行调研,向在大宗商品科研教学方面具有一定影响力的学者请教,请他们帮助确定大宗商品金融核心理论知识。根据调研结果,本书紧紧围绕国际经济与贸易(大宗商品交易)专业人才培养方案,根据"熟悉大宗商品金融政策,具有运用大宗商品供应链金融等理论知识,熟悉大宗商品风险控制机制"等关于大宗商品金融方面的知识和能力要求进行编写。

　　本书的内容主要分为三篇,共十一章。第一篇是大宗商品金融学基础(第一至第三章)。第一章主要阐述金融的定义与功能、大宗商品金融学的理论基础、与大宗商品交易紧密相关的金融市场的基本知识,从金融服务大宗商品交易和大宗商品金融化两个方面阐述了大宗商品交易与金融的关系。第二章是现代大宗商品现货交易的发展与金融服务,主要介绍了现代大宗商品现货交易的发展及其与金融服务之间的关系。第三章是大宗商品金融化,介绍了大宗商品金融化的定义、表现、动因和影响等。第二篇为大宗商品金融服务(第四至第七章),从金融功能出发介绍金融如何服务于大宗商品交易。第四章是大宗商品金融服务;第五章是大宗商品支付服务;第六章是大宗商品贸易融资,介绍了国内外各种线上线下和传统的结构性大宗商品融资服务模式;第七章是大宗商品金融的风险管理,一方面介绍了大宗商品金融服务中的风险识别和风险控制等,另一方面介绍了国内外的相关法律法规。第三篇是现代大宗商品金融衍生品的应用(第八至第十一章)。第八章是期货市场;第九章是套期保值;第十章是投机和套利交易,介绍大宗商品期货投机和套利的具体应用;第十一章是期权,介绍大宗商品期权的理论和实践。本书还包含了大宗商品贸易结算服务和大宗商品 ETF 指数基金的扩展资料,可通过扫封底的图书二维码获得。

学生通过本书的学习能系统了解大宗商品金融的基础理论,掌握大宗商品支付结算和清算、大宗商品贸易融资、大宗商品金融衍生品、大宗商品风险管理等知识,为进一步通过大宗商品金融综合实验和实习提高实践能力打下基础。

肖本华搭建了本书的整体框架并编写了第一至第三章,第四章、第五章以及第八章至第十一章由李玫编写,第六章由马骏编写,拓展资料由黄飞娜和李玫编写。陆清卿负责全书的校对和习题的编写,潘青松对全书进行了最终的审核。

由于编写时间紧迫,水平有限,书中难免存在错误和疏漏之处,恳请业内人士和读者批评指正。

编　者
2018 年 8 月

# 目录
CONTENTS

## 第三篇　现代大宗商品金融衍生品的应用

# 第一篇

# 大宗商品金融学基础

# 第一章  大宗商品金融学的理论基础

自从原油等期货市场产生后,相应的大宗商品市场便成为金融市场的一部分,石油、铜、铁矿石等大宗商品的商品属性正逐渐减少,散发出浓重的金融化气息,国际大宗商品市场日益走向金融化。本章将介绍大宗商品金融学的理论基础。

## 一、金融的定义和功能

### (一)金融的定义

金融是货币流通和信用活动以及与之相联系的经济活动的总称。广义的金融泛指一切与信用货币的发行、保管、兑换、结算、融通有关的经济活动,甚至包括金银的买卖;狭义的金融则专指信用货币的融通。

金融的内容可概括为货币的发行与回笼,存款的吸收与付出,贷款的发放与回收,金银、外汇的买卖,有价证券的发行与转让,保险、信托、国内与国际货币的结算等。从事金融活动的机构主要有银行、信托投资公司、保险公司、证券公司,还有信用合作社、财务公司、金融租赁公司以及证券、金银、外汇交易所等。

金融是信用货币出现以后形成的一个经济范畴,它和信用是两个不同的概念:(1)金融不包括实物借贷而专指货币资金的融通(狭义金融),人们除了通过借贷货币融通资金之外,还以发行股票的方式来融通资金。(2)信用是指一切货币的借贷,金融(狭义)专指信用货币的融通。人们之所以要在"信用"之外创造一个新的概念来专指信用货币的融通,是为了概括一种新的经济现象;信用与货币流通这两个经济过程已紧密地结合在一起。

最能表明金融特征的是可以创造和消减货币的银行信用,而银行信用被认为是金融的核心。因此金融也可定义为:在不确定的环境中,在时间和风险两个维度下,通过金融市场对资源进行跨期(最优)配置。

### (二)金融的功能

传统的金融理论主要从金融机构的角度来着手研究金融体系,即所谓的机构金融观点。该理论认为,现存的金融市场活动主体及金融组织是既定的,并有与之相配套的金融规章和法律来规范各种组织的运行,现有的金融机构和监管部门都力图维持原有组织机构的稳定性。有关金融体系所有问题的解决,如商业银行不良资产和资本市场的系统风险等,都应在这种既定的框架下来解决,即使要牺牲效率也是值得的。上述观点存在的明显缺陷是当经营环境发生变化以及这些组织机构赖以存在的基础技术以较快的速度进行革新时,银行、保险及证券类机构也在迅速发展和变化,由于与其相关的法律和规章制度的制定滞后于其变化,金融组织的运行将会变得无效率。针对这一缺陷,Merton(默顿)和 Bodie(博迪)于 1993 年提出了功能主义金融观点(functional perspective)理论。

功能金融理论有两个假定:一是金融功能比金融机构更加稳定。Merton 和 Bodie 认为,随着时间的推移和区域的变化,金融功能的变化要小于金融机构的变化。从金融机构的纵向来看,以银行为例,现代商业银行的组织设置和机构布局与早期的货币代管机构相比,已经发生了翻天覆地的变化;从金融机构的横向来看,处于不同地域的银行其组织设置也不同,但履行的功能却大致相同。二是金融功能优于组织机构。金融功能比金融的组织机构更重要,只有机构不断创新和竞争才能使金融具有更强的功能和更高的效率。

在上述假定前提下,Merton 和 Bodie 认为,从功能金融观点看,首先要确定金融体系应具备哪些经济功能,然后据此来设置或建立能够很好地行使这些功能的机构与组织。任何金融体系的主要功能都是为了在一个不确定的环境中帮助不同国家或地区之间在不同的时间配置和使用经济资源。

功能金融理论认为,金融体系有三大核心功能。

一是便捷清算和支付的功能。金融体系提供完成商品、服务和资产清算及结算的工具。不同的金融工具在功能上可以替代,运作它们的金融机构也可以不同。

二是聚集和分配资源的功能。金融体系能够为企业或家庭的生产和消费筹集资金,同时还可以将聚集起来的资源在全社会重新进行有效分配。

三是分散风险的功能。金融体系可以提供管理和配置风险的方法。风险的管理和配置能够增加企业与家庭的福利。风险管理和配置功能的发展使金融交易和风险负担得以有效分离,从而使企业与家庭能够选择其愿意承担的风险,回避不愿承担的风险。

此外,金融体系还具有充分挖掘决策信息和有效解决"委托—代理"关系中激励不足的问题。

## 二、大宗商品金融学的理论基础

大宗商品金融学属于金融学中的一种。金融学属于经济学分支学科,即应用经济学科,是以融通货币和货币资金的经济活动为研究对象,具体研究个人、机构、政府如何获取、支出以及管理资金和其他金融资产的学科,可分为微观和宏观两个层面。

微观金融学主要考虑金融现象的微观基础。如同微观经济学一样,它实质上也是一种价格理论,研究如何在不确定情况下,通过金融市场对资源进行跨期最优配置,这也意味着它必然以实现市场均衡和获得合理金融产品价格体系为其理论目标和主要内容。其重要任务是为资产定价(asset pricing)。

宏观金融学主要研究在一个以货币为媒介的市场经济中,如何获得高就业、低通货膨胀、国际收支平衡和经济增长。可以认为,宏观金融学是宏观经济学(包括开放条件下)的货币版本,它着重于宏观货币经济(包括开放条件下)模型的建立,并通过它们产生对于实现高就业、低通货膨胀、高经济增长和其他经济目标可能有用的货币政策结论和建议。

大宗商品金融学的理论基础既包括微观金融学,也包括宏观金融学。从课程体系内容来看,联系较为密切的主要有货币银行学和金融经济学。

## (一)货币银行学

货币银行学是用经济学的理论和方法研究货币和银行的学问。有人也称其为货币金融学,或者干脆就称金融学。现代市场经济从某种意义上来说就是货币经济,是高度发达的信用经济,不懂货币银行学就不懂现代市场经济。货币有两个主要作用——媒介交换和储藏价值。可以说正是这种区分导致了从货币数量理论到现代货币理论的发展,这一切都发生在资本主义世界从自由资本主义向国家资本主义、相对封闭经济向大规模资本流动的转变的历史背景之下。

现代金融体系包括银行、非银行金融机构和各种专业金融市场,它们保证货币主要功能的实现。从最初仅仅是确保纸币稳定地充当流通手段的早期银行制度,到为了资本主义筹集巨额建设资金的直接金融市场,又进一步发展出了适应国家干预以确保资本主义经济健康运行的、以中央银行为核心的现代金融体系。

货币银行学除了一些必要的关于货币本质与形式、货币制度和金融体系的介绍以外,核心内容是货币的供给和需求、利率的决定以及由此而产生的对于宏观金融经济现象的解释和相应的政策建议。就此而言,可以说它是主流宏观经济学的一种货币演绎。其基本内容框架为:以货币这一市场经济最为普遍的现象范畴作为探讨的起始点,分析货币的产生、本质、功能及与国家范畴相关的货币制度演化;从货币支付手段引出信用范畴,并探讨现代市场经济中的商业信用、银行信用、国家信用等主要信用形式,以及各种信用工具的运作机制;从信用借贷行为的报酬又进一步引出利息与利率的理论范畴,分析市场利率决定、利率调节等机制;再从市场经济基本信用形式,即从银行信用分析出发,探讨现代商业银行、金融机构(除商业银行外的金融机构)、中央银行的运作机制与调控机制;通过对直接信用与间接信用的分析来探讨现代金融市场的运作机制,包括对货币市场、资本市场、外汇黄金市场和金融衍生品市场的运作分析;相关内容还延伸到了国际贸易中的国际收支、外汇、外汇储备等范畴。

以上述基本金融范畴为其理论基石,货币银行学向宏观视角延伸,深入探讨现代市场经济运行中的货币需求理论、货币供给理论、货币供求均衡理论、通货膨胀与通货紧缩理论,并进一步从理论与实际操作模式上探讨中央银行调控机制下的货币政策、货币政策工具、货币政策目标、货币政策传导机制等市场经济中的宏观调控理论。

## (二)金融经济学

金融经济学是经济学的主要分支之一,是对金融市场上金融资产的创立和交易以及交易主体的最优决策进行详细分析的科学。现代金融或金融经济学的研究包括四个核心内容:资产定价,个人理财,公司财务,金融市场、中介及监管。其中有关金融资产定价的研究进展最快,在过去的半个多世纪中新成果层出不穷。

金融经济学研究的对象:一是不确定性条件下经济主体跨期资源配置的行为决策;二是作为经济主体跨期资源配置行为决策结果的金融市场整体行为,即资产定价和衍生金融资产定价;三是金融资产价格对经济主体资源配置的影响,即金融市场的作用和效率。金融经济学的中心问题是不确定的金融市场环境下对金融资产定价。

金融经济学的主要理论有：

1.一般均衡理论

创始人为瓦尔拉斯。该理论认为,在一个经济体中有许多经济活动者,其中一部分是消费者,另一部分是生产者。消费者追求消费的最大效用,生产者追求生产的最大利润,他们的经济活动分别形成市场上对商品的需求和供给。市场的价格体系会对需求和供给进行调节,最终使市场达到一个理想、一般均衡的价格体系。在这个体系下,需求与供给达到均衡,而每个消费者的效用最大化要求和每个生产者的效用、效益最大化要求均得到了满足。

在一般均衡的理论构架下,金融学成为可用数学公理化方法架构的历史。

2.有效市场理论

该理论的代表人是法玛。该理论认为,在一个充满信息交流和信息竞争的市场中,一种特定的信息能够在证券市场上迅速被投资者知晓,随后,股票市场的竞争将会驱使证券价格充分且及时地反映该信息,从而使得投资者根据该信息所进行的交易不能获得非正常报酬,而只能赚取风险调整后的平均市场报酬。在有效市场中,资产价格总是完全反映可利用的信息,不能基于可利用信息获得超额收益。基本假设条件包括零交易成本、零信息成本和理性投资者。

弱式有效市场:证券价格已经完全反映了从证券市场历史交易数据中得到的信息,如过去的股价史、交易量等,如果弱式有效市场假说成立,则股票价格的技术分析将失去作用,而基本分析还可能会帮助投资者获得超额利润。

半强式有效市场:证券价格已经完全反映了所有公开可用的信息。如果半强式有效假说成立,则在市场中利用技术分析和基本分析都将失去作用,而内幕消息还可能帮助投资者获得超额利润。

强式有效市场:证券价格已经完全反映了所有有关信息,包括仅为公司内部人掌握的内幕信息。在强式有效市场中,没有任何方法能帮助投资者获得超额利润。

3.资产组合理论

该理论由马科维茨提出。它研究的是一个投资者同时在许多种证券上进行投资时应该如何选择各种证券的投资比例,从而使得投资收益最大,风险最小,即实现风险状态下的投资决策。

马科维茨在理论上的最大贡献在于他把收益与风险这两个原本有点含糊的概念明确为具体的数学概念,以均值和方差来衡量风险和收益。经济主体对金融资产的选择主要依据资产收益的均值和方差的程度。基于其"均值—方差"理论,投资者运用效应最大化的决策原则,在所有可能的投资方案中求出投资决策的最优解。

4.资本资产定价理论(CAPM理论)

该理论的代表人是夏普。资产定价是现代金融经济学研究的核心内容之一,资产定价理论旨在研究和决定具有不确定未来收益索偿权的价值或价格。它是投资理论的基石。

资产定价理论的核心问题为:资产的价格等于预期收益的现值。它是一种单因素模型。CAPM模型的形式为:$E(R_p) = R_f + \beta[E(R_M) - R_f]$,其中 $E(R_p)$ 表示投资组合的期望收益率,$R_f$ 为无风险报酬率,$E(R_M)$ 表示市场组合期望收益率,$\beta$ 为某一组合的系统风险系数。CAPM 模型主要表示单个证券或投资组合同系统风险收益率之间的关系,也即单个投资组合的收益率等于无风险收益率与风险溢价的和。

5.套利定价理论(APT 理论)

它是资本资产定价模型的替代理论。它是适用于所有资产的估值模型,其理论基础是一项资产的价格由不同因素驱动,将这些因素乘上该因素对资产价格影响的 $\beta$ 系数,加总后再加上无风险收益率,就可以得出该项资产的价值。因而,它是一种多因素模型。

6.资本结构理论(MM 理论)

该理论由米勒与莫迪格利安尼提出,其结论是:在不考虑公司所得税,且企业经营风险相同而只有资本结构不同时,公司的资本结构与公司的市场价值无关。修正的 MM 理论(含税条件下的资本结构理论)认为,在考虑公司所得税的情况下,由于负债的利息是免税支出,可以降低综合资本成本,增加企业的价值。因此,公司只要通过财务杠杆利益的不断增加而不断降低其资本成本,负债越多,杠杆作用越明显,公司价值也就越大。

7.行为金融学理论

行为金融学是金融经济学的一个分支,它采用心理学的观点,研究人们在投资决策过程中的认知、情感、态度等心理特征(人性的弱点和人性的复杂),以及由此而引起的市场非有效性。行为金融学对有效市场的批驳首先就是针对理性人假设和无套利假设这两个主流金融经济学的基本观点而展开的。主要表现在以下三方面。

一是行为金融学提出的有限理性人假设。首先,不承认"经济人"这个前提,利他主义、社会公正等也广泛存在;其次,传统主流经济理论认为人们会理性地自利,因而经济运行也具有自身的理性。而行为金融学认为:人本身就不理性,因此经济活动也不是那么理性。行为金融学家最终认为:投资者是有限理性的,投资者会犯错误;在绝大多数时候,市场中理性和有限理性的投资者都是起作用的,而非传统金融理论中非理性投资者最终将被赶出市场,理性投资者最终决定价格。

二是行为金融学提出的有限套利假设。真实世界中的套利交易会由于存在制度约束、信息约束和交易成本等而受到极大的限制,存在大量的风险,在一定条件下限制套利,使得对基本价值的偏离持续地存在。如果套利无法实现或受限制,那么以此为基础的金融理论对金融现实的解释将受限制。

三是行为金融学提出的前景理论。人们的判断行为不完全像预期效应理论所假设的那样,在每种情况下都能清楚地计算出得失和风险概率,其选择行为往往受到个人偏好、社会规范、观念习惯的影响,因而决策不一定能够实现效益最大化。所以前景理论实质上是关于在不确定条件下人们的决策行为理论。

8.期权定价理论

1973 年美国学者布莱克和肖尔斯合作发表了在期权定价方面的著名文章,从此期权定价理论获得了重大突破。

期权定价理论的内容包括:买入—卖出期权平价关系、美式买入期权的最优执行方案、布莱克-肖尔斯期权定价模型、布莱克-肖尔斯分析、布莱克-肖尔斯期权定价偏微分方程等。

金融机构在设计金融产品组合时,期权定价分析在风险共享产品的确认、产品定价、风险管理和风险控制等方面的作用尤为突出。期权定价的方法还可用来对非公司财务安排(如政府贷款担保、养老保险和存款保险等)进行定价,对各种雇员补偿计划进行评估。期权定价分析与资产组合理论相结合,已经成为研究保险理论的重要工具。

### 三、大宗商品交易与金融的关系

大宗商品交易与金融的关系具有两重性,即一方面金融应发挥其三个方面的核心功能以服务于大宗商品交易;另一方面,因大宗商品同时具有商品属性和金融属性,所以一些大宗商品交易也就具有了金融属性,出现了大宗商品金融化现象。因此,大宗商品金融学的体系应由服务于大宗商品交易的金融服务和大宗商品金融化两大部分构成,而大宗商品交易的金融服务和大宗商品金融化都与金融市场紧密相关。

### 本章小结

本章介绍了金融的定义和功能。重点阐述了与大宗商品相关的金融学理论基础,其中与大宗商品联系较为密切的主要有货币银行学和金融经济学。

金融经济学的主要理论有一般均衡理论、有效市场理论、资产组合理论、资本资产定价理论、套利定价理论、资本结构理论、行为金融学理论、期权定价理论。

大宗商品金融学的体系由服务于大宗商品交易的金融服务和大宗商品金融化两大部分构成。

### 思考与练习

1.请简要说明什么是金融。它的基本功能体现在哪些方面?
2.请阐述大宗商品交易与金融的关系。

# 第二章　现代大宗商品现货交易的发展与金融服务

　　我国大宗商品电子化交易的发展包括:第一阶段,党的十一届三中全会以后到20世纪80年代中期,计划经济体制改革,将产品的商业化批发模式变为自由贸易流通模式,由此产生了贸易中心。第二阶段,1989年国家商业部决定在国内建立现货批发市场,开始组建郑州粮食交易市场。将大宗商品从展销摆摊的交易方式发展到可以开展中远期合约订货的交易方式,与此同时产生了期货交易所。第三阶段,2003年国家质量监督检验检疫总局发布了《大宗商品电子交易规范》。国内相继建立了一批"大宗商品交易中心批发市场",批发市场从一个局域性的有形市场转向全国甚至国际性的市场。第四阶段,2005年国务院办公厅发布了《关于加快电子商务发展的若干意见》,2006年中央办公厅、国务院办公厅公布了《2006—2020年信息化发展战略》,2007年国家发改委、信息办推出了《电子商务发展"十一五"规划》,商务部又连续出台了一系列规范电子商务发展的意见,这些规划把大宗商品交易市场作为未来的重点发展对象。

　　随着我国大宗商品市场的不断发展,相关问题开始凸显:1993年年底全国有交易所50家,期货经纪公司300多家,可代理期货交易的会员单位近2000家,但由于行业管理无序,全社会投机盛行,经过两轮清理整顿,1998年全国性的商品期货交易所仅剩3家。2008年国家禁止外汇保证金交易,之后外汇保证金交易转入地下,成为一个灰色的产业链。2010年大宗商品交易所出现大豆("逗你玩")、蒜("蒜你狠")等农作物暴涨100倍以上的现象。继而2012年湖南维财金出问题,涉嫌非法期货、虚拟配资和恶意代客刷盘等违规行为,被长沙市警方立案侦查。2013年中央2台"3·15"晚会对交易市场小平台的黑幕进行了曝光。可以说,金融服务系统功能的发展伴随着我国大宗商品交易的成长;同时,大宗商品交易的发展也刺激了金融服务系统的不断创新与完善。

# 第一节　大宗商品现货交易

## 一、大宗商品交易的概念

### (一)大宗商品

　　大宗商品是指同质化、可交易、被广泛作为工业基础原材料的商品。根据性质不同,大宗商品可以分为硬性、软性及能源三大类;硬性商品主要包括有色金属、黑色金属等基础金属产品及各种矿石产品;软性商品主要包括大豆、棕榈油、棉花、可可等农产品;能源商品包括原油、燃料油、煤、天然气等动力能源类商品。

大宗商品既具有商品属性又具有金融属性。与一般商品一样,大宗商品都具有一定的使用价值和价值,可广泛用于工业生产。但与一般商品相比,大宗商品可以看作一项资产,具有保值、增值和融资等金融功能,具有金融属性。当然不同种类的大宗商品其自身的稀缺性、增值性和流动性等会导致金融属性存在差异,如黄金、白银的金融属性较强,而大豆、玉米的金融属性相对较弱。正是因为大宗商品所具有的两重属性,一方面可以活跃交易以更好地服务于实体经济;但另一方面也有可能导致大宗商品交易过于偏向金融属性,投机性过强,忽视了为实体经济服务的目的。

**(二)大宗商品现货交易**

大宗商品具有价格波动大、供需量大、易于分级和标准化、易于储存和运输等特点,使其既适合进行现货交易,也适合进行期货交易。大宗商品现货交易包括传统的现货交易和现代的现货交易。传统的大宗商品现货交易主要通过传统的批发和零售等模式进行交易,随着电子商务的发展而产生的现代大宗商品现货交易则主要是通过电子交易的方式进行即期交易和中远期交易,但如何界定现代大宗商品现货交易还存在着许多争论。

2008年,为规范发展大宗商品中远期电子交易,商务部曾与行业协会合作编写了《大宗商品中远期交易市场管理办法(草案)》,其中把大宗商品中远期交易界定为具备四个特征的商品交易:一是买卖双方以缴纳保证金为入市条件,买卖双方缴纳的保证金均不得低于合同标的额的20%;二是采用电子化集中撮合方式进行交易;三是标准化合约;四是在合约有效期内根据浮动盈亏实行当日无负债结算。

2011年,针对当时我国产权交易、文化艺术品交易和大宗商品中远期交易发展的乱象,国务院出台了《国务院关于清理整顿各类交易场所切实防范金融风险的决定》(国发〔2011〕38号)。该文件明确指出,除依法经国务院或国务院期货监管机构批准设立从事期货交易的交易场所外,任何单位一律不得以集中竞价、电子撮合、匿名交易、做市商等集中交易方式进行标准化合约交易。因此该文件否定了《大宗商品中远期交易市场管理办法(草案)》中电子化集中撮合方式和标准化合约这两条规定,但文件对于标准化合约并没有详细的规定。

2013年,商务部、中国人民银行、中国证券监督管理委员会联合发布了《商品现货市场交易特别规定(试行)》,虽然这并不完全针对大宗商品交易,但对于界定大宗商品现货交易非常重要。该规定指出,商品现货市场是指依法设立的,由买卖双方进行公开的、经常性的或定期性的商品现货交易活动,具有信息、物流等配套服务功能的场所或互联网交易平台;商品现货市场交易可以采用协议交易、单向竞价交易以及省级人民政府依法规定的其他交易方式。其中,协议交易是指买卖双方以实物商品交收为目的,采用协商等方式达成一致,约定立即交收或者在一定期限内交收的交易方式;单向竞价交易是指一个买方(卖方)向市场提出申请,市场预先公告交易对象,多个卖方(买方)按照规定加价或者减价,在约定交易时间内达成一致并成交的交易方式。根据该规定,现货市场经营者不得开展法律法规以及《国务院关于清理整顿各类交易场所切实防范金融风险的决定》中禁止的交易活动,不得以集中交易方式进行标准化合约交易。

根据《国务院关于清理整顿各类交易场所切实防范金融风险的决定》和《商品现货市

场交易特别规定(试行)》,可将目前我国现代意义上的大宗商品现货交易定义为:采用协议交易、单向竞价交易以及各省级人民政府依法规定的其他交易方式等非集中交易方式所进行的大宗商品非标准化合约交易,可约定立即交收或者在一定期限内交收。

### (三)与期货交易的关系

现代意义上的大宗商品现货交易介于传统的大宗商品现货交易与期货交易之间,其与期货交易的最大区别在于是否通过集中竞价的方式进行标准化合约的交易。三者之间的区别如表2-1所示。

表 2-1　现代大宗商品现货交易、传统大宗商品现货交易与大宗商品期货交易三者的区别

| | 现代大宗商品现货交易 | 传统大宗商品现货交易 | 大宗商品期货交易 |
|---|---|---|---|
| 交易模式 | 非标准化合约交易。交易模式多样化,有订单交易、现货挂牌交易、现货专场交易等。有即期和中远期现货交易 | 交易模式主要是批发、零售、转单 | 标准化合约交易。交易模式相对单一,只有远期合约交易 |
| 交割与否 | 兼顾交易与交割 | 需要交割 | 侧重于交易,不以实物交割为目的 |
| 市场功能 | 集交易、信息、会展、仓储、物流、质押融资等服务为一体,同时具有发现价格以及降低风险的功能 | 获得或让渡商品所有权,成交的价格信号短促 | 套期保值,发现价格、降低风险 |
| 交易对象 | 标准程度较高的非标准化合约 | 非标准化合约 | 标准化合约 |

这三类大宗商品交易的关系具有一定的层次递进性,即传统大宗商品现货交易是现代大宗商品现货交易和期货交易产生的基础,而现代大宗商品现货交易品种的成熟往往又会为期货交易的推出奠定基础。不仅如此,现代大宗商品现货交易与期货交易在服务实体经济方面还具有很强的互补性。对于企业而言,除需要在期货市场进行套期保值之外,也希望参与现货交易平台,不仅可以从中获得价格合理、质量稳定的各类大宗商品,还可以获得包括信息发布、支付、清算等交易服务,物流、仓储、检验等交收服务以及供应链融资服务。此外,现代大宗商品现货交易还是实现期现对接的纽带,现代大宗商品现货交易采用互联网及信息技术,通过与期货市场进行仓库互认、仓单互通、信息共享等实现有效对接,可解决期货交易这一层级的贸易流通功能弱、与现货市场对接不足等问题。

## 二、现代大宗商品现货交易产生和发展的内在逻辑

大宗商品的首要属性是商品属性,因此无论国内还是国外,大宗商品现货交易的发生和发展都应适应这一属性,产生于实体经济的现实需求,并根据实体经济的发展而发展。

### (一)国外大宗商品现货交易的产生发展与实体经济的发展

从国际上看,集中和有组织的大宗商品现货交易较早产生于美国。19世纪三四十年代,芝加哥作为连接中西部产粮区与东部消费市场的粮食集散地,已经发展成为当时全美

最大的谷物集散中心。随着农业的发展,农产品交易量越来越大,同时由于农产品生产的季节性特征、交通不便和仓储能力不足,使得农产品的供求矛盾日益突出,具体表现为:每当收获季节,农场主将谷物运到芝加哥,谷物在短期内集中上市,交通运输条件难以保证谷物及时疏散,使得当地市场饱和,价格一跌再跌,加之仓库不足,致使生产者遭受很大损失;到了来年春季,又出现谷物供不应求和价格飞涨的现象,使得消费者深受其苦,粮食加工商因原料短缺而困难重重。在这种情况下,储运经销应运而生。当地经销商在交通要道设立商行,修建仓库,在收获季节向农场主收购谷物,来年春季再运到芝加哥出售。当地经销商的出现,缓解了季节性的供求矛盾和价格的剧烈波动,稳定了粮食生产。但是,当地经销商也面临着谷物过冬期间价格波动的风险。为了规避风险,当地经销商在购进谷物后就前往芝加哥,与那里的谷物经销商和加工商签订来年交货的远期合同。随着谷物远期现货交易的不断发展,1848 年,82 位美国商人在芝加哥发起组建了芝加哥期货交易所(CBOT,又称芝加哥谷物交易所)。虽号称期货交易所,但用今天的眼光来看,实际上从事的是远期合同交易。交易的参与者主要是生产商、经销商和加工商,其特点是实买实卖,交易者利用交易所来寻找交易对手,在交易所缔结远期合同,待合同期满,双方进行实物交割,以商品货币交换结束交易。当时的交易所对供求双方来说,主要起到了稳定产销、规避季节性价格波动风险等作用。

这种大宗商品现货贸易是期货产生的温床。1865 年芝加哥期货交易所推出了标准化合约,取代了原先使用的远期合同。同年,该交易所又实行了保证金制度(又称按金制度),以消除交易双方由于不能按期履约而产生的诸多矛盾。1882 年,交易所允许以对冲合约的方式结束交易,而不必交割实物。与此同时,一些非谷物商看到转手谷物合同能够赢利,便进入交易所,按照"贱买贵卖"的商业原则买卖谷物合同,赚取一买一卖之间的差价,这部分人就是投机商。为了更有效地进行交易,专门联系买卖双方成交的经纪业务日益兴隆,发展成为经纪行。为了处理日益复杂的结算业务,专门从事结算业务的结算所也应运而生。标准化合约、保证金制度、对冲机制和统一结算的实施,标志着现代期货市场的确立。

虽然当前发达国家商品期货交易十分繁荣,但期货交易标准化程度高,交割率低,满足不了企业对商品实物的一些个性化要求,也替代不了大宗商品现货贸易在服务实体经济上的作用,所以在美英等国大宗商品现货贸易中仍然占有非常重要的地位,并与期货在服务实体经济上起互补作用。一般而言,在发达国家大宗商品交易中,如商品现货基础好、标准化程度高的,往往实行现货市场—期货市场两级市场体系;商品现货基础差、标准化程度低的,往往实行现货市场—中间市场(现货电子交易市场)—期货市场三级市场体系。

**(二)国内大宗商品现货交易的产生、发展与实体经济的发展**

国内现代意义上的大宗商品现货贸易的产生也是基于实体经济的需求,而且从发展规范来看,坚持服务实体的宗旨也一直是政府管理部门所要求的。

我国现代意义上的大宗商品现货贸易,是在商品批发模式基础上发展起来的。1985 年,重庆率先提出了建设工业和农产品贸易中心,把商业批发模式改成自由贸易流通模式。1989 年,当时的商业部决定在国内建立批发市场,并开始组建郑州粮食批发市场建设领导小组,自此,批发市场从展销摆摊交易方式向可以开展中远期合约订货交易方式的方向发展。1997年经当时国内贸易部批准,国家经贸委等八部委进行联合论证,推出了一种新型现货交易模式,即可对相应商品进行即期现货或中远期订货交易。1998年,江泽民主席在"亚太经合组织会议"上提出了要用电子商务的方法来推进中国的流通业现代化,此后国务院"十一五"经济发展规划提出了要稳固发展大宗商品交易,并经质量监督检验检疫总局发布了《大宗商品电子交易规范》。正如前文所言,这种现代大宗商品现货贸易与传统的批发模式一样服务于实体经济,但比批发模式便捷安全、节约成本和提高效率,同时有利于形成权威价格信息,可更好地服务于政府及企业。

与国外相比,中国进入市场经济时间相对较晚,现代大宗商品现货交易几乎与期货同时产生和发展。由于我国商品期货市场发展相对滞后,大宗商品现货贸易的发展长期存在着"虚火过旺"的问题。近年来,一些大宗商品交易市场过于重视大宗商品的金融属性,采用的交易机制与期货交易存在诸多相同之处,被称为"准期货""类期货",而不重视交易平台联系现货、服务现货的特点,只片面追求交易的表面繁荣,不仅不能很好地满足实体经济的需求,而且损害了投资者的利益。面对这种情况,我国政府不断地对大宗商品交易市场进行整顿,主要目的是对市场中存在的"脱实就虚"顽疾对症下药。目前,这种市场治理已取得了一定成效,越来越多的大宗商品交易市场不断地进行业务模式创新,逐渐回到通过服务实体经济实现盈利的商业模式上来。

## 三、现代大宗商品现货交易服务于实体经济的机理分析

总体而言,现代大宗商品现货交易服务于实体经济的机理可从微观、中观和宏观三个层面进行分析。

### (一)微观机理:降低企业成本和规避价格风险

从微观上来讲,大宗商品现货交易主要是通过商业模式的创新更好地将大宗商品的供给者和需求者联系起来,降低企业的成本和规避价格风险。

#### 1.降低企业成本

对于现代大宗商品现货交易降低企业成本的作用可以用新制度经济学的交易费用理论予以阐释。新制度经济学认为,交易费用是指企业用于寻找交易对象、洽谈交易、订立合同、执行交易、监督交易等方面的费用与支出,主要由搜索成本、谈判成本、签约成本与监督成本四个方面构成。新制度经济学认为,制度演化的过程就是一个不断降低交易费用的过程,一种制度代替另一种制度,是因为新制度能降低交易成本。现代大宗商品现货交易之所以能逐步替代传统的大宗商品现货交易,是因为前者利用电子交易手段建立起集交易、清算、仓储、物流等服务于一体的大宗商品交易集成平台,这个平台能大大降低大宗商品买卖双方在交易过程中的搜索成本、谈判成本、签约成本与监督成本。首先,在现代化的大宗商品电子交易平台上,有众多的买方和卖方,使用网络能较为容易地寻找到交易对手,从而降低搜索成本;其次,虽然现代大宗商品现货交易平台的对象不是标准化合约,但与传统的大宗商品现货交易相比,其标准化程度大大提高,交易双方只需在主要的交易要素上进行谈判达成交易即可,大大降低了谈判成本;再次,现代化的大宗商品现货交易平台都提供清算、仓储、物流等服务,可降低履约成本;最后,

规范管理的现代大宗商品现货交易平台,增强了贸易的透明度,可有效遏制暗箱操作,增强了合同履约率,从而降低了交易双方的监督成本。

### 2.规避价格风险

大宗商品价格波动较大,现代大宗商品现货贸易与期货一起,通过套期保值可为企业规避价格波动风险。套期保值是企业管理风险的必备手段。一般来说,现代大宗商品现货交易中的套期保值机理为:在买进或卖出现货的同时,在大宗商品电子交易市场上卖出或买进相同数量的商品,经过一段时间,当价格变动使大宗商品买卖上出现盈亏时,可由电子交易平台上的盈亏得到抵消或弥补,从而在近期和远期交易之间建立一种对冲机制,以使价格波动风险降到最低。

## (二)中观机理:加强产业集聚和带动地方经济发展

### 1.加强产业集聚

最近几十年,经济全球化主要表现为产业在价值链上不断分解和产业板块在区域空间上的充分集聚,产业集聚发展已成为重要趋势。一方面,对于同类企业来说,集聚发展可以促进企业间的技术交流与传播,使一家企业的创新迅速外溢到其他企业,同时,出于生存竞争需要,企业会更加注重创新;另一方面,产业集聚可带动上下游关联企业的发展,而且还能强化分工协作,提高生产效率,延伸产业链条。总之,产业集聚能够有效地促进技术升级,进而带动产业升级,推动产业结构调整和区域经济的发展。

当前大宗商品产业链在全球的布局越来越专业化,原料、制造、物流、仓储表现出越来越专业化的趋势。规模化、专业化、高效运行的现代大宗商品交易市场能够有效集聚商流、资金流、信息流和物流等各项服务,从而产生强大的产业集聚和辐射作用,极大地促进当地产业链的发展。

### 2.带动地方经济发展

国际上,通过大宗商品交易发展带动地方经济发展的成功案例较多。例如:伦敦,工业革命推动其成为世界大宗商品贸易和现货中心,而完善的做市商制度和税收政策让其牢牢占据着世界金属定价中心的地位;芝加哥,曾经制造业极度衰退,但是通过发展大宗农产品交易,成功实现了"绣带复兴";新加坡,由原先的石油炼制等传统制造业成功转向大宗商品现代服务业,在大宗商品的发展上做出了许多创新,如优惠的税收,现在已成为亚太最重要的大宗商品贸易和现货中心;鹿特丹,始终坚持港口建设,大力发展大宗商品物流仓储和相关工业,现在是欧洲的现货集散中心。

在国内,近年来几大城市如北京、天津、青岛、大连、广州等依托良好的区位优势和产业基础,都在大力推进大宗商品交易中心建设,以带动地方经济的发展。从长三角范围看,在150千米的直径范围内,形成了上海、宁波、舟山三大港口城市之间互相争夺石化、铁矿石、煤炭、钢铁等大宗商品交易中心的格局。

## (三)宏观机理:提高大宗商品国际定价权和推动产业转型升级

### 1.提高大宗商品国际定价权

在大宗商品领域,掌握定价权就是掌握了该领域产业链的利润分配。随着中国对外开放的不断深入和经济全球化的不断发展,中国在国际大宗商品贸易中的地位也越来越重要,中国对大宗商品的需求量也逐步攀升。因此,掌握大宗商品定价权对于中国的经济发展至关重要。要想提高中国的大宗商品定价权,一方面要推进国内期货市场的改革,另一方面也要推进大宗商品现货交易市场的发展,因为大宗商品现货交易不仅能反映实体经济的供求,还可以通过期现对接,提高我国期货交易市场在国际大宗商品上的定价权。

　　2.推动产业转型升级

　　随着新一轮技术革命的进步和发展,国际分工与贸易格局正在发生剧烈变化,全球产业格局进入了新一轮的调整期。一方面,以美英为代表的发达国家大力发展新兴产业,加快推进"再制造化"进程,提升对产业链的控制力;另一方面,全球产业转移的方向,也从以加工制造业为主拓展到研发、采购、物流、金融等生产性服务领域。面对国际竞争的严峻挑战,我国以模仿、代工和低技术含量为主的产业发展空间已非常局限。加上近年来受到部分行业产能严重过剩、各类要素成本全面上升、资源环境约束日益趋紧的影响,传统的发展模式已难以为继,迫切需要产业转型升级。

　　大宗商品现货交易在促进产业转型升级的过程中发挥着不可替代的作用。第一,大宗商品现货交易能够为各产业发展提供高质量的中间服务。第二,大宗商品现货交易的发展能够延伸原有产业链,提升产业附加值。大宗商品现货交易处于"微笑曲线"的高端,与中间的加工制造环节相比,利润更为丰厚。在我国已积累了庞大制造业产能的基础上,加快向产业链高端跃升,有利于创造更多的新价值。第三,大宗商品现货交易发展能够优化资源配置效率,大力发展大宗商品现货交易,不仅能够拓展现有的分工网络,还能衍生出新的分工结构,有效提高服务的专业化水平,降低社会交易成本,推动我国产业逐步由生产制造型向生产服务型转变。

# 第二节　大宗商品现货交易所存在的主要问题

## 一、大宗商品现货交易业务模式核心竞争力的现状

　　作为现货电子盘交易的大宗商品现货交易,不是简单地提供一个电子商务网站或一套电子交易软件就能运作起来的。它跟一个有形的传统市场一样,需要市场主体为入驻商家提供从信息交换、资源供应、交易环境、物流配送、费用成本控制到金融担保、质押、工商税务、质检、加工等的综合商务服务体系,才能让入驻商家实现扩大销售、降低采购和交易成本、提高服务水平和企业利润的愿望,才能真正实现电子交易给他们带来的各种好处,这样的电子交易市场对他们才具有吸引力,否则只有"电子",而没有"商务"可言。这一方面需要大宗商品交易中心不断地站在会员商家的立场尽可能地增强服务意识、提供各种优质服务或特色服务以使商家对平台形成黏性,另一方面加强与银行、质检认证、物流企业、厂家等的商务协同,通过信息化手段和协同运作减少行业上下游脱节的现象和中间环节的产生,创造更加便捷、高效的商务环境,从而为企业带来比传统有形市场更大的价值。特别是像大宗商品这种物资交易的特点是交易量和交易额大、客户融资需求普遍、物流配送相对复杂,单靠简单的电子交易本身是很难实现会员商家的踊跃参与的。因此

大宗商品现货交易业务模式的核心竞争力是通过为企业提供综合性服务提高整体运行效率,这种核心竞争力具体体现在以下几个方面:一是减少交易中间环节,降低交易成本,提高市场交易的活跃程度;二是提供更透明及时的市场资讯;三是为交易提供便利的交收仓储物流等配套服务;四是提高供求双方的融资效率,为整个行业提供更充足、灵活的资金支持;五是形成有一定影响力的价格,提高资源配置效率。

### (一)已形成了一定的核心竞争力

近年来我国一些大宗商品现货交易中心之所以发展良好,主要是其业务模式已经形成了一定的核心竞争力:一是现货挂牌配对交易模式费用低廉、交易灵活能提高市场交易的活跃程度,吸引大量的企业和投资者进行交易;二是交收制度较为合理,交收流程经过严密制定,采用电子仓单,通过专有的交收系统,能提供便捷安全的实物交收服务。

### (二)仍然存在着诸多不足

当前许多大宗商品交易中心业务的盈利模式主要还依赖交易费用和交易规模,由此导致的道德风险问题无法得到很好的防范。因此在肯定当前我国大宗商品现货交易业务模式优点的同时,也必须看到其存在的不足。

#### 1.现货交割需进一步提高

大宗商品现货市场与商品期货市场最大的不同点,就在于它"天然"就具备商品现货生产与贸易厂商所提供的交割条件。这其中最大的问题之一是商品现货市场交割率的动态与静态的相互与系统匹配的问题。因为,事实上的市场交易量与交易率,并不是必然地形成相一致的、机械性的正比或者有时会出现的反比问题,而是市场流动性活跃度与商品现货市场所服务的商品生产、贸易厂商的产能释放、商品流通,是否能够形成有机而系统的能动性、互动性的问题。在这个问题上,是不能用简单的商品现货市场的交割率来衡量的——更不用说是商品期货市场。而这一点,恰恰是商品现货市场通过其一系列的交易产品、服务产品,以及其产品体系的系统架构,来展现其市场价值竞争水平的关键性指标之一。目前国内大宗商品现货交易交收制度和服务还需要进一步完善,现货交割的比重还有待提高。

#### 2.还需进一步促进企业资金与商品库存周转率的提高

资金与商品库存的周转率也是体现大宗商品现货市场价值竞争水平的关键性指标之一。因为,作为主动、直接服务于实体经济的大宗商品现货市场,对商品现货生产、贸易厂商最大的市场功能,就是促进其商品生产、流通所需要的商品库存及资金库存的周转率,使其效用能够得以充分地发挥,从而最大、也最直接地释放、促进商品生产与贸易的产能及其流通质量。目前国内大宗商品现货交易业务在这方面亟待提高,需要提供更完善和及时的服务以促进企业资金和商品库存周转率的提高。

#### 3.价格体系、信用体系等系统性的第三方服务体系有待加强

目前国内大宗商品现货交易在第三方服务体系的建立上还存在着一些问题。这些问题不仅表现在所谓的价格体系、信用体系方面,还表现在信息体系、融投资体系、仓储物流体系等方面。仅以价格体系而言,如果一个市场连其基本的价格功能及体系都没有建立起来,那么,这个市场的所谓交易品种的基准价格,会从哪里来? 其进一步的市场交易产

品——比如场外衍生品的开发,又是基于什么样的市场依据? 目前国内绝大多数大宗商品现货市场还尚未形成自己的基准价格,不仅影响市场交易规模的扩大,还影响其衍生品的开发。

(1)平台信息服务功能有待增强。目前一些大宗商品交易中心能提供行情、分析咨询等信息服务,但平台信息服务定位还需要进一步明确。信息服务是交易市场前期运作成功的"药引",如果信息平台定位不清晰,做得杂、乱、没有特色,缺乏实际投入,只是简单地摘抄二手信息,就很难将客户从为他提供信息的成熟网站吸引到交易市场上来,目前国内大宗商品现货交易业务平台在信息服务上的专业性还需进一步加强。

(2)仓储物流金融等服务还比较滞后。通过在线融资、标准化网络化的仓储物流平台以及企业信用评级标准体系提供的仓储物流金融等服务还比较滞后。在物流配送服务的便利性方面,目前国内大宗商品现货交易平台仅仅解决了商家进行网上交易的技术手段问题,其操作过程确实简单、便捷,但交易完成后还需要与物流相结合才能实现商流与物流的互动,使整个交易顺畅快捷,真正让商家体验到电子交易带来的高效、实时、便捷、安全,才能增强他们参与的积极性。但实际情况是,大宗商品行业的大部分物流公司或物流配送中心往往连基本的企业内部信息化基础都没有,一些小的物流公司甚至还停留在手工记账或简单的电脑单据处理阶段,更谈不上与交易平台对接的 ERP(企业资源计划)、仓储物流系统、CRM(客户关系管理)等。这就给大宗商品电子商务平台的全过程物流服务实施造成了很大的困扰。

(3)对价格的发现作用还有待加强。目前大宗商品价格还主要受国际各主流交易市场价格和美元兑人民币汇率的影响。一些大宗商品现货交易市场交易本身的影响较小,因而其价格对国内外其他市场的影响较小,对企业生产和投资决策的影响也较小。

## 二、制约国内大宗商品现货交易核心竞争力形成的主要瓶颈

### (一)我国关于大宗商品现货交易的法律法规和监管不完善

我国现代大宗商品现货交易市场在交易模式、风险控制、结算方式等方面,都与期货交易有类似的相关机制,但在很多方面又不同于期货交易。目前我国一方面高度重视和鼓励现代大宗商品现货交易,但缺乏类似《期货交易管理条例》等具有法律效应的管理办法来规范现代大宗商品现货交易,导致我国现代大宗商品现货交易发展"鱼龙混杂",往往陷入"一放就乱,一管就死"的怪圈,使我国现代大宗商品现货交易的发展具有不确定性,也影响了现代大宗商品现货交易平台长期战略的制定和实施。

此外,我国缺乏对现代大宗商品现货交易市场统一监管的主体,以及能对市场行为实施有效监管的第三方,这一方面导致了对现代大宗商品现货交易平台的多重监管,另一方面也导致了监管真空。因此,监管的不完善也影响了"海峡油"等现代大宗商品现货交易平台的可持续发展。

### (二)社会对现代大宗商品现货交易的认识存在误区

现代大宗商品现货市场应该以服务大宗商品现货生产及贸易流通为经营目的,然而,由于其采用的交易机制与期货交易存在诸多相同之处,因此,现代大宗商品现货交易又被

很多人称为"准期货""类期货"。再加之这些年来很多市场管理者、经营者在经营过程中"有意误导",导致无论是投资者,还是市场的经营者,在市场运行过程中均未重视现代大宗商品现货交易市场"联系现货、服务现货"的特点,投资者甚至无法了解到期货市场和电子交易市场的区别,而市场经营者则有意或无意地利用这一误区以获取大量盈利。近年来,多次发生的类似于"泛亚事件"的问题不仅导致很多投资者损失惨重,影响现代大宗商品现货交易在社会上的整体声誉,而且还导致一些实体企业远离现代大宗商品现货交易市场,并对一些合规的现代大宗商品现货交易平台产生了一定的影响,使其难以通过服务实体经济实现可持续发展战略。

### (三)国内现行体制的制约

国内大宗商品现货交易还受到现行体制的影响。以原油为例,首先,其价格存在着管制,基准价格由发改委来制定。国内基准价格的形成与国际原油价格相比,仍存在着较大的迟滞性,从而影响国内原油现货交易较好地对接国际原油价格,无法实现价格发现的功能。其次,目前国内三大石油巨头垄断了原油和成品油 90% 的油源,并主导了油品的批发价,只在终端零售环节开了市场。正是因为获得成品油批发零售许可证的民营企业必须依附于三大巨头,所以很难形成独立的市场主体,想通过参与原油现货交易市场来对冲风险的动力十分有限,从而使得原油现货交易平台无法实现市场交易主体的多元化。最后,在当前的市场格局下,除拥有原油进口权的五大国有企业和拥有非国营原油贸易进口权和配额的企业可以参与保税交割外,其余的市场参与者均因没有原油贸易进口权和配额而无法进行实物交割操作,这也影响了国内原油现货交易业务服务于实体经济的发展。

### (四)引进境外投资者的政策不够完善

鉴于大宗商品现货市场的特点,吸引境外投资者的参与对国内大宗商品现货交易的成功至关重要,因此要提高国内大宗商品现货交易业务的国内外影响力,关键之一是全面引入境外投资者参与交易,而这又面临我国外汇、税收等相关配套政策的突破以及法律法规体系的完善。为引进境外投资者参与国内大宗商品现货交易业务,需要在市场准入和监管、资金划拨与兑换、税收征管、保税货物的海关监管等方面建立起符合国际惯例、操作流程简便、交易成本低廉、具有一定吸引力的配套管理办法,但目前这些管理方法尚待完善。

### (五)中高端人才缺乏

在我国,现代大宗商品现货交易是一项新兴的行业,没有什么先例可言,要确保一个综合性现代大宗商品现货交易市场的成功运营,就需要有一批懂软件技术开发、网站维护、电子商务运营,以及有金融、物流和现货行业从业经验的专业化人才队伍,其中综合性、跨专业、具有创新意识和很强学习能力的高端运营型人才尤为重要。目前社会上这方面的人才较为缺乏,从事大宗商品交易的大部分人员专业能力不足,学历不高,缺乏必要的专业培训。

## 三、推进国内大宗商品现货交易业务模式创新的主要路径

根据"服务集成化、产业集群化、交易国际化"的主要创新方向,国内大宗商品现货交

易业务模式创新的主要路径为：转变盈利模式，改变以手续费和佣金为主的盈利模式，加强交易、物流、信息和金融服务的创新，通过提供增值服务获取利润。

当前，大宗商品市场的物流服务呈现信息化、智能化趋势。对于国内大宗商品交易中心来说，要实现物流服务的创新首先是利用互联网等现代技术，利用国内信息化系统体系，积极构建基于第三方物流公共信息服务平台，实现互联互通、信息共享；其次是利用信息技术，通过车货配载、运力交易、在途查询、路径优化等手段逐步实现物流智能化；再次是大力推进第三方质检和质量纠纷调解工作的探索研究，进一步增强自身公信力，吸引更多交易商入市交易；最后是注重与电子商务和金融服务的协同发展，促进物流与交易、金融的有效衔接。

信息服务要立足于前瞻性和预判性，通过大宗商品交易中心的信息集聚功能，借鉴国内主要电商的 O2O 成功运营经验，引入物联网和云计算等先进技术，建立综合信息资讯平台和数据中心，形成价格信息联盟，及时发现价格，引导价格，为企业提供及时、准确、全面的综合信息服务。对任何一家大宗商品交易中心，要从供需交易商需求出发，加强当前和今后影响其行业及关联行业的要素分析，做到适时信息准确送达，研判性专题提前分析预判，使信息服务平台和信息产品不断提高准确性、适时性、实用性、前瞻性和权威性。

# 第三节　大宗商品现货交易模式创新与金融服务

2002 年至 2012 年，借助大宗商品交易的"黄金十年"，国内大宗商品现货交易市场如雨后春笋般涌现，但快速增长的背后也滋生了大宗商品市场的盲目和紊乱的问题。2013 年政府重拳出击大宗商品市场，800 家交易市场被整顿清理，整顿之风一直延续至今，一些大宗商品交易市场也在阵痛后开始尝试转型，转型的大方向是"回归现货，服务实体经济"。虽然国内一些大宗商品现货交易在推出之时就以服务实体经济为宗旨，并在服务实体经济方面发挥了一定作用，但仍然需要进一步创新业务模式。

在创新大宗商品业务模式上，离不开金融服务。大宗商品拥有价格波动大、供需量大、易于分级和标准化、易于储存和运输、有交易杠杆等特征，使得大宗商品的贸易需要强大的金融支撑。大宗商品的生产商以及贸易商为了保持资金流的稳定与畅通，就需要寻找强大的金融机构来帮助，为其提供金融服务和融通资金。

## 一、当前大宗商品现货交易的金融服务存在的主要问题

国内大宗商品现货交易之所以存在许多问题，原因之一就在于金融服务还比较滞后。

### （一）货款交易过程的便利性需进一步提高

传统现货交易，买卖双方只需用一张支票兑换一张提货单即可完成货物的买卖过程，这个交易时间长度可以缩短至半天或者更短，如果两家关系较为稳定，部分买家甚至可以先拿货，待货物周转完再支付给卖家相应的货款。而大宗商品现货电子盘交易的买卖过程相对于传统线下交易而言较复杂，一要开户，二要缴纳保证金，三要注册仓单等，货款交易过程的便利性需进一步提高。

### (二)货物交收过程的便利性需进一步提高

在传统现货交收过程中,货物交接较为简单便利,上午拿到提货单,下午就可以去提货,提货过程也较为简单,只要货物符合行规所约定的质量和数量即可。而在大宗商品现货电子盘交易中,当卖家开出提货单后,却无法当时拿到货款,需要等待一定时间才能到款;买家在给付了全额资金后,却无法当时拿到提货单,也需要等待一定时间才能看到提货单,因此,货物交收过程的便利性需进一步提高。

### (三)资金流转过程的便利性需进一步提高

在传统现货贸易中,资金流就是生命流,一旦资金流出现了问题,将直接影响企业的发展甚至导致企业的破产清算。大型贸易商也许有几千万资金流转,可以支撑些许时间,但中国的情况是80%都是中小贸易商,本来融资就较为困难,所以非常看重资金流的作用。现代贸易中,都是一手交钱一手交货,贸易商在一天可以实现资金的多换手率。而在"海峡油"现货电子盘交易中,卖家不但需要将货物注册成仓单质押在仓库,还需要缴纳部分交易保证金;买家不但需要缴纳足额的货物资金,还不能马上提货和拿到发票。对于资金为王的大宗商品贸易而言,影响了资金的使用效率。

### (四)大宗商品交易平台整合金融资源的能力有待加强

与金融机构相比,国内大宗商品现货交易平台相对处于劣势地位。以大宗商品贸易融资为例,目前国内大多数大宗商品交易平台的贸易融资之所以无法大力发展,其原因是多方面的:首先,在许多大宗商品现货交易平台上进行的真实现货交易量还不大,第三方支付监管平台还没建立,因此,这些平台无法为企业建立起完善的贸易信用评级体系,短期内,建立起这个完善的体系难度还相当大;其次,如果这些交易平台只扮演一个纯粹的第三方服务平台角色,那么交易所本身就不能作为中小企业的担保人去为会员企业提供担保服务,那么在融资这个层面上,大宗商品现货交易平台就无法深度介入;再次,目前国内大部分现代大宗商品现货交易平台本身缺乏大资源大背景的支撑,仅作为一个服务者的角色,无法和银行、上游资源处在平等的位置上携手合作,在遇到连大多数银行都难以解决的中小企业融资难题时,更是无法提供必要的融资服务。

## 二、国内大宗商品现货交易创新金融服务的实践

### (一)上海自贸区创新大宗商品现货交易金融服务

1.上海自贸区大宗商品现货交易发展的总体方向

上海自贸区所在的浦东新区大宗商品交易市场发展起步于1992年,经过多年的建设和发展,目前已经形成以钢铁、石油化工为核心的大宗商品资源配置中心。截至2014年底,浦东处于运营中的大宗商品市场共有8家,其中,钢铁1家(东方钢铁),石油石化4家(中油石油、石化物资、石协石化、中昊化工),天然气1家(石油交易所),有色金属1家(上海有色金属交易中心),农产品1家(粮食交易批发市场)。2014年实现交易额3969亿元,同比增长27%。2015年7月31日,上海自贸区大宗商品现货市场启动仪式在洋山保税港区正式举行,标志着上海自贸区面向国际的大宗商品现货市场正式启动运营。总体而言,上海自贸区大宗商品现货交易发展的总体方向是规范化和国际化,即通过规范化提

高国际化水平。

在规范化方面,上海自贸区管委会会同有关部门共同制定了《上海自贸区大宗商品现货市场交易管理规则(试行)》和《上海自贸区大宗商品现货市场交易管理规定》,将相关制度通过规范性文件加以确立。同时为更好地规范自贸区内大宗商品现货交易的发展,还建立起了上海商务委员会、上海金融服务办公室。各部门分工协作的监管服务体制:上海自贸区管委会负责制定自贸区大宗商品现货市场规划布局,加强市场设立及运行中的政策协调,建立健全自贸区大宗商品现货市场信息和统计监测机制,加强市场规范监管;上海市商务委负责大宗商品现货市场行业管理,指导自贸区大宗商品现货市场规划布局,加强物流仓储标准化制度建设与管理,促进市场建立健全交易、交收、仓储、信息发布、风险控制等业务规则与制度,加强行业监管,推动市场健康发展;上海市金融办负责加强与国家金融管理部门沟通协调,指导金融机构做好大宗商品现货市场资金存管、清算和结算等相关工作,规范市场交易品种和交易方式,防范系统性金融风险,推动现货市场与期货市场联动发展。

在国际化方面,上海自贸区依托保税区域连接境内境外、统筹在岸离岸的跨境资源配置特色,在整体设计上遵循国际通行规则,致力于搭建国内外交易者共同参与的大宗商品交易平台。具体表现在交易标的国际化,即交易标的为保税实物,以及以此为标的的仓单、提货单等货权凭证;交易参与方国际化,既包括国内交易商,也包括国际交易商;交易价格国际化,"净价"交易,人民币计价结算。在 2015 年 7 月 31 日首批完成筹建上线运作的两家市场中,境内交易商和境外交易商已实现同场交易:通过上海有色金属交易中心,上海江铜国际物流有限公司向境外卖家 Arc Resources Company Limited 顺利完成 202 吨保税电解铜的采购,交易金额超过 650 万元人民币;冀中宏远国际贸易有限公司全资子公司上海帝腾国际贸易有限公司向展欣照明(香港)有限公司销售 54 吨保税电解铜,交易金额 170 万元人民币。目前上海自贸区所建设的 11 家大宗商品现货交易平台全部是国际交易平台,外国机构可以直接入场交易,这不仅与上海自贸区作为改革开放"试验田"的定位吻合,也为平台做大做强、对接国际市场提供了基础。例如,上海有色金属交易中心首批已开户和在开户的 76 家交易商中,境外会员就占 24 家。

2.上海自贸区大宗商品现货交易金融服务的主要创新

与淘宝网等电子商务平台不同,由于大宗商品交易涉及的资金庞大,规范的交易市场运作体系、监管体系是确保交易市场规范发展、防范商业风险和金融风险的"安全带"。为此,上海自贸区建立了大宗商品现货交易四分开的机制——"交易、托管、清算、仓储"分开。具体来说,大宗商品交易平台负责交易管理,银行负责资金托管,清算所负责清算,第三方仓单公示平台负责仓储管理。这一机制改变了以往交易所托管交易资金,或者银行兼具资金托管和清算的做法,引入上海清算所作为清算管理方;同时引入第三方仓单公示平台,监测仓库物流,防止出现款到货没出,或者融资中仓单虚假的问题。

经过努力,浦发银行、上海清算所、第三方仓单公示系统、大宗商品现货交易市场联合开发,终于建成了自贸区大宗商品现货交易平台,初步实现了交易市场"四分开"的管理要求。在这个平台上,整个交易模式将"事前、事中、事后"监管体系落到实处,从结构设计上最大限度地保证了交易者的利益。四个功能主体分开之后,各交易互相独立,各主体相互制约,杜绝了擅自动用交易资金、误操作划拨资金等情况,形成了较为规范的交易体系。

在"四分开"机制中,清算和仓储环节的分开非常关键。在清算中,上海清算所将大宗商品市场提供的当日交易数据、浦发银行提供的账户资金信息进行核对,检查是否有资金和交易不匹配的情况出现;对比完成后,上海清算所进行账务处理,并将清算结果形成清算指令发送给浦发银行,浦发银行据此划拨资金、完成该交易日的会员资金结算。在仓储环节,上海清算所通过大宗商品市场将每日交割数据发送到仓库,仓库完成交割后将交割信息发送给第三方仓单公示平台,对大宗商品发送的交易信息和仓库发送的交割信息进行比对,检查是否有交易和物权不匹配的情况出现。

上海自贸区大宗商品现货交易市场的发展离不开融资、物流配送等配套服务的进一步完善。上海自贸区成立以来,一些金融机构和企业充分利用自贸区制度创新先行先试的机遇,根据大宗商品现货交易服务实体经济的需求,不断创新金融物流等服务模式,成效较为明显,其中以浦发银行较为典型。

2014年,浦发银行就推出了业内首个针对大宗商品行业客户群的综合金融服务方案,2015年7月上海自贸区大宗商品现货市场启动后,结合自贸区相关配套政策,浦发银行对该方案进行了进一步优化。在优化后的服务方案中,通过多元化、个性化的金融服务组合包,帮助企业实现采购管理、拓宽销售渠道、优化订单融资、完善保税仓单套保、提升开证效率。总体而言,该服务方案具有以下三个方面的特征:

一是率先专注于服务大宗商品产业客户群。浦发银行推出的"大宗商品综合金融服务方案"是国内首个专注于大宗商品产业客户群的专业服务方案,是为企业量身打造个性化的金融解决方案,实现了四个全覆盖:多层次交易市场全覆盖、产业供应链客户全覆盖、多样化银行服务全覆盖、多渠道风险管理全覆盖。

二是率先将主动风险管理理念融入融资服务。基于对大宗商品行业的持续跟踪和分析,浦发银行坚持依托产业链向大宗商品的生产、加工以及贸易类客户提供融资支持,满足产业客户在实际经营中产生的融资需求。对于大宗商品融资服务,无论是基于拟购商品未来货权的融资支持、基于客户现有库存的融资支持,还是基于交易市场标准仓单的融资支持等,浦发银行均融入了大宗商品相关的风险管理理念,如对于已开展套期保值的大宗商品融资,无论是资金额度安排、审批效率,还是融资质押率等,均给予了便利和政策倾斜。

三是率先将代理清算融入大宗商品服务。浦发银行根据《上海自贸区大宗商品现货市场交易管理暂行规定》,推出"银行清算"和"第三方机构清算"两种交易资金清算结算管理模式。作为首批5家分账核算业务办理的银行之一、国内4家离岸银行之一,浦发银行将这两种模式进一步扩展,为交易市场提供本外币、境内外结算清算系统的支持,通过自动结售汇系统支持交易市场本外币挂牌。浦发银行是上海清算所航运及大宗商品中央对手清算业务的第一家代理清算银行,为了帮助大宗商品客户锁定成本或利润、实现稳健经营,浦发银行"大宗商品综合金融服务方案"融入了人民币铁矿石掉期和人民币动力煤掉期产品,2014年8月4日,浦发银行完成了第一单产业客户人民币铁矿石掉期和人民币动力煤掉期业务的代理清算。通过人民币铁矿石、动力煤等大宗商品指数衍生品掉期,以及推出的代客大宗商品衍生品交易等服务,浦发银行以专业的产品体系和风险管理能力帮助大宗商品产业客户规避价格波动风险,支持大宗商品产业客户专注于其主业经营、构建其核心竞争力。

2016 年 1 月,浦发银行创新推出"自贸区大宗商品现货交易市场一站式金融服务",并正式发布《大宗商品综合金融服务方案 2.0》,旨在为自贸区大宗商品交易市场、交易商提供定制化、差异化的专属金融服务方案。"自贸区大宗商品现货交易市场一站式金融服务"将着力打造在交易市场跨境实时清算、交易平台多币种现金管理和全球会员免担保保税仓单融资三方面的服务。首先,该行联合上海清算所,借助自贸区 FT 账户(自由贸易账户)体系,实现了交易市场的跨境人民币实时清算、结算。其次,该行为自贸区大宗商品交易平台开立在岸账户和 FT 账户,提供资金存放、资金监管、资金避险等服务,保障交易平台资金运营安全;为境内外的交易会员分别开立在岸账户、FT 账户和 OSA 账户(离岸账户),提供多币种的离、在岸交易资金托管、划付和增值服务。最后,浦发银行自贸区电子商务系统具备"融单"和"融资"功能,能为交易市场的境内外会员提供免担保的保税仓单融资。

**(二)深圳石油化工交易所金融服务创新**

1. 深圳石油化工交易所大宗商品现货交易发展的总体方向

深圳石油化工交易所(以下简称深油所)于 2013 年 1 月 9 日上线交易,是致力于搭建立足全国、面向世界的集产品定价中心、交易中心、资讯中心、金融中心与供应链管理中心于一体的国家级、国际化的要素交易平台。按深油所的经营和发展方式,可分为三种会员形式:(1)会员企业,是指正在运营的全国各地石化企业经深油所同意成为会员,但工商登记住所不在深圳前海深港现代服务业合作区的独立法人机构;(2)注册会员企业,是指以国内优质石化企业为股东,向深油所申请,并经其同意,报前海管理局审批且工商登记住所在深圳前海深港现代服务业合作区的独立法人机构;(3)席位会员,是指在会员企业和注册会员企业中选择优质企业且承担深油所交易席位职能的交易商。目前深油所有 4 类交易模式:主要是以交易系统为主的协议交易、挂牌交易、专场、报盘。截至 2014 年 12 月 28 日,入驻深油所的注册会员企业已达到 600 家,会员企业总数已超过 1000 家,累计实现交易额超过 6000 亿元人民币。

深油所秉承集约化经营理念,将分散的资金、经销渠道、运输、库容等资源进行有效整合,基于石化电商为会员企业提供融资、增值和相关后勤等集约化服务。近年来,深油所提出石化电商 2.0 概念,所谓石化电商 2.0 是基于 O2O(线上线下)的服务平台,统一门户网站、资源和信息、价格发布、下单和订单管理,统筹运输服务形成线上完整一体化的供应链金融支持,打造专业化的石化 B2B(企业对企业)网站。根据石化电商 2.0 概念,深圳石油化工交易所作为第三方线上线下交易服务的平台,跟专门的 O2O 和电商平台进行合作,打造共生共赢的生态圈。根据这一理念,深油所为会员企业提供了多方面的集成服务:一是打造金融服务体系,构建三大层次融资服务体系,包括基于传统的配套的融资租赁、银行、基金管理石油资本服务体系,利用平台解决行业的问题,实现推动油气贸易的发展,促进要素平台交易建设;二是为会员企业提供包括资讯、信息服务、专业数据库、结算、保险、供应链管理、咨询等增值服务;三是以方便会员企业交易为目标,为会员企业提供手续代办等后勤服务,提供综合性、专业性、一站式服务;四是积极争取深油所的注册会员企业可享受到的深圳市政府和国家赋予深圳前海深港现代服务业合作区的相关优惠政策。

2.深圳石油化工交易所金融服务的主要创新

根据大宗商品交易对融资的需求,深油所以此作为抓手,为会员提供金融服务。目前深油所已经初步建立起一个能够满足和拓展会员企业交易需求的金融信贷服务平台,该平台能够为会员企业提供专业、高效、便捷的一站式金融服务。在深圳市政府及金融机构的鼎力支持下,目前深油所已获得的银行授信超过1000亿元人民币,同时还获得中国农业银行60亿元前海跨境人民币贷款意向性授信额度,并建立了创新融资服务模式,为会员企业提供简单、快捷、安全的融资服务,满足会员企业资金需求时间短,审批快、需求量大的特点。

2015年2月3日,华夏银行前海分行完成了对深圳石油化工交易所会员企业的首笔线上融资放款,代表着基于深圳石油化工交易所要素交易平台现货交易与华夏银行在线融资相结合的互联网金融业务正式落地。华夏银行与深油所共同推出的在线融资服务,结合了供应链融资及互联网金融"大数据"功能,通过与深油所系统对接实时掌握融资客户的交易数据,有效把控风险,今后还将为深油所会员企业提供订单融资、保理、法人账户透支等多种线上融资服务。

此外,深油所也在积极研究和进一步推进为会员企业定制个性化融资方案的服务。目前深油所已经发起成立深圳前海国际石油基金管理有限公司和深港国际石油融资租赁(深圳)有限公司,作为深油所金融信贷服务平台的合作服务机构,为会员企业提供多渠道、多方式的融资服务。目前深油所已为会员企业备案跨境人民币贷款近40亿元,帮助会员企业实现各类融资近10亿元。未来深油所还会加强与中国国际金融公司、菊花投资基金、中国石油资本投资公司、美国IDG(美国国际数据集团)资本、美国富瑞金融集团等公司的合作,不断健全和丰富金融信贷服务体系。

深圳石油化工交易所是打造前海国际石油化工交易金融产业集群的核心。为此,深圳石油化工交易所提出了建设"深圳前海国际石油化工交易金融中心"项目,作为前海国际石油化工交易金融产业集群的重要载体。为构建前海国际石油化工交易金融产业集群,具体举措有:一是以深圳石油化工交易所为市场交易平台,逐步扩展升级为多层次的国际石油交易体系;二是吸引国际石油跨国公司和深圳石油化工交易所开展深度合作;三是多渠道形成石油基金组合;四是多方位灵活运用石油外汇。

在国际化发展方面,深油所离岸国际交易板块已获得深圳市政府同意筹建的批复,于2015年上线,打造国内首个石油化工离岸国际交易平台,并将开展与国际金融机构和国际交易平台的合作,从而加快推进深油所融入国际石油化工市场的进程,提升深油所的国际影响力。此外,深油所已制订以"前海国际石油资本联合体"为主线的"一带一路"国家发展倡议建设参与计划,寻求同俄罗斯、新加坡、马来西亚、中亚产油国等"一带一路"相关国家的石油公司合作,探索国内、国外"两个市场"的业务发展模式,以提升深圳在国际石油化工交易和贸易市场的影响力。

深油所运营初期以现货交易为主,以现货协议交易、现货挂牌交易、现货专场交易和现货报盘交易为主要交易方式。中远期交易模式逐步以现货交易为基础,在国家政策允许的情况下,积极开展远期合约、期货等金融产品交易模式。

### 三、国内大宗商品现货交易金融服务创新的主要路径

#### (一)建立交易、托管、清算、仓储四分开机制

国内大宗商品现货交易业务模式创新中,应加强与相关机构的合作,推动上海自贸区的大宗商品"交易、托管、清算、仓储"四分开机制的复制和推广。为建立这一机制,各地大宗商品交易中心应积极建议当地政府牵头成立大宗商品清算中心。依托大宗商品清算中心和有关银行和机构,一些大宗商品交易中心可建立"交易、托管、清算、仓储"四分开机制:一是建立健全交易、资金托管、清算、仓储、信息发布、风险控制、市场管理等业务规则与各项规章制度,做到"交易、托管、清算、仓储"分开,严格防范和妥善处置各类风险;二是确保交易各方的资金存储在第三方的资金存管机构开设的专用资金账户,不得侵占、挪用账户资金,由主办银行或独立第三方清算机构对交易资金进行清算,确保交易资金安全;三是建立完善的仓单管理及交收机制,由独立第三方仓单公示系统对仓单进行登记公示,确保仓单真实性和交收安全。

#### (二)加快实现期现对接

面对期货发展所带来的挑战,在大宗商品现货交易业务模式创新中应正视这种挑战,在挑战中抓住机遇,加快期现对接。通过期现对接,实现大宗商品期货市场向下延伸、大宗商品现货市场向上提升,形成场内场外、期货现货市场的有机联动,不仅可增强大宗商品现货市场的定价功能,能够把大宗商品期货市场的功能通过现货市场传导到企业,又能够通过大宗商品现货市场功能的打造,支持大宗商品期货市场发挥更加合理的功能。

在具体的期现对接中,大宗商品现货交易市场可抓住仓单互换与合作套保、点价交易与基差交易、期限套利、仓单交易、可转让提单交易、预售合同交易、仓单融资与供应链融资、物流配送、库存管理与交割服务、第三方风险管理、商品指数基金、商品期货ETF(交易型开放式指数基金)产品设计、场外商品期权、期货公司做市商制度等对接点进行合作。例如,国内一些石油交易中心可与上海国际能源中心合作开展仓单转换业务,约定仓单转换业务中仓单转换程序、试点交割仓库服务及监管等主要内容,以信用为基础、以物流为保障,实现原油市场中非标准化合约的流通,最终通过仓单纽带实现各地石油交易中心与上海国际能源交易中心原油期现货市场的自然连接。

#### (三)建立多元化的大宗商品融资服务体系

国内大宗商品现货交易金融服务的创新,应充分利用我国金融改革的机遇,充分利用境外低成本资金,建立多元化的金融服务体系,尤其是跨境贸易融资服务体系:一是以简单、快捷、灵活、安全为特色的银行融资服务体系;二是以跨境人民币贷款为依托的大宗商品境内外一体化金融服务;三是以大宗商品基金、大宗商品融资租赁、资本联合体、融资担保等为补充的大宗商品交易中心配套融资服务;四是以互联网金融为核心的在线融资、电子仓单质押融资等创新融资服务,提供"大宗商品订单池融资""票据池融资""在线保理融资"和"仓单质押融资"等金融服务,逐步形成独具特色的在线供应链融资服务和模式。

#### (四)积极发展大宗商品离岸交易

近年来随着国内贸易和投资便利化的水平不断提高,一些大宗商品现货交易市场已

具备开展离岸贸易的优势。发展大宗商品离岸交易有非常积极的意义。以新加坡为例，自 1989 年起，新加坡开始实施"特许石油贸易商（AOT）"和"特许国际贸易商（AIT）"计划，鼓励各家公司将新加坡作为开展离岸贸易的活动基地。在过去 20 年间，新加坡离岸贸易以 15% 的年均增速快速发展。国内，深油所正在筹建国内首个石化"离岸国际交易平台"。因此，国内一些大宗商品交易中心可进一步发展为"进口分拨中心""离岸货物分拨中心""多国集拼采购中心""国际维修中心"等以推动离岸贸易的发展而衍生出的服务机构。

以上大宗商品现货交易金融服务创新离不开人才，这就要求大宗商品交易中心一方面通过聘请筛选潜质高的金融业务人才并对其进行实践锤炼，从而培养独当一面的专业人才；另一方面大宗商品交易中心还需要制定有效的薪资政策、实行期权激励机制等手段，留住大宗商品金融人才。

## 本章小结

本章首先界定了大宗商品及大宗商品交易的定义。大宗商品是指同质化、可交易、被广泛作为工业基础原材料的商品，既具有商品属性又具有金融属性，既适合进行现货交易，也适合进行期货交易。现代大宗商品现货交易则主要通过电子交易的方式进行即期交易和中远期交易。

在理清现代大宗商品现货交易产生和发展的内在逻辑的基础上，对现代大宗商品现货交易服务于实体经济的机理做了分析，指出了大宗商品现货交易所存在的主要问题，并进一步探讨了制约国内大宗商品现货交易核心竞争力形成的主要瓶颈。

国内大宗商品现货交易金融服务创新的主要路径：建立"交易、托管、清算、仓储"四分开机制；加快实现期现对接；建立多元化的大宗商品融资服务体系、积极发展大宗商品离岸交易。

## 思考与练习

1. 请简述大宗商品交易与期货交易的关系。

2. 请论述现代大宗商品现货交易与实体经济发展之间的关系。

3. 你认为目前大宗商品现货交易存在着什么问题？其制约因素是什么？

4. 当前大宗商品现货交易的金融服务存在的主要问题是什么？请举例说明大宗商品现货交易金融服务创新的主要路径。

# 第三章　大宗商品金融化

　　我国大宗商品电子类交易市场所涉及的行业,已涵盖能源、化工、农业、林业、牧业、渔业、金属、矿产、纺织、酒类、医药等 20 多个行业。其中,农产品(股票代码:000061)类市场 219 家、金属类市场(含黑色、有色、稀贵等)162 家、化工类市场(含化纤、纺织等)71 家、能源类市场(含石油、成品油、煤炭、天然气等)41 家、畜禽产品类市场(含肉类、禽蛋等)27 家、酒类产品市场 22 家、林产品类市场(含木材、纸浆等)18 家、渔产品类市场 14 家、矿产品市场 14 家、综合类市场 104 家、其他类市场(含废旧、易货、再生资源等)47 家。从行业分布看,农产品类市场继续保持龙头地位,约占全国市场总量的 29.6%,其次为金属类市场,约占 21.9%。大宗商品电子商务在各领域与行业的普及和应用更加广泛,能源类、畜禽产品类、矿产品类和综合类市场的数量有较大增长。

　　近几年来大宗商品期货价格剧烈波动的主要原因是大宗商品更多的是作为一种投资品而成为国内外投资者进行逐利的工具,并且大量的货币资金在实物商品供需基本面消息的推动下,通过期货合约交易产生对实际商品的虚拟交易。

## 第一节　大宗商品金融化的定义及主要表现

### 一、大宗商品金融化的定义

　　在大宗商品期货市场中,实物商品交易被商品合约交易所替代,使得大宗商品交易既具有商品属性又具有金融属性。所谓商品属性是指大宗商品期货合约所代表的标的物是现货商品,通过买卖合约就代表着对现货商品的买卖。所谓金融属性是指大宗商品期货合约是依托于现货商品的一个有价证券,作为一种有价证券,大宗商品期货合约成了一种投资品种,因而具有了投资价值。

　　大宗商品在期货市场交易中,如果更多是被当作有价证券去做投资和交易,那么其金融属性凸显。如果其更多的是以实物交割为目的的合约买卖,那就是商品属性的凸显。然而最近十年以来,大量货币资本依托于期货合约的实物商品背景,将其作为一种有价证券频繁交易和买卖,以套取价差而牟利,而不是以实物交割买卖为目的,并导致期货合约价格波动幅度增加,易暴涨暴跌。

　　学术界对于金融化还没有统一的界定。在宏观层面,有的学者认为金融化指的是以资本市场为主导的金融系统渐渐取代了以银行为主导的金融系统;在微观层面表现为公司治理模式越来越关注股东价值的重要性;而商品交易的金融化表现为金融交易的爆炸性增长和新的金融工具和金融产品的激增。在微观层面,Dore(多尔)认为金融化可以定义为:"金融业在整个经济活动中所占比重的增加;财务控制在公司管理中的重要性增加;金融资产在总资产中的比例增高;市场化的证券和权益在金融资产中的比例增高;股票市场作为公司控制的市场,在制定公司策略时的重要性越来越大;股票市场的波动越来越被看作是商业周期的决定因素。"Krippner(克里普纳)认为金融化一词指的是获取利润的财富积累模式越来越多的是通过金融渠道形成而不是通过商品贸易和商品生产形成。在此基础上 Epstein(爱泼斯坦)和 Gerald(杰拉尔德)认为从广义上来说金融化是指金融动机、金融市场、金融从业者和金融机构在国内和国际经济运行中起到了越来越重要的作用。由此我们也可以这样来定义大宗商品金融化,它意味着金融性动机(或投机动机),金融市场行为以及金融机构和从业者在商品市场的运行中所占的地位越来越重要。金融化表现为经济系统或者金融市场弱化了可交易商品的实际价值(有形或者无形,期货或者现货),使之成为可交易的金融工具或衍生金融工具。

## 二、国际大宗商品金融化的主要表现

大宗商品金融化主要体现在商品期货市场上,那些投机者主要是大型机构投资者而非套期保值者的增加,带来对商品期货投资的增长,从而引起商品期货市场在市场结构、市场价格、市场绩效方面的改变。其中最突出的表现是大宗商品价格的不断上涨和剧烈波动。除了商品期货价格变化呈现出与实际供求关系相脱节的特征之外,还有以下几个方面被认为是大宗商品金融化的主要证据。

### (一)不同商品期货收益率的相关性明显增强

从商品属性上看,对于某些不同的商品期货品种,其价格变化或收益率应该互不相关或者相关性较低;但近些年来,这些不同商品期货收益率之间的相关性明显增强。汤珂和熊伟研究了以石油为代表的能源类商品期货与非能源类商品期货之间收益率的相关性,发现 1986—2004 年,石油期货与农产品期货品种——大豆的收益率之间的相关系数在 −0.1～0.2 之间波动;而在 2004—2009 年底,即使扣除"市场波动率较大导致各类资产相关性增加"这一外在因素的影响,石油期货与豆油期货收益率之间的相关系数也单边上升至 0.6 左右。类似地,石油期货与棉花、活牛、铜等期货品种收益率之间的相关系数也由 2004 年之前的较小值上升至 2009 年底时的 0.5 左右。进一步地,用 SP-GSCI 能源类商品期货指数与非能源类商品期货指数来衡量,两者之间的相关系数由 2004 年的 0.1 左右上升至 2009 年底的 0.7 以上。

### (二)被计入大宗商品价格指数的期货品种之间的相关性明显高于未被计入商品价格指数的期货品种之间的相关性

衡量国际大宗商品期货价格的两个重要指标分别是标准普尔高盛商品指数(the Standard & Poor's Goldman Sachs Commodity Index,SP-GSCI)和道琼斯瑞银商品指数(the Dow Jones-Union Bank of Switzerland Commodity Index,DJ-UBSCI)。作为国际市场上资金跟踪量最大的两类商品指数,它们是根据能源类、工业金属类、家畜产品类等多种商品期货合约价格按一定的权重计算而成的。但也有一部分重要的国际大宗商品并未包括在这两大指数的编制样本之内,如小麦、豆粕、稻谷、燕麦、木材、橙汁,以及铂和钯等。而汤珂和熊伟、Yasunari Inamura(稻村安成)和 Tomonori Kirmuta(木村友纪)按照主要的大宗商品是否被列入 SP-GSCI 指数或者 DJ-UBSCI 指数,将其分为指数化(indexed)大宗商品和非指数化(off-indexed)大宗商品两大类,结果发现在 1973—2007 年,各类列入指数的大宗商品之间收益率的相关系数与未列入指数的各类商品之间的相关系数基本在0.2 以下,呈同步变化趋势;但这种现象自 2008 年下半年开始出现了明显变化,其中,列入 SP-GSCI 指数或者 DJ-UBSCI 指数的各类大宗商品收益率之间的相关系数大幅上升,平均值达到 0.5 左右的历史高位;而未被列入 SP-GSCI 指数或者 DJ-UBSCI 指数的各类大宗商品收益率之间的相关系数则涨幅较小。图 3-1 显示了近 40 年来,这两大类商品期货收益率相关系数变化的背离情况。

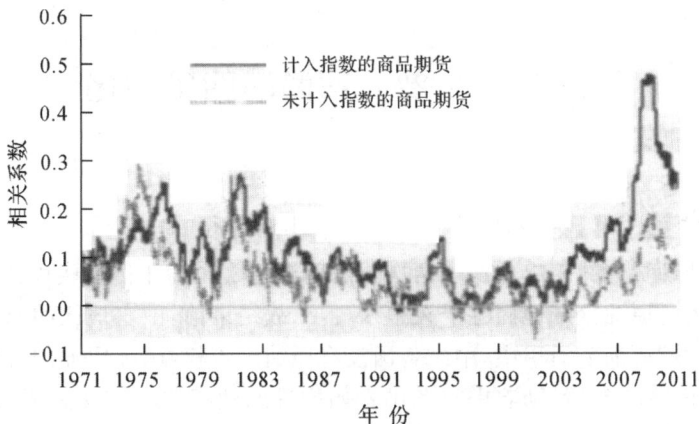

图 3-1 商品期货间的相关系数平均值的变化

资料来源:张雪莹、刘洪武,《国际大宗商品金融化问题探析》,《华北金融》2012 年第 4 期。

### (三)商品期货与金融类资产收益率之间的相关性上升

早期的大量研究显示,如 Gorton(戈顿)和 Rouwenhorst(卢文赫斯特)、Erb(厄尔布)和 Harvey(哈维)等均发现商品期货与股票、债券等金融资产之间存在低相关性甚至负相关性。但近些年来的数据显示,商品类资产与金融类资产之间的相关系数明显上升。例如,图 3-2 显示了 1999 年 1 月至 2011 年 4 月期间,国际大宗商品价格指数 SP-GSCI 与反映国际股票价格水平的 S&P500 指数之间的相关系数的变化情况。由图可见,在2008 年前国际大宗商品价格指数 SP-GSCI 与反映国际股票价格水平的 S&P500 指数之间的相关系数基本上在−0.2~0.1 之间变化,但自 2008 年下半年之后,两者的相关系数快速上升,直至 2011 年 4 月仍保持在 0.5 之上。Byuksahin(布尤卡沙因)进一步采用更加准确的动态条件相关(DCC)模型,在 2008 年雷曼公司破产危机发生前,以周数据和日数据计算的股票与商品期货之间的动态条件相关系数在−0.38~0.4 之间波动,并没有显著的、单向的变化趋势。但在 2008 年之后,股票与商品期货之间的动态条件相关系数大幅增加,并持续在 0.4 之上变化。

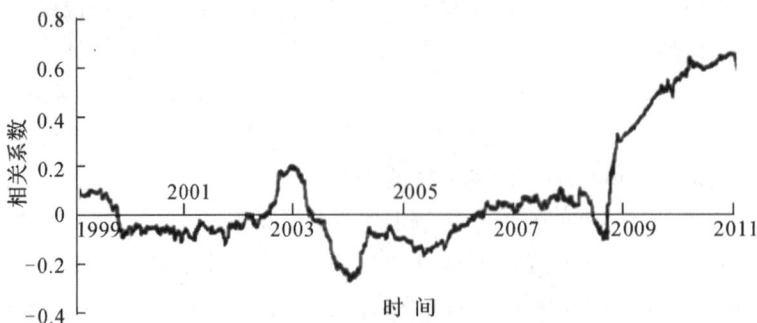

图 3-2　SP-GSCI 与 S&P500 指数日收益率之间的相关系数

资料来源:张雪莹、刘洪武,《国际大宗商品金融化问题探析》,《华北金融》2012 年第 4 期。

# 第二节　主要大宗商品的金融化

## 一、原油金融化

第一张原油期货合约的出现源于两次原油危机和欧洲、美国对原油定价权的争夺。

世界上最大的原油生产地区主要在中东,但二战结束前,中东地区的原油资源基本掌握在西方"七姐妹"原油公司手中,中东各国没有原油定价权,国际原油的价格也基本由西方国家决定。而 1945 年后,随着中东各国开始推进原油资源国有化进程,西方国家开始逐步丧失对原油资源的控制权。

1960 年,石油输出国组织(OPEC)成立,1971 年改组扩大到现在的 11 个会员国,其拥有当时全世界 77% 的原油储量的石油储备和产出,让中东地区国家有了原油的定价发言权。在 1973 年,由于阿拉伯国家团结起来反对美国及欧洲各国对以色列的支持,他们以原油供给为武器而爆发了第一次原油危机,当年 12 月欧佩克(OPEC)将原油价格从 3 美元/桶上调到 10.65 美元/桶,引发了价格的大幅度上涨,美国、欧洲各国和日本的经济均遭重创。在 1979 年年底,伊朗的伊斯兰革命,致使原油大量减产,导致了第二次原油危机爆发,原油价格从 12 美元/桶涨到 33 美元/桶。

两次原油危机的爆发所引起的中东地区原油的大幅度提价,让西方各国既感受到了原油价格的波动所带来的价格风险,也让其感受到了原油价格定价权的旁落对自身发展的掣肘,于是欧洲各国和美国开始利用其各自的大宗商品期货市场推出原油的期货产品。伦敦国际石油交易所(IPE)1988 年以及纽约商业交易所(NYMEX)1986 年分别推出 BRENT 期货合约和 WTI 期货合约,利用期货市场规避价格风险和发现价格,既找到"价格风险管理的工具",又重新获得原油价格的定价权。从 1986 年 7 月—2001 年 12 月,国际原油价格保持了相对稳定的状态,基本维持在 20～30 美元/桶,如图 3-3 所示。

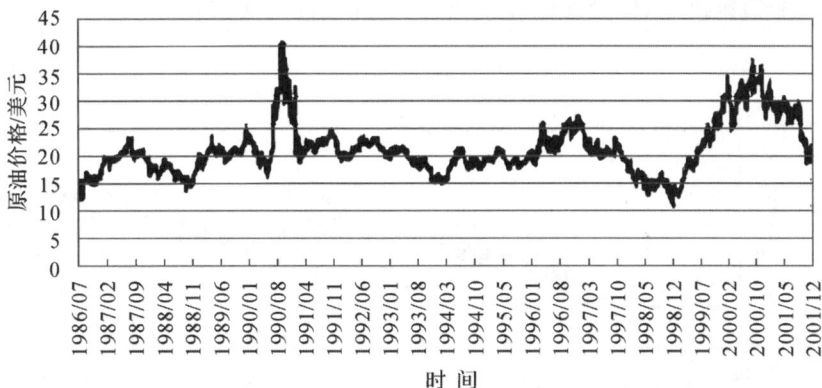

图 3-3　1986 年 7 月—2001 年 12 月 WTI 原油连续合约期货价格走势

随着原油期货市场的第一张合约出现,原油就成了实体经济(包括实体价值)与金融产品的有机结合,也就具有了金融属性。而后,原油期货市场得到迅速发展,原油市场的参与者,也不再限于原油开采、冶炼、贸易等相关企业,大量的金融机构,也开始涉足原油期货市场领域。

自 2002 年以来,由于大量货币资本的介入,原油期货合约交易量远远超过实际交易量,原油价格波动加剧,金融化现象显著;截至 2012 年,全球基金中光是商品指数基金总规模就达 2400 亿美元,其中投资能源商品约占 50%,即 1200 亿美元,还不含共同基金和对冲基金的金额。另外,根据 FIA 的统计资料,全世界原油期货的交易规模从 2004 年的 0.89 亿张上涨到 2009 年的 3.18 亿张(主要统计的是全球能源交易量排名前十中的原油期货交易量:包括 CME(芝加哥商业交易所)集团和 ICE(美国洲际交易所)集团、MCX(印度大宗商品交易所)),如按照 1 张=1000 桶,1 吨(原油)=7.33 桶(原油)的单位换算,可以推测出 2009 年原油期货交易量达到约 434 亿吨,而 2009 年全球总的原油消费量只有 38 亿吨,原油期货交易量约是实际原油消费需求产量的 11 倍。

原油金融化的最大特点在于其价格的变化已经具有了投资品的性质。其价格是由大量货币资本所主导的"价格预期"的时滞和信息传递过程中的能量损失所形成的,大量货币资本的介入在放大基本面变化的同时也会主导"大众预期变化",只有基本面与大众"心中的预期变化"一致时,价格才与基本面走势相匹配,如果基本面与大众"心中预期变化"不一致时,价格就会与基本面走势相背离。这也就意味着原油在其价格形成机制上完全与传统的商品定价不一致,而与投资品价格形成机制相同。

国际油价在货币资本与"价格预期"下,2002 年 1 月至今上演着波诡云谲的一幕,如图 3-4 所示。油价从 2002 年 1 月约 20 美元/桶一路上涨,至 2008 年 7 月达到历史最高点——147 美元/桶,涨幅超过 600%。后来 2008 年全球金融危机爆发,在市场的资金和信心受到打击的情况下,油价从 2008 年 7 月的 147 美元/桶,开始一路狂跌,最低跌至 2008 年 12 月底的 43 美元/桶,一下子回到 2004 年前的价格水平,价格跌幅超过 70%。后来由于 2009 年西方国家向市场注入了大量的流动性,包括原油在内的国际大宗商品价格大都在 2009 年 2 月中旬以后出现趋势性逆转,又开始一路上涨,WTI 原油期货合约最高又涨到 2011 年 3 月的 115 美元/桶。据统计,2002 年 1 月—2012 年 11 月,原油期货价格振幅达到82%,价格变化如此之大,完全改变了以前传统商品市场价格波动的规律。

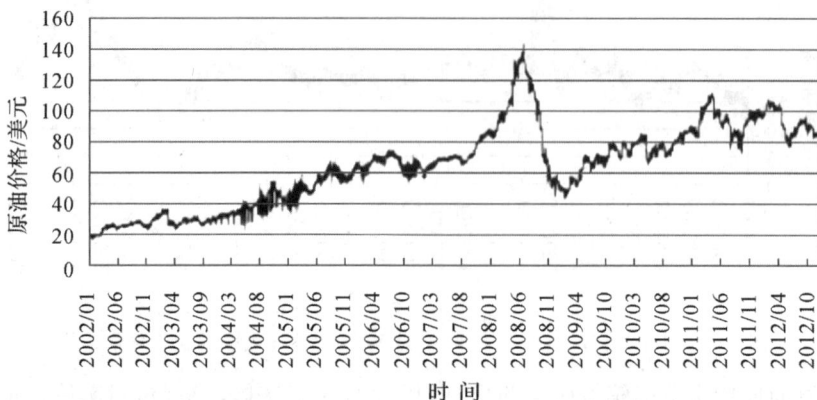

图 3-4  2002 年 1 月—2012 年 10 月 WTI 原油连续合约价格走势

## 二、黄金金融化

作为"金属之王"的黄金,自古便是财富的象征,随着经济社会的发展,它的金融属性所主导的投资需求——抵御通货膨胀的功能,已使其成为大宗商品中最受人喜爱的投资品种。

由于黄金的定价不同于原油,原油主要是场内定价,期货合约的价格影响其现货价格,黄金主要是场外定价,即伦敦黄金交易市场定价,但是无论是场内定价还是场外定价,都阻挡不了黄金金融化的趋势。

从黄金第一张期货合约的产生,黄金原本具有的金融属性,已通过衍生工具的创新为其带来第二次金融的生命力。黄金第一张期货合约产生的原因 :1973 年布雷顿森林体系解体,各国不再允许用美元换取黄金,加之当时美国大量贸易赤字,使得作为避险投资工具的黄金的价格开始剧烈波动,美国纽约商品交易所(COMEX)看到了商机,于 1974 年推出了第一张黄金期货合约。

1976 年《牙买加协议》规定,黄金非货币化和取消黄金官价,各会员国中央银行可按市价自由进行黄金交易。在这期间,加上第一次原油危机引发的通货膨胀,导致黄金价格一路走高上升到 20 世纪的最高点,1980 年 1 月 21 日金价达到 850 美元/盎司;在随后的1980—2000 年,由于西方各国经济发展平稳,黄金期货价格也保持着一个较为平稳的走势——长期在 200～300 美元之间徘徊,并且黄金期货交易也不够活跃。

直到进入 21 世纪,2001—2012 年以来黄金的期货市场发展非常迅速。COMEX 一直是全球黄金期货和期权交易量最大的场内交易所,据不完全统计,全球约 70%的黄金期货交易量出自 CME 集团属下的美国纽约商品交易所(COMEX);COMEX 黄金期货交易量从 2004 年的 1600 万张上涨到 2010 年的 4500 万张,增长了 180%。东京商品交易所(TOCOM)从 1982 年开始交易黄金期货,至今都是非常活跃的市场;近年来印度黄金期货交易异军突起,通过"mini"合约的创新,其黄金期货交易量直追东京商品交易所。此外,我国的上海期货交易所自 2008 年开始黄金期货交易以来发展也不错,交易量成倍增加,其成交张数也进入全球贵金属期货交易量的前 10 名。

最近十年内,黄金交易市场上出现了大量金融机构投资者,如黄金 ETF 基金。全球最大的黄金 ETF 就是美国的 GLD SPDR 黄金股,2004 年 11 月 18 日上市之初,GLD 每天净持有黄金量只有 100 吨,但以后每年以成倍数增长,2005 年黄金持有量超过 200 吨,2006 年黄金持有量超过 400 吨,2007 年超过 600 吨,2008 年年底达到 780 吨,2009 年超过了 1000 吨,2010—2011 年黄金持有量有 1200 多吨,2012 年达到 1350 多吨。世界黄金协会统计数据显示,2011 年底 GLD 的实物黄金资产占全世界黄金 ETF 总份额的 65.6%。2004 年 3 月成立的英国 GBS 是世界第二大黄金 ETF 基金,其资产规模仅次于美国 GLD,从 2004 年上市到 2007 年,其黄金交易量达到 286 万盎司,基金份额总值约为 19 亿美元。这些 ETF 基金都是通过购买实物黄金追踪黄金现货价格,从而反映现货市场价格。但是由于 ETF 基金并不仅仅是被动地跟踪金价走势,而是在价格预期的判断下或市场投资情绪达成一致时购买实物黄金,其额外的购买压力也可以转化成对实物黄金的需求,从而在一定程度上主导金价走势。

可通过图 3-5 来分析黄金从 2002—2012 年的价格波动情况。从 2002 年 1 月开始,黄金期货价格一路上涨,在 2002 年 3 月底黄金期货价格超过 300 美元/盎司,2003 年 12 月 1 日突破 400 美元/盎司,2005 年 12 月 1 日价格突破 500 美元/盎司,2006 年 4 月 10 日突破 600 美元/盎司,到 2008 年 3 月 14 日,黄金价格涨至 1000 美元/盎司;而后 2008 年 9 月—2008 年 12 月,黄金价格向下回落,从 2009 年开始,在此后将近两年的时间里,黄金价格又不断上涨,在 2011 年 9 月 6 日涨至近年来最高点——1922 美元/盎司。俗语说:物极必反。2002 年 1 月—2011 年 9 月黄金期货价格一路小跑,价格翻了 6 倍以上,在 2011 年 9 月峰值过后黄金价格出现大幅度下跌,在 14 个交易日内下跌 327 美元/盎司,并于 2011 年 9 月 23 日创下单日最大跌幅,大跌 104 美元/盎司。目前的黄金期货价格在 1200~1400 美元/盎司之间徘徊。我们来分析一下,首要原因是黄金 2002—2008 年流动性泛滥,导致资金大量流入大宗商品市场,黄金作为最佳的保值增值品种,受到所有金融机构的追捧;第二个原因是各大央行改变外汇储备配置,增大黄金的购买量(央行的购入黄金主要发生在 2008—2011 年);第三个原因是新兴经济体黄金首饰消费量的上涨(至于生产所用黄金需求是比较稳定的)。由此可见,三个因素中只有后面两个因素影响了黄金

图 3-5　2002 年 1 月—2012 年 8 月 COMEX 黄金连续合约期货价格走势

实物的需求量变化,但其不是推动黄金上涨幅度超过 600％的主要原因。黄金期货价格的波动更多的是被金融市场资金追逐中的"羊群效应"所放大,或者说影响黄金价格波动更多的是与黄金的投资价值相关的因素,表现了黄金金融化的一面。

### 三、农产品金融化

从农产品期货市场的第一张期货合约产生开始,农产品就成为最早实现实体经济与金融产品相结合的大宗商品。农产品期货市场的产生与当时特定的历史环境是分不开的:当时美国是个农业大国,芝加哥地处南北枢纽,又是重要的农产品集散地,进行着大量的农产品贸易和加工,然而农产品价格具有季节性,价格波动较剧烈,导致了价格风险,很多贸易商或加工商利用远期合约来转移价格风险。在远期合约的交易中慢慢出现了一些商人专门以买卖远期合约套取价差为目的的交易行为,随着以买卖合约为目的人群增加,后来就专门出现了集中性交易场所,为此类交易提供便利。这就是最早的芝加哥期货交易所出现及成立的原因。后来其他品种的期货交易市场都是在借鉴农产品期货市场的基础上发展起来的。

从农产品期货市场历史的发展就可以看出:从利用远期合约买卖来转移价格风险到后来的以买卖标准化期货合约套取价差的交易行为,农产品交易已从商品贸易行为转变成金融投资行为,农产品期货市场的出现就是农产品具有金融属性的开始,就是其作为一种投资品的开始。由于农产品期货市场是集中交易、连续交易的市场,相比现货市场的分散交易、价格的非连续性,其产生的信息交流更集中,信息在人群中的传播更快,利用"羊群效应"产生的信息也更具有影响力,因而其所形成的价格具有一定的权威性,慢慢成为指导现货市场的价格,即所谓的价格发现功能。由于农产品是民之所需,而且有着可储藏、价格易受影响等属性,这么多年来一直都是大宗商品市场中最活跃的交易品种,从来没有被淘汰出局过。农产品价格的波动一直就有,不可否认,这也是其期货市场产生的基本原因。价格波动首先应受到供求因素的影响。因此,这些投资者借助一些天气、自然灾害等消息来炒作农产品期货合约,然而现在全球农产品供给与需求始终处于一个相对平衡的状态,一个地方或某些地方的天气或自然灾害并不能影响全球市场的状况,而且由于农产品一般有大量的库存和再生性,其供需变化应该是不大的。但是期货市场投资者并不关心农产品的基本价格与交易状况,只是将各种农产品在期货市场上大量买卖,加大了农产品期货市场的复杂性。当这个市场中交易资金不大时,价格波动被货币资本放大的效应不是很强烈,价格走势还比较平稳,也能很好地与现货市场价格匹配;当货币资本大量投入该市场,货币资本频繁的买卖就造成对价格波动的放大作用,远远偏离了实际商品的供需变化,这也就表现出了明显的金融化现象。

特别是最近十几年,随着美元贬值、通货膨胀现象的发生,大量的资金涌入了大宗商品市场,农产品由于易受天气、自然灾害及粮食危机等因素影响,首先成了各路资金追捧的对象。这些庞大的货币资本经常随着经济形势变化和各种因素的影响,在农产品期货市场中快速进出。当发生金融危机或经济衰退时,投资者将大量货币资本从市场中撤出,导致农产品期货市场价格回落。但是经济危机过后各国为了拯救经济,又会相继出台各种经济刺激方案,推动全球资金流动性泛滥,货币资本又迅速涌入农产品期货市场,导致农产品期货合约价格全面上涨。如图 3-6 所示,CBOT(芝加哥期货交易所,2006 年 10 月 27 日美国芝加哥商业交易所和芝加哥期货交易所合并成芝加哥交易所集团)玉米连续合约从 2005 年 11 月的最低点 185 美分/蒲式耳一路上涨到 2008 年 6 月的 779 美分/蒲式耳,价格翻了将近 4 倍,在这段时间里并没有全球粮食危机,但大量金融机构的货币资本涌入该市场获取暴利;2008 年金融危机时,在大量金融机构去杠杆化及流动性缺乏的情况下,玉米出现暴跌,从 2008 年 6 月的 779 美分/蒲式耳狂降到 2008 年 12 月的 305 美分/蒲式耳,跌幅超 50%,盘整了一年半后,在 2010 年 8 月从 340 美分/蒲式耳又一路上涨到 799 美分/蒲式耳。CBOT 玉米期货价格可谓暴涨暴跌,而这一切与农产品需求变化关系并不大。

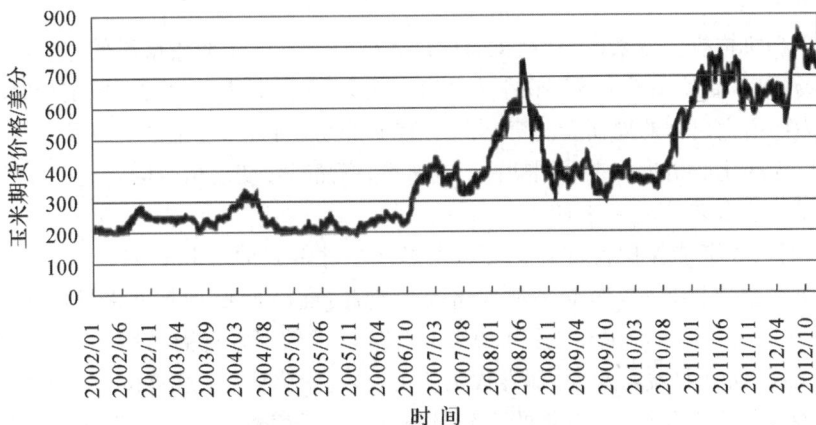

图 3-6　2002 年 1 月—2012 年 10 月 CBOT 玉米连续合约价格走势

# 第三节　大宗商品金融化的动因和影响

## 一、大宗商品金融化的动因

### (一)大宗商品金融化的内在动力

1. 投资组合的多样化

越来越多的投资者投资商品期货市场是为了投资组合的多样化,投资期货的收益相较于股票和债券更稳定。另外,商品长期收益与风险和股票相当,因而能提高组合的风险调整收益率。

2. 抵御通货膨胀

大宗商品还具有很好的抵御通货膨胀的特性。大宗商品(如能源和农产品)在计算商品价格水平时占有很大的权重,而商品期货价格很大程度上反映现货商品价格水平,因此商品期货的收益与通货膨胀有正相关关系。此外商品期货价格反映的是现货商品的预期变化,其涨跌与预期通货膨胀的偏离程度一致。

3.对冲美元汇率

投资商品期货还可能会提供一个对冲美元汇率的机会,大多数商品是以美元交易的,当美元贬值时,以美元计价的商品价格具有上涨趋势。由于商品价格是由一篮子货币衡量的,总体上来说商品价格和美元汇率有较小的相关性,然而世界货币基金组织 2008 年的一份报告中指出这种相关性确实存在并且是反向的。

4.作为投资新兴市场的替代

很多机构投资者将商品期货投资作为投资快速增长的新兴经济体的替代,在这些新兴经济体中可投资的资产还是非常有限的。因此为了能有机会投资这些新兴经济体,机构投资者将眼光转向了和这些新兴经济体增长密切相关的大宗商品投资。

5.套利的需要

对于很多机构投资者来说,套利机会应该是他们投资商品期货市场的主要原因。相对于其他市场而言,商品期货市场存在很大的套利机会,如由期货和现货不同定价时段的不同交易者行为而衍生出来的周期套利机会;基于品种交易机制、保证金改变以及监管政策导致的投资者行为变化而衍生出来的周期性套利机会;商品指数变动衍生的套利机会等。

6.免受突发经济事件带来的不利影响

此外,商品投资能保护投资者免受突发经济事件带来的不利影响。自 2004 年以来,从长期历史数据分析来看,作为一项战略配置资产,商品期货具有许多独特的特点和好处。如 Gorton 和 Rouwenhorst 运用 1954—2004 年的数据发现商品期货的收益和夏普指数与股票相同,而其收益与股票、债券成负相关,与通货膨胀率、预期和非预期的通货膨胀率成正相关。伊博森公司 2006 年的研究报告也给出了相似的结论。Greer(格里尔)通过数学方法发现当具有高方差的资产(商品期货和股票)之间的相关性较低时,由资产配置的再平衡可以获得高额的多样化收益。此外 Heather(希瑟)和 Unsal(乌恩萨尔)、Rian(里安)、Stoll(斯托尔)和 Whaley(惠利)等都在这一领域进行了论述。

**(二)大宗商品金融化的外在因素**

1.低利率政策和宽松货币环境

低利率和全球范围内宽松的货币环境刺激着大宗商品交易量不断上涨。大宗商品不仅仅提供了投资组合的多样性及上升的空间,而且能帮助投资组合抵御通货膨胀所带来的风险。低利率政策增加了市场上对于可储存商品的需求或者说通过三种渠道降低了可储存商品的供给:一是当预期大宗商品未来价值会上涨时,低利率政策会减少实物提取的动机;二是低利率政策会增加企业以低成本持有库存的动机;三是低利率政策会鼓励投资者为追求高投资收益由投资债券转向现货合约。宽松的货币环境更进一步地刺激了在大宗商品市场追求高收益的投机行为。

2.新型金融产品的广泛运用和新的机构投资者的加入

随着金融创新的不断发展,近年来不断涌现出许多新型的金融产品,如场外交易互换合约(over-the-counter swap agreements)、多头指数基金 (long-only indexfunds)、商品交易所交易基金(commodity exchange tradedfunds)和其他结构性产品,这些新兴的金融工具鼓励更多的金融机构和投资者更方便地投入到商品市场的投资中。

随着这些新型交易产品的产生,新的机构投资者——商品指数投资者也加入到商品期货市场中,并成为其中的重要力量。从 21 世纪初开始,国际商品指数有了长足的发展并产生了商品 ETFs 这一创新的交易产品,商品指数基金开始吸引大规模的投资资金,尤其是那些想在商品期货中分一杯羹的养老基金和大学捐赠基金。商品指数投资者的投资目标是在一段时间内通过持有多头头寸追踪商品指数的趋势,大型的商品指数投资者主要是通过互换交易商获得商品头寸的。这些都在客观上促进了商品期货市场金融化的进程。

3.商品期货交易机制的完善

商品期货市场金融化的一个关键因素是商品期货市场基础设施和交易机制的不断完善。例如,在商品期货交易中引入电子交易从而减少了交易成本并加快了交易处理速度,也有利于新的投资策略和投资方式的发展,如算法交易、高频交易等。同时,国际期货和衍生品市场方兴未艾的并购浪潮,使数量上不断趋少、规模上不断增大的跨国金融交易所平台不断涌现。种种经济运行环境的深刻变化使得期货市场在广度上不断扩展,使投资者能够 24 小时参与全球的资源配置。

## 二、大宗商品金融化所引起的争议

### (一)大宗商品金融化是否弱化了期货市场的传统功能

商品期货市场发展初期,价格发现和套期保值两大功能服务也从属于现货市场;而随着商品期货市场的日益发展壮大,期货市场逐渐成为现货市场的定价基准,开始反过来引领现货市场的价格走势,当今能源、工业金属、农产品等大宗商品的国际贸易基本都是以期货价格为定价基准的。如果说在早期期货市场的定价基准功能是因为其良好的价格发现功能使期货价格成为现货价格的良好反映,那么近年来金融资本的大量涌入则使期货价格在揭示现货市场各类因素的同时也开始反映实体经济层面的金融因素。

有学者认为这就使得期货市场对现货市场的引导功能进一步强化了。另外一些学者和专家还认为,大宗商品金融化带来的金融性资本大量进入商品期货市场,一方面增加了价格波动,使得价格远远偏离原本应该由现货市场上供求关系决定的价格水平,由此引起的商品市场金融化使得传统的期货市场价格发现功能和风险规避功能弱化,导致商品价格不仅仅反映现货市场基本面的变化,还要受期货市场的约束;另一方面,对于那些要从现货市场中获利的生产商、加工商和销售商来说要面对更大的不确定性,来自期货市场传递的价格信号不再可靠。他们控制市场风险、管理库存和进行投资交易决策变得更加复杂。这就使得生产者对于长期的套期保值望而却步,而剧烈的价格波动也加大了套期保值的成本,使小生产商尤其是发展中国家的生产者难以承受,从而弱化了期货市场的套期保值功能。

### (二)大宗商品金融化是否是引起商品价格波动的推动因素

大宗商品市场的金融化无疑对商品期货市场的价格走势有一定影响,但是否是价格波动的推动性因素还存在争论。金融性投资带来的大量金融资本通过定价机制使得大宗商品的现货价格随期货价格的走势波动,使之在反映基本面的情况之外,还呈现出价格金融化的特征。大宗商品价格的金融化,着重表现在除了宏观经济、资源储量、产能等实体经济因素之外,商品期货市场的资金供给及操作方向、期货市场参与者的信心等与原本大宗商品现货市场无关的因素也对其价格产生加大的影响,甚至使其在短期内与基本面因素相背离。更有学者指出在能源期货及有色金属期货市场,基金持仓头寸已经成为判断商品期货价格走势的重要指标。对冲基金甚至被指是在国际市场中操纵原油价格的幕后黑手。许多学者和机构也开始关注金融化对于商品期货市场的影响,并进行了实证性的研究。到现在还没有充足的证据证明商品期货市场的金融化对商品价格有显著和持久的影响,当然数据方面的改善将会有助于更具结论性的研究。

### 三、大宗商品金融化的影响

#### (一)增加了整个市场的流动性

尽管大宗商品金融化带来了很多争议,但是大量的金融资本增加了整个市场的流动性。现货市场的套期保值需求是期货市场存在的基础,而充分的流动性则是期货市场价格发现、风险规避和套期保值功能实现的必要要素。在商品期货市场上,流动性依赖于投机者的广泛参与,参与的投机者越多,市场的流动性也就越强。原有主动投资者期货投资基金的增长和新型被动投资者的加入,带来了巨量金融资本的涌入,大大增强了商品期货市场的流动性。商品市场的金融化改变了市场中的力量格局。机构投资者凭借其强大的资金实力、敏锐的市场触觉、专业的投资技术以及"羊群效应"的广泛影响,成为商品期货市场的主要力量。尽管大宗商品金融化在市场功能和市场稳定性方面还存在争议,但是不可否认大宗商品金融化带来的金融资本对商品价格、市场结构和市场功能有着重要的影响。

#### (二)对商品期货与金融期货的跨市场监管提出更高的要求

大宗商品市场的金融化对商品期货与金融期货的跨市场监管提出了更高的要求。交易主体的同质性使得资金、信息在商品市场与金融市场之间的流动与传播变得更加频繁和快捷,这要求商品市场与金融市场的监管层要建立及时、有效的信息沟通渠道与联合反应机制,提高市场的透明性,在保证市场流动性的同时,抑制市场的操纵行为。

### 本章小结

在大宗商品期货市场中,实物商品交易被商品合约交易所替代,使得大宗商品交易既具有商品属性又具有金融属性。国际大宗商品金融化的主要表现为:不同商品期货收益率的相关性明显增强;被计入大宗商品价格指数的期货品种之间的相关性明显高于未被计入大宗商品价格指数的期货品种之间的相关性;商品期货与金融类资产收益率之间的相关性上升。

通过对原油、黄金和农产品三种具有典型代表意义的大宗商品金融化的描述,分析当今大宗商品金融化的内在动力和外在因素,并进一步分析了大宗商品金融化对市场流动性和市场监管的影响。

### 思考与练习

1.什么是大宗商品金融化?它有哪些表现?

2.为什么大宗商品会出现金融化的表现?

3.请论述大宗商品金融化的影响。

# 第二篇

# 大宗商品金融服务

# 第四章  大宗商品交易金融服务

大宗商品交易金融服务是指金融机构在商务活动中,为大宗商品交易参与者提供支付结算、融资、金融信息咨询等方面的服务,使得金融活动的参与方共同受益,达到效用最大化。

在大宗商品电子交易过程中,物流与资金流可以是分离的,存在着预付款、分期付款、延期付款、融资付款等多种支付方式,也随之产生了一系列有关资金流的支付结算以及融资服务需求。此外,由于大宗商品交易主要以国际贸易为主,因此大宗商品交易较普通产品交易更加依赖金融机构的资金支持、信用保证以及物资双方的沟通。

大宗商品电子交易的金融服务提供商包括提供结算服务、资金监管、融资贷款等金融服务的提供者,也包括为了分散风险保障交易安全的担保服务、保险服务的提供者。因而本篇主要从大宗商品的国内交易支付、大宗商品贸易融资,以及金融机构或公司在为大宗商品交易提供金融服务的过程中如何防范风险这几个方面展开。

## 第一节  大宗商品交易金融服务的主体

大宗商品交易金融服务主体是指为大宗商品交易的参与者提供金融服务的企业或机构,主要包括商业银行、保险公司、担保公司、第三方支付结算公司、大宗商品电子交易市场等。完成电子交易模式下的金融服务还需要大宗商品交易市场、仓储物流公司等企业的配合,需要相关监管机构对金融服务的内容进行管理。

### 一、商业银行

商业银行是大宗商品交易金融服务的主要提供者,为交易参与方提供资金支付结算、交易融资等服务,并且需要对交易资金进行管理,保证资金安全。

商业银行与大宗商品电子交易线上对接,交易商可以通过平台在线上直接完成支付活动;同时对于需要进行融资的交易方,银行与交易市场、仓储物流企业合作,提供相应的融资服务产品,由于电子交易与传统线下交易存在的差别,银行为满足交易商的融资需求,也在不断地创新金融产品。

## 二、保险公司

保险公司是通过与被保险对象签订合约,为其提供风险保障的企业,是商务活动中主要的参与角色。

在大宗商品交易的过程中,保险范围包括对货物自身质量的保险,以及对货款清偿的保险。在交易过程中,除了货物本身需要进行投保外,对于短期的贸易信用风险同样可以进行投保,以保障到期货款的清偿。短期的贸易信用保险主要是在进行赊销的时候需要用到,通过对此进行投保,以避免到期未收回货款可能导致的损失。

## 三、担保公司

在大宗商品的贸易融资中,担保公司作为增信机构为融资的借款人做担保,并收取相应的服务费用。担保公司分为融资性担保公司和非融资性担保公司。

根据《融资性担保公司管理暂行办法》的规定,融资性担保公司是指担保人与银行业金融机构等债权人约定,当被担保人不履行对债权人负有的融资性债务时,由担保人依法承担合同约定的担保责任的行为主体。融资性担保公司的业务范围包括贷款担保、票据承兑担保、贸易融资担保、项目融资担保、信用证担保及其他融资性担保业务,在大宗商品交易过程中,有些融资需求需要担保公司与银行合作完成,因此担保公司也是大宗商品交易金融服务中重要的参与主体。

## 四、第三方支付结算公司

在小额商品交易的第三方支付结算公司快速发展的同时,大宗交易领域也相继成立了针对大宗商品的第三方支付结算公司。第三方支付结算公司将大宗商品交易中的支付结算环节从交易市场独立出来,更有利于对交易资金进行管理和控制。

国付宝推出"G商银通",与二十余家银行合作,为大宗商品交易提供了资金监管、大额支付等服务;2014年3月,甬易支付推出的"甬易宝"与浙江塑料城网上交易市场对接并完成了第一笔订单支付,成为浙江首家为大宗商品交易提供支付结算服务的第三方支付平台。

## 五、大宗商品电子交易市场

大宗商品电子交易市场是为交易参与方提供交易场所的企业,对于交易过程及商务流程可以较好地把控,在金融服务方面的职责主要是配合金融机构完成支付结算、融资、保险等服务,如在贸易融资的过程中,交易市场需要按照银行的要求对交易参与方进行初步的资格审查,收集所需的资料,并且可以通过其历史积累过程为银行提供有价值的信息。

同样,交易市场也可以和银行合作,运用自身对商务流程的把控,为交易记录良好的企业提供相应的担保,为银行分担一部分风险,从而获取相应的收入。

## 第二节 大宗商品交易金融服务的内容

在大宗商品交易中包括商业银行、担保公司、保险公司等在内的金融服务商共同为需要交易的企业提供金融服务,从而保证交易的正常运转。各类角色在交易过程中承担着不同的职责,主要的金融服务内容包括资金的支付结算、资金的融通,在实现这些服务的过程中,要保证资金的安全,就需要在各个环节对资金进行管理。大宗商品交易金融服务的内容十分丰富,本书重点讲述商业银行这个主体所提供的服务。

### 一、大宗商品交易支付结算服务

在商品交易过程中,存在商流、物流、资金流、信息流,这四流是商务活动必不可少的组成部分。信息流存在于整个交易过程中,是双向流动的;商流是资金流与物流发生流动的基础;资金流与物流做反方向流动,即物流由卖方流向买方,资金流由买方流向卖方。在大宗商品交易中,资金流量一般较大,需要更安全的支付通道,较零售小商品而言,对金融机构所提供的服务提出了更高的要求。

大宗商品交易主要通过网上交易平台进行,电子化的手段可以提高交易效率、降低交易成本。支付结算是交易过程中必不可少的环节,因此要求支付结算过程也要通过网上实现才能体现电子交易的优势。在大宗商品电子交易模式下,交易商在大宗商品电子交易平台上进行交易,银行通过与交易平台合作为交易商提供子线的支付结算服务。通常,银行会通过自身的对外平台与电子交易平台进行对接,交易商在交易平台上便可以完成支付结算。

交易市场在支付结算方面的职责包括按照国家相关法律法规建立交易结算的制度,按照结算制度为交易商提供交易结算服务,对交易结算账表进行管理,处理交易商结算过程中的纠纷,协助银行办理结算资金的划转,按照交易规则对交易商资金进行管理,监控交易过程中可能出现的结算风险等。与交易市场合作的结算银行需要在交易市场的协助下准确安全地划转交易资金,对交易资金进行存管,建立安全的账户管理体系,保证交易资金的安全,对交易市场与交易所的商业秘密负有保密责任等。

随着电子交易平台的发展,专业大宗商品交易第三方支付结算公司的出现,使得交易结算服务逐步从交易平台中分离出来,通过交易与结算的分离更好地保证交易资金的安全。第三方支付结算平台通过与交易平台、银行相对接,满足大额支付的要求,专业提供包括支付服务、结算管理、账户查询管理、对账管理等,为大宗商品交易提供支付结算及其相关的管理服务。

### 二、大宗商品贸易融资服务

大宗商品贸易的融资服务是指以交易市场的交易商为服务对象,商业银行与交易市场或者第三方支付结算公司共同合作,为交易商及其交易对象企业提供资金融通的服务,从而解决交易资金不足、信用不足等问题。

银行的贸易融资服务产品包括应收账款类融资产品、预付款类融资产品和存货类融资产品等。随着供应链中各企业间合作的日益增多,其利益也结合得更加紧密。银行的融资产品也在不断地创新和发展,由原先与供应链各企业毫无关联地进行业务的模式,转为为供应链中的核心企业及其上下游企业提供全面服务,从供应链的角度发展是近些年来银行创新产品的关键之一。

目前,大宗商品电子交易市场上提供的在线融资产品包括预付款融资、应收账款融资、仓单质押融资、订单质押融资,以及交易市场根据自身情况支持的其他融资产品。此外,在大宗商品国际贸易融资中,融资步骤更为烦琐,信用证融资与普通的融资方式混合。而大宗商品的贸易金额较大,因此更加依赖于银行和第三方机构的资金支持。

### 三、大宗商品交易的资金管理

大宗商品交易中资金管理的含义主要是指在交易、交收与结算的电子交易核心运营流程中,根据交收办法及合同执行情况,资金管理主体为会员提供资金监管、账户管理、支付结算、跨行清算、账户维护、多账户查询、凭证查询等多种服务,从而严格保证合同双方的权利义务,保障交易的顺利完成。

大宗商品电子交易资金管理服务主要是指在电子商务交易过程中为资金账户设立、资金划转、身份认证、支付结算、信息查询等提供的一系列服务活动。

(1)账户设立:交易双方资金账户的建立、维护与管理。

(2)资金划转:包括从银行账户到电子商务交易平台资金账户的入金服务,从电子商务交易平台资金账户到银行账户的出金服务,以及保证金支付等。

(3)身份认证:交易双方身份认证服务,确认支付指令为合法用户的授权操作,保证交易商的资金安全。提供登录密码设置、动态口令卡、密钥保护等防范支付安全风险。

(4)支付结算:买卖双方订单成交、交易达成后的资金支付与交易结算服务,在服务过程中通常采取一定的措施防范信用安全风险,保护买卖双方的利益,如第三方支付的信用担保服务,以买卖双方之外的第三方为信用中介防范交易信用风险。

(5)信息查询:对资金账户信息、交易信息、电子商务交易平台会员信息等提供的查询、管理服务。

### 本章小结

本章介绍了为大宗商品交易的参与者提供金融服务的企业或机构,主要包括商业银行、保险公司、担保公司、第三方支付结算公司和大宗商品电子交易市场。

大宗商品交易金融服务的内容主要包括大宗商品交易支付结算服务、大宗商品贸易融资服务、大宗商品交易的资金管理三大模块。

### 思考与练习

1.大宗商品交易金融服务的主体有哪些机构?

2.大宗商品交易金融服务包括哪些内容?

3.在"互联网+"时代,互联网金融对大宗商品交易有什么影响?

# 第五章 大宗商品交易支付服务

2007年,在场外大宗商品市场兴起的初期,以浦发银行为代表的中小银行就已经开始探索为这类交易平台提供金融服务。由于这些平台交易金额巨大,产生了大量的沉淀资金和支付清算需求,因此引入银行等金融机构的加入。近年来全国各地涌现出形形色色的交易所,这些场所多以白银、原油等大宗商品为交易标的,违背市场原则开设对赌电子盘,导致大量投资者爆仓亏损。

2017年1月9日,清理整顿各类交易场所部际联席会议第三次会议在北京召开,会议要求银行、第三方支付机构停止为违规交易场所提供服务。许多违规交易场所都声称与银行签署了战略合作,有了银行做第三方存管和资金监管,投资者在平台做交易就有了资金安全的保障。不过事实上银行并未向平台提供第三方存管服务,大部分银行所做的仅仅是根据平台的指令提供支付清算服务。这些违规交易所的行为使得我国大宗商品交易市场一度出现低迷甚至恐慌的局面,由此,规范大宗商品交易各平台的支付服务是大宗商品交易市场健康发展的重要保证。

## 第一节 大宗商品交易支付服务模式

传统的大宗商品交易目前采用的支付方式包括交易双方通过网上银行直接支付货款、采用商业票据或者银行票据支付、采用国内/国际信用证支付等。

### 一、网上银行模式

从商业银行推出网上银行开始,各企业间的支付方式便有很多采用网上银行进行支付,买方和卖方之间可通过网上银行进行资金的划转,这种方式运用在现代的大宗商品交易市场时,支付过程是不经过交易市场的,由买卖双方之间按照合同约定完成。在这种模式下资金划转快速,可实时到账,而且可相互协商划转方式。缺点是不能保证资金的安全,一旦一方不履行合同,款项有无法收回的风险。

企业在签订合同时约定支付方式为通过网上银行进行付款,在合同约定的时间节点,买方将相关款项划转到卖方的账户上。在大宗商品交易市场仅作为交易中介负责为买卖双方提供交易机会的情况下,大宗商品交易市场并不负责对货物交付、资金划转进行管理和监督,买卖双方自行到各自的银行开立账户,资金的支付由买卖双方直接向银行发出支付指令自行完成。

在大宗商品交易的众多支付方式中,通过网上银行进行划款支付是重要的支付方式之一,一般企业均有资金的银行账户,使用自身已有的银行账户便可以完成支付行为。现在众多银行的网上银行发展十分迅速,为企业用户提供的服务也日渐丰富,不仅仅满足用户的支付服务要求,在投融资、存贷款等方面均提供了丰富的银行产品。

对于大宗商品交易企业而言,主要的支付工具包括现金、商业承兑汇票、银行承兑汇票、支票、信用证等。随着我国金融电子化进程的快速推进,网上银行近几年发展迅速,目前网上银行不仅支持现金在账户之间直接划转,电子支票、电子商业票据也成为企业间支付常用的工具。

### (一)网上银行支付功能介绍

网上银行作为企业的重要资金划转途径,商业银行为客户提供诸多网上银行服务,包括个人网上银行业务和企业网上银行业务。其中,企业网上银行的主要服务包括基本账户管理、收付款业务、理财业务、贷款业务、代理业务等,一般网上银行根据客户的等级和特点提供特色服务。

大宗商品交易金额的划转可以通过网上银行的收付款业务、票据业务等实现,银行支持企业今夕单笔收付款、批量收付款、跨行跨地区收付款,并且还提供代收代付业务等;账户管理功能使得企业可以随时关注自身的账户变动情况;特色业务是银行根据服务企业的特点推出的业务。

#### 1.账户管理

账户管理业务包括账户查询、电子对账等服务。查询业务包括账户余额查询、明细查询、交易流水查询等,方便企业用户及时掌握账户资金变动、交易情况,并通过网银为客户提供对账单查询与回签、对账单下载、对账结果查询等网上服务。

账户管理中的账户查询功能是指银行为企业用户提供当前余额、历史余额、当日明细、历史明细、交易流水情况的查询,支持企业不同性质的款项如活期、定期、贷款账户等查询,使企业可以随时全面地了解账户信息情况,实时掌控自身的资金情况。同时,可以为企业提供便利,包括收支情况查询,账户余额控制、电子回单的管理、到账通知等个性化的管理服务,使企业能更好地使用资金,提高企业的资金使用率。

如中国建设银行的账户管理服务包括以下功能。

(1)账户信息查询:支持实时查询账户余额和账户明细信息,及时了解账户资金变动情况。支持活期、定期、内部、他行账户查询。

(2)交易流水查询:查看企业网上银行发起的转账交易记录。

(3)异常交易查询:对通过网银发起的由于通信故障等特殊原因产生的异常交易进行查询,系统会对该笔交易重新查询状态并返回结果,从而确定是否需重新发起交易。

(4)定制交易查询:对通过网银发起的定时、定频交易进行查询,并支持对已定制的交易信息进行删除。包括执行情况查询、定制情况查询、执行删除情况查询、定制删除情况查询。

(5)电子回单查询:通过交易凭证号及验证码等要素,对交易流水进行快速查询,电子回单查询仅支持查询成功状态的交易流水信息。

(6)账户透支查询:为企业客户提供账户透支额度信息查询服务。

（7）电子对账签约管理：可在线开通、关闭、修改电子对账服务。

（8）对账单查询与回签：客户可通过该功能查询账户一定时间段的对账单，针对没有回签的对账单可在该页面直接进行回签。

（9）明细账查询：可通过该功能在网页查看开通电子对账功能账户的交易明细或下载后导入客户的财务系统进行后续处理。

（10）对账结果查询：可通过该功能对已经回签的对账单批次进行查询并打印对账单。

2. 收付款业务

收付款业务是指用户通过网上银行的途径实现支付或者收取款项，支付的工具可以是现金、支票、承兑汇票等。收付款的形式多样，包括电子汇兑、支票支付、委托收付款、代收代付等。资金的划转支付包括单笔收付、批量收付、同行或跨行收付、同地域或跨地域收付、实时转账或者延时转账。

如中国工商银行的收付款服务包括以下功能。

（1）电子汇兑：汇款人委托银行使用电子化手段将其款项支付给收款人的结算方式。

（2）即时通：运用现代计算机技术和通信网络，为公司客户提供的一项资金异地通存通兑服务。

（3）支票直通车：利用 POS 网络，开发出的旨在加快支票结算速度、提高支票结算安全性、方便支票结算交易的一项创新结算产品。

（4）委托收款：收款人委托银行向付款人收取款项的结算方式。单位或个人凭已承兑的商业汇票、国内信用证、储蓄委托收款（存单）、债券等付款人债务证明办理款项结算的，均可以使用委托收款结算。

（5）E-bank 收付款：企业客户可以通过电子银行的收款平台，在线提交单笔或批量收款文件，主动扣收对方账户资金，实现资金快速入账，这适用于所有企业客户。客户可以通过电子银行方式，委托银行将其款项支付给收款人，这适用于有对外支付需求的客户。

**（二）网上银行模式的特点**

在大宗商品网上银行模式下，交易双方通过电子平台获得交易信息，但不通过交易平台进行资金支付，而是运用较为传统的线下支付或者网上银行进行支付，银行根据交易者的指令在交易双方之间进行资金划转。

在此种模式下交易双方是否能够履约是以交易双方的信用为基础的，因此对于履约约束一般由交易者在合同中约定，交易平台对交易履约的监控管理较弱，网上银行支付是此种交易模式的主要支付方式之一。

网上银行具有较好的安全性，为了保证资金安全，企业网银一般需要通过 Ukey 来登录，采用登录密码和 Ukey 两重密码才能对企业网银进行操作，企业出入金需要两个人员对一笔转账进行认可（一般一个创建另一个审核）。企业网上银行具有多种功能，除了查询、转账、融资、账户管理等传统的业务，票据业务、投资理财、集团管理、财务管理、网络融资、供应链融资、融资租赁、资产托管等业务也逐步在网上银行实现，为企业提供了全面的金融服务。

## 二、银商通道模式

银商通道是指大宗商品交易市场与银行系统连接,交易商通过大宗商品交易市场或银行提供的多种渠道发出资金划转指令,实现交易商银行结算账户与大宗商品交易市场专用结算账户之间资金实时划转的一项金融服务。此方式可实现银行对资金的第三方存管。由于银行规定银商通道的用户须为已在交易市场开立资金账户的网银注册客户,客户要通过网银和交易客户端进行银商出入金操作,因此银商通道的支付方式也是通过网上银行来实现的。

交易双方首先要获得交易市场的交易商资格,之后需要到交易市场和银行分别开户,并且与商业银行签订协议,当这些手续都完成并开通后,交易双方可以通过银行柜台、网上银行、电话银行、交易市场网页及其他被认可的途径进行查询及出入金操作。由于大宗商品交易的交易额巨大,单靠市场自身对资金进行监管是不够的,交易双方的保证金、货款等交易资金应交由银行高信用机构监控。银行可清楚了解货物的流动情况,再据此决定保证金、货款的流向,这样就可以实现资金监管的权威性,形成硬信用交易机制,规避了风险。

银商通道业务不但为大宗商品买卖双方提供交易资金封闭结算、大宗商品仓储保管和保障资金的第三方安全存管,同时也提供买方信贷、卖方信贷融资等金融服务,为平台会员提供全流程的配套金融服务,有效解决了大宗商品贸易商在现货贸易中遇到的付款先后、违约、交货品质无保障等常见问题。

### (一)银商通道服务功能介绍

随着各大银行银商通道业务的开通及国家对大宗商品交易市场管理的不断规范,越来越多的交易商和交易市场将选择与银行合作的第三方支付形式——银商通道。同时与银商通道相配套的其他线上支付手段也将因其快捷、方便的特点,而被广泛采用。

目前,提供银商通道服务的银行及产品有中国工商银行的"集中式银商转账"、中国农业银行的"银商通"、中国建设银行的"e单通"、中国民生银行的"银商直通车"等。银商通道主要的服务功能有:

(1)双向资金划转功能:银商通道可以实现资金的双向划转,即出入金。出金是指资金由交易账户划入银行账户的过程;入金是指资金由银行账户划入交易账户的过程。交易商可以通过银行或者交易市场所支持的多种支付渠道进行支付,方便交易所的操作。

(2)交易资金查询功能:交易商通过银行端或者市场端对交易资金的余额、明细数据、流水数据进行查询,能够把握交易资金的情况。

除了以上功能,银商通道服务功能还包括:账户信息管理功能;日终对账功能;业务统计功能等。

### (二)银商通道模式的特点

相较于网上银行模式,大宗商品银商通道是银行专为大宗商品结算与交易市场开通的专用服务通道,交易商通过银商通道进行货款的支付和收取。此种模式的交易就不是以交易双方的信用为基础了,市场方与银行方对交易过程及资金进行管控。银商通道模式的特点包括以下几个方面。

(1)资金安全性:交易市场与银行间的系统采用专用网络,具有较高的安全性,只要交易商妥善保存有关操作密码,在该系统进行资金转账安全性较高。

(2)支付便捷性:通过银商通道,可以高效、便捷地实现异地资金划转,其手续费比网上银行直接转账、柜面转账等方式要低,并且可以实现实时到账。

(3)转账灵活性:交易商可以通过多种渠道进行转账操作,具有较好的灵活性,既可以在银行方办理转账,也可以在大宗商品交易账户办理转账,具体包括客户端、网银、电话等方式。

(4)账户对应性:交易市场的资金账户和银行账户是一一对应的,因此,既保证了账户的一致性,又保证了资金转入转出的安全。

(5)查询方便性:交易商可以在银行端,也可以在市场端对资金账户进行实时查询,包括对资金余额、明细流水等查询,保证可以随时把控账户资金状况。

## 三、第三方支付模式

### (一)第三方支付模式概述

第三方支付是指与多家银行签约并对接具备一定的实例和信誉保障的交易支持平台。现在小额支付的第三方支付平台已经发展得较为成熟,除了支付功能,还增加了缴费、信用卡还款、充值、机票预订等多项服务功能。截至 2015 年 3 月,已经有 270 家拥有央行第三方支付牌照的第三方支付企业。

第三方支付平台的运营模式可以分为两类:一是独立的第三方支付平台,即独立的第三方支付网关模式;二是非独立的第三方支付平台,依托电子商务网站存在,并且具有担保功能。目前,国内的第三方支付产品主要有支付宝、微信支付、百度钱包、PayPal、财付通、快钱、百付宝、网易宝、环迅支付、汇付天下,其中用户数量最大的是支付宝和微信支付。

大宗商品交易的发展、专业大宗商品交易第三方支付结算公司的出现,使交易结算服务逐步从交易平台中分离出来,通过交易与结算的分离更好地保证了交易资金的安全。第三方支付结算平台通过与交易平台、银行相对接,满足大额支付的要求,专业提供包括支付服务、结算管理、账户查询管理、对账管理等,为大宗商品交易提供支付结算及相关的管理服务。

2012 年国付宝信息科技有限公司与天津天保大宗煤炭交易市场、新乡金银花电子交易中心、黄河商品交易市场等八家企业进行战略合作,为大宗商品交易提供解决方案,推出产品"G 商银通",涵盖大宗商品交易市场的资金监管、支付清算等一系列的服务。随后,天津融宝支付网络有限公司针对钢铁贸易企业的电子交易需求建立了"融宝"第三方支付交易平台,其所提供的服务包括在线支付、大额支付、资金账号管理等,支持互联网支付和移动电话支付。浙江甬易电子支付有限公司推出"甬易支付"产品,与浙江塑料城网上交易市场成功对接,为大宗商品交易市场提供专业的第三方支付服务。

### (二)第三方支付服务的功能

第三方支付平台需要与大宗商品交易平台、商业银行进行对接,提供满足大额支付要求的专业服务,包括支付服务、账户管理、保证金管理等功能。交易市场委托第三方支付平台对交易商的交易资金进行支付结算;市场需要在第三方支付平台开立账户,用于交易资金的支付结算。支付平台根据市场交易系统的指令为市场现货交易商提供网上交易时所需要的支付、退款、结算、监管等服务。交易商需要与交易市场、第三方支付平台签订三方协议,并向支付平台提供其所需审核的资料,开立账户。第三方支付服务的功能包括以下几个方面。

(1)支付结算服务(出入金服务):入金是指交易商把资金充值到第三方支付平台开立的专用监管账户中;出金是指交易商将监管账户中的未冻结资金划出到企业自身的对公账户中。第三方支付平台负责交易商的资金安全以及按照市场规定进行资金冻结、解冻、划转和结算等操作。

(2)账户管理:支付账户具有支付、充值、退款等功能,同时还可以进行后台管理、历史支付信息查询、往来资金管理等账户管理功能。

(3)保证金管理:交易市场在第三方支付平台开立会员履约保证金结算账户,对保证金账户内的资金进行管理,在满足市场规定的规则下,支付平台对卖方保证金予以释放,买方的保证金根据市场规则冲抵货款。

(4)对账:第三方支付平台对接了多家银行,交易市场与支付平台进行对账,对于交易市场而言,可以不需要分别与多家银行进行对账。

(5)其他增值服务:有些支付平台除了为用户提供支付结算服务外,还会根据用户的需求提供诸如信息咨询、行业动态等增值服务。

### (三)第三方支付模式的特点

第三方支付模式使得支付结算管理与交易管理相剥离,构成了交易市场管理交易、第三方支付管理支付结算、用户管理资金的形式,相较于交易市场既管交易又管支付结算的特点,大大提高了交易资金管理的安全性。第三方支付模式的特点主要包括以下几点。

(1)支付管理与交易管理分离:第三方支付平台专业提供支付结算服务,与交易市场可以是相互独立的企业实体。因此对于交易来讲,交易的管理和支付结算的管理是由不同的实体进行的,在一定程度上可以提高交易资金的安全性。

(2)整合支付银行:第三方支付平台可以整合多家银行,交易市场只需与第三方支付平台对接即可实现交易的支付结算,无须再与多家银行进行对接。

(3)降低支付成本:第三方支付平台的转账手续费,如跨行、跨地域转账的手续费相较于网上银行或柜面银行来讲较低,因此,可以为大宗商品的交易商降低支付成本。

(4)便捷的管理功能:第三方支付平台为用户提供账户管理、历史交易信息查询、支付权限在线审核等功能,便于对支付账户进行管理。

(5)增值服务:与其他的支付模式相比,第三方支付平台还可以根据用户的特点提供订制的服务,如相关产品的信息咨询、行业动态等增值服务。

# 第二节 交易支付服务产品

## 一、商业银行支付服务产品

### (一)账户管理服务

账户管理包括控制查询以及管控。账户查询是指用户可以通过网上银行对其自身的账户进行余额、明细等信息的查询,从而可以掌控账户的资金情况。账户管控包括对账户收支的管理、余额管理、回单管理、对账管理等。

账户查询的主要产品及功能包括:账户信息查询,查询账户的基本信息、余额信息、明细信息等;交易流水查询,对账户变动的情况按照时间顺序对流水账进行查询;异常交易查询,对特殊原因引起的一次交易情况进行查询。

账户管控的主要产品及功能包括:账户收支管理,银行协助客户对账户的资金来源或资金使用进行管理;余额管理,银行按照客户的要求,协助客户对账户余额进行管理和控制;回单管理,对电子回单提供自助实时查询、明细查询、打印等服务;对账管理,客户可以查询一定期间内的对账单,并且有些还支持在线开通、关闭、修改电子对账服务。

### (二)网上转账服务

资金划转是指银行为其签约客户提供的转账功能,以实现企业签约之后向该银行或他行的企业及个人账户进行单笔或批量收款转账,以及对手段账户的主动收款和批量收款等功能。如中国工商银行的"即时通",正是运用现代计算机技术和通信网络,为企业客户提供的一项资金异地通存通兑服务。

网上转账的方式还包括单笔付款、单笔收款、批量付款、批量收款等。

单笔付款是指客户办理账户资金对外单笔付款的业务。客户选择付款账户,并自由录入收款方账户信息或通过常用收款账户选择收款账号后单笔提交转账交易。

单笔收款是指付款账户是该单位的授权账户,收款账户是该单位的签约账户,由收款单位直接对手段账户进行操作,完成转账交易的业务。

批量付款指客户办理账户资金对外批量付款的业务。

批量收款可将其客户网银签约账户及授权账户中的款项根据自由定义的收款条件,批量归集到某一签约账户下,实现企业客户的内部资金归集管理。

### (三)支票服务

支票服务主要功能包括(在线)实时支付、(在线)确定是否空头支票、(在线)鉴别支票密码。如中国工商银行的"支票直通车"产品特点包括以下几个方面。

(1)立即扣划款项,避免空头支票。利用银行免费向客户提供的支票受理终端实时掌握转账支票的真实有效性,立即扣划购物(消费)单位的银行账户存款。

(2)当时销售商品,加速商品周转。在扣划完购物款项后,可安全、放心地让购物单位当时提走商品,减少库存占压,加速商品周转。

（3）灵活结算方式，扩大客户范围。客户如果是餐饮、消费企业，尽可大胆、放心地接待用转账支票进行消费的客户，扩大了客户范围。

（4）结算手段先进，吸引更多客户。此项业务具有可当时提走商品或消费的特点，必将得到广大消费者（单位）的青睐，吸引他们前来购物。

（5）跨越地域限制，面向异地销售。开展此项业务后，可直接受理非本城市（地区）消费者的转账支票而确保万无一失。

### （四）银行本票

银行本票是申请人将款项交存到银行，由银行签发的承诺自己在见票时无条件支付确定的金额给收款人或者持票人的票据。银行本票按照其金额是否固定可分为定额和不定额两种。定额银行本票是指凭证上预先印有固定面额的银行本票。定额银行本票面额为1000元、5000元、10000元和50000元，其提示付款期限自出票日起最长不得超过2个月。不定额银行本票是指凭证上金额栏是空白的，签发时根据实际需要填写金额（起点金额为100元），并用压数机压印金额的银行本票。银行本票，见票即付，不予挂失，当场抵用，付款保证程度高。

同一票据交换区域内的各种款项支付均可使用银行本票。银行本票见票即付。申请人或收款人为单位的，不得申请签发现金银行本票。申请人因银行本票超过提示付款期限或其他原因要求退款时，应将银行本票提交到出票银行，申请人为单位的应出具该单位的证明。申请人为个人的，应出具本人的身份证件。

### （五）商业汇票

商业汇票是出票人签发的，委托付款人在指定日期无条件支付确定的金额给收款人或者持票人的票据。商业汇票分为商业承兑汇票和银行承兑汇票。商业承兑汇票由银行以外的付款人承兑（付款人为承兑人），银行承兑汇票由银行承兑。

电子商业汇票（简称电子票据）是出票人以数据电文形式制作的，委托付款人在指定日期无条件支付确定的金额给收款人或者持票人的票据。

与传统的纸质商业汇票相比，电子商业汇票有以下优势。

（1）安全：使用经过安全认证的电子数据流和可靠的电子签名，能够杜绝假票和克隆票；以数据电文存储在系统中，无保管纸质票据时所产生的风险隐患；以网络传输替代人工传递，消除纸质票据携带和转让的风险。

（2）便捷：计算机设备录入替代手工书写，网络传输替代人工传递，省时省力；可实时查询，票据流传全程被票据权利人实时掌控；电子签名代替实体签章，足不出户签发电子商业汇票。

（3）经济：票据背书、交付均在系统上操作，瞬时流转，节省时间投入和费用支出；通过电子渠道进行质押、贴现，资金瞬间到账，无须查询查复；不需人工保管，自动提示托收。

（4）期限长：传统的纸质商业汇票的付款期限自出票日起最长不超过6个月，而电子商业汇票付款期限可延长至一年，可以作为融资手段代替相当一部分短期流动资金贷款。

### （六）委托收款

委托收款，是指收款人委托银行向付款人收取款项的结算方式。单位或个人凭已承兑的商业汇票（含商业承兑汇票和银行承兑汇票）、国内信用证、储蓄委托收款（存单）、债券等付款人债务证明办理款项结算的,均可使用委托收款结算。委托收款结算在同城、异地都可以办理,没有金额起点和最高限额。

收款人办理委托收款应填写委托收款凭证并签章。将委托收款凭证和有关的债务证明一起提交收款人开户行,委托银行向付款人收款;托收行审查委托收款凭证和有关的债务证明是否符合有关规定。审核无误,将委托收款凭证和有关的债务证明寄交付款人开户行办理委托收款。付款人开户行通知付款人,根据付款人反馈及其账户金额是否足以支付,做出相应处理。

### (七)托收承付

托收承付是指根据购销合同由收款人发货后委托银行向异地购货单位收取货款,购货单位根据合同对单或对证验货后,向银行承认付款的一种结算方式。分为托收和承付两个环节,收款人按照签订购销合同发货后,委托银行办理托收;付款人开户银行收到托收凭证及其附件后,应当及时通知付款人承付货款。

办理托收承付结算的款项,必须是商品交易,以及因商品交易而产生的劳务供应的款项。代销、寄销、赊销商品的款项,不得办理托收承付结算。

## 二、银商通道支付服务产品

### (一)中国工商银行"集中式银商转账"

集中式银商转账业务(简称银商转账业务)是指为大宗商品交易市场及其交易商提供的交易结算、资金划拨等服务。大宗商品交易市场与中国工商银行系统连接,交易商通过工商银行或交易市场提供的多种渠道发出资金划转指令,实现交易商银行结算账户与交易市场专用存款账户间资金实时划转。工商银行银商转账系统为交易商提供交易市场信息维护、银商转账关系维护、资金转账、账户余额查询、业务收费、日终对账与报表等功能。

拓展资料 5-1

银转商又称入金,是指交易商发起的将银行结算账户中的资金转账至交易市场专用存款账户,同时交易市场自动更新交易会员的资金账户余额的行为。商转银又称出金,指发起的将存放在交易市场专用存款账户中的资金转账至银行结算账户,同时交易市场自动更新会员资金账户余额,工商银行系统自动更新管理账户信息的行为。

交易商必须在工行开立银行结算账户用于办理银商转账业务,账户的开立和使用必须符合人民币银行结算账户管理有关法律法规的规定。交易商银行结算账户必须在交易市场备案,不允许有透支行为。支持使用理财金卡、牡丹灵通卡、e时代卡、活期存折办理。银商转账的交易时间受交易市场规定的交易时间和该市场系统在工行系统中签到时间的双重约束,即在交易市场规定的交易时间内且交易市场系统在工行系统成功签到之后、签退之前,客户方可正常发起银商转账交易。

中国工商银行集中式银商转账业务的特点包括以下几点。

(1)资金双向划转,商品交易市场专用结算账户与会员银行结算账户间资金可以双向划转,交易市场端资金账户(台账)实时反映。

（2）多元化服务渠道，无论是法人还是个人交易会员，均提供柜面和网银双重交易渠道；同时，系统还支持商品交易市场端的发起渠道，供交易会员自由选择。

（3）独特的网银功能，可以通过工商银行独有的网上签约功能，进行协议签订；可以实时进行交易查询、出入金管理。

（4）全国联网，即使会员与商品交易市场不在同一城市，也可在会员银行结算账户所在地工商银行网点申请开通银商转账。凭借工商银行广泛的网点覆盖，可实现全国范围的交易。

（5）异地转账实时到账，凭借工商银行发达的银行结算网络、先进的技术平台和快捷的电子汇划系统，异地资金划转瞬间到账，手续简便，成本节省，可以大大提高交易资金的使用效率。

（6）交易规则设置灵活，交易会员的出金交易须经交易市场审核同意后才能实现，在具备时效性的同时提升安全性，最大限度地确保资金安全。另外，可根据交易市场的需求，设定交易单笔转出限额、当日累计转出限额、比例等。对于不符合规则的转账交易，向交易市场提供专门报表供市场确认。

（7）资金封闭运行，银商转账服务对交易市场专用结算账户进行封闭管理，除交易手续费外，交易市场专用结算账户不得向其他账户划转资金，从而让交易会员放心，并吸引更多交易商加入市场。

（8）每日"双向对账"或交易结束后，银行系统将会员管理账户余额汇总与交易市场专用结算账户余额进行核对（总分核对），同时，对会员管理账户余额与交易市场会员资金台账余额进行核对（分分核对），双线对账，实现账户精准记录，确保交易准确、顺畅。

**（二）中国建设银行"E商贸通"**

中国建设银行"企业级电子商务支付服务"系统（简称"E商贸通"）是建设银行利用电子支付渠道，为大型商贸电子交易市场及其所属中小企业会员客户提供电子商务资金结算、资金清算和资金托管服务，以及贸易融资、信贷资金监管等综合性金融服务平台。"E商贸通"是建设银行为B2B电子商务平台量身定制的综合性专业金融服务平台，以电子商务平台为核心服务对象，为核心企业上下游客户提供一系列综合服务，全面提升电子商务平台对上下游客户的金融服务能力。

1.*产品特点*

（1）与电子商务平台交易系统无缝对接，大幅提升会员资金结算效率。建设银行与国内各大B2B电子商务平台软件服务提供商签署战略合作协议，成功将建设银行"E商贸通"金融服务平台与平台交易系统进行无缝对接，会员在交易时可实现资金的自由进出划转，实时高效，大幅提升资金结算效率，提高交易服务体验。

（2）以银行信誉为保障，促进电子商务平台快速良性发展。建设银行作为国内四大国有控股商业银行之一，将与电子商务平台签署"E商贸通"金融服务合作协议，为平台提供配套资金监管服务，以银行信誉为保证，在提升电子商务平台自身品牌形象及市场地位的同时，为平台会员提供了无形的保障，进一步促进平台会员的交易，助力平台的良性发展。

（3）为现货平台提供全程交易资金监管服务，全面提升平台信用。建设银行"E商贸通"产品在业内首创了企业级现货交易资金监管业务，探索并再造商业银行的电子商务资金管理服务模式,通过建立现货交易商户与会员资金阻断机制,对交易资金进行有效管理,确保会员交易资金的安全,更进一步提升了电子商务平台的信用度。

(4)以"E商贸通"平台为基础,综合评价会员信用,提供全方位金融服务。建设银行"E商贸通"金融服务平台在提供资金结算、托管服务的同时,也建立了一套会员评价体系,通过分析会员的交易行为,对会员的资信情况进行综合评价,并将借助建设银行在网络银行、网络信贷领域的优势,融合"E单通""E保通"等优质金融信贷产品,为电子商务平台会员提供一揽子金融服务。

2.客户范围

"E商贸通"客户包括"E商贸通"商户和"E商贸通"会员。

"E商贸通"商户主要是以目前电子商务中大宗商品交易商户为基础,兼顾行业商户、零售商户,特别针对大型专业化电子商务平台市场以及具有资金监管需求的B2B、B2C平台商户,主要包括:地方性电子商品交易所、物流园区电子商贸平台、网上商贸交易会、生产资料网上批发市场、大宗商品交易市场,以及土地拍卖、二手房屋买卖等专业网上交易市场。

"E商贸通"会员主要是指大型商贸市场所属的,以生产原材料等大宗商品采购、经销、加工制造为主的中小企业客户。

3.服务功能

账户查询功能:可查询"商户结算专户"及"商户一般户"余额、明细信息;查询所属会员签约信息、会员账户资金余额、明细及会员出入金流水、会员交易流水等信息。

转账功能:可以通过建行柜台、网上银行渠道对商户浮动盈亏结算账户、商户收益结算账户进行转账。

现货交易功能:可以发起现货交易终止操作;对于卖方已经发货,买方尚未及时付款的交易,则可以发起通知强制付款、撤销通知强制付款等操作,在通知强制付款倒计时结束后,可以发起强制付款或者终止交易。

数据推送功能:银行系统将会员签约、会员和商户出入金、现货交易等三类业务交易结果实时推送给商户系统。

电子合同转让交易:根据实际交易结果,对会员结算账户资金进行调整。

佣金扣收:可以划扣会员服务费、交易手续费等各种费用。

会员出金审批:可以设置对会员的出金申请是否进行审批。

冻结功能:按照市场交易规则及与会员的协议约定,对会员结算账户的资金进行锁定的过程,冻结后的资金会员无权划转或转让。

清算对账:包括现货日终清算对账、中远期交易明细及清算账户对账、中远期日终商户清算及对账。

### (三)中国农业银行"银商通"

农行银商通业务是指农行与大宗商品交易市场的系统对接,建立交易商银行结算账户与其市场资金账户的对应关系后,交易商选择通过农行网上银行发出资金划转指令,实现资金在交易商银行结算账户和市场资金账户之间实时划转等功能的一种金融服务。农业银行是国内同行业首家推出大宗商品交易市场客户交易资金存管业务的商业银行。

1.产品功能

(1)签约——双向发起,快捷简便,充分发挥网点优势。

(2)解约——市场端发起。

(3)入金(银行结算账户转入市场资金账户)。

(4)出金(市场资金账户转入银行结算账户)。

(5)查询(客户信息,客户资金等)。

(6)变更签约银行结算账户。

(7)日终对账——及时对账,清算快捷,充分保证资金安全。

2.产品优势

(1)网点优势,覆盖全国。全国近2.4万个物理网点均可开通银商通业务,尤其是县域地区优势更加突出。

(2)功能齐全,设置灵活。银商通系统各项交易功能全部采用参数化设置,操作灵活,适应市场个性化需求。

(3)异地划转,无须费用。目前客户通过银商通系统划转资金,不收取异地转账手续费。

(4)银行市场,双向开通。交易商可以在银行或市场任何一方签约银商通业务,即开即通,方便快捷。

(5)一卡开通,全国通用。交易商可使用一张金穗借记卡,在全国任何农业银行网点都能开通银商通业务。

## 三、第三方支付服务产品

### (一)甬易支付"甬易大宗"

甬易支付支持多种交易模式下的资金支付,包括挂牌交易、竞价招标交易、现货连续交易、中远期定点交易,支持货物资金及保证金的划转。在各个交易流程中,甬易支付需要受理交易市场发送相同的支付结算请求,根据市场交易系统指令划拨资金,向交易市场及客户返回处理信息等。

1.挂牌交易

挂牌交易是指出让人发布挂牌公告,按公告规定的期限将拟出让的交易标的的交易条件在指定的交易场所挂牌公布,接收竞买人的报价申请并更新挂牌价格,根据挂牌期限截止时的出价结果确定标的成交价格、数量及受让人的交易方式。

挂牌交易流程描述如图5-1所示。

(1)买卖双方采用挂牌的方式进行采购或者销售,需要向交易市场提交保证金。

(2)买卖双方用保证金购买或者销售挂牌货物并签订合同。

(3)买卖双方按照合同约定交货。

(4)卖方开具发票,买方验货后结算尾款。

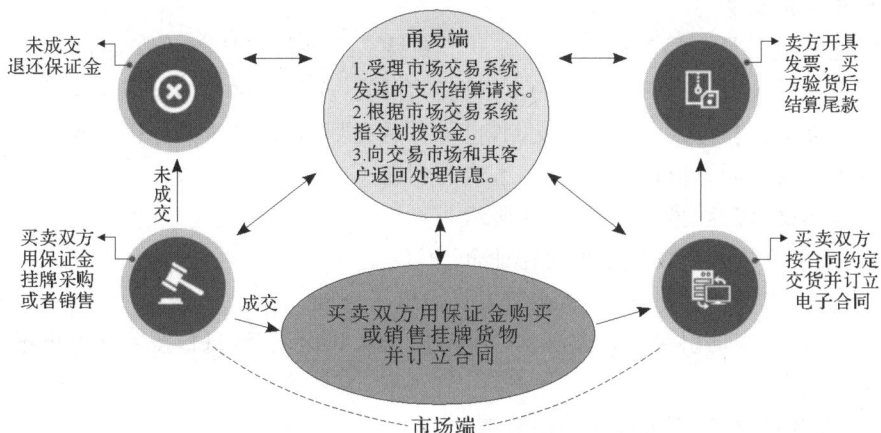

图 5-1　挂牌交易流程

**2 竞价招标交易**

竞价招标交易是指买方或卖方在指定的交易场所分别竞价或招标交易。竞价交易时,以买入申报价格高者优先,按申报数量依次与卖方成交;招标交易时,以卖出申报价格低者优先,按申报数量依次与买方成交。

竞价招标交易流程描述如图 5-2 所示。

(1)买卖双方按照市场要求提交保证金,参与竞标交易。

(2)竞标失败,市场退回保证金,竞标成功买卖双方订立电子合同。

(3)履行合同交货并结算款项。

(4)卖方开具发票,买方验货后结算尾款。

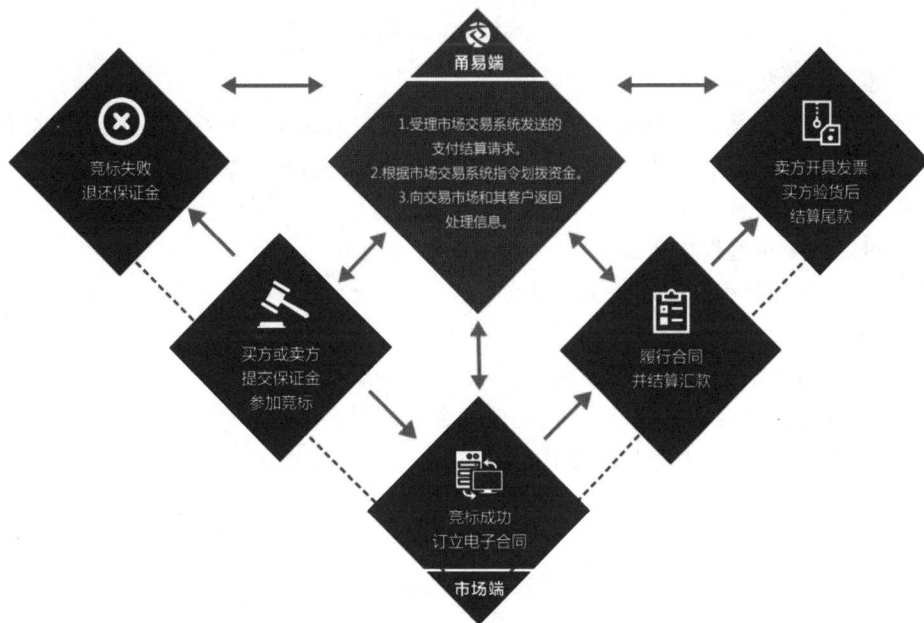

图 5-2　竞价招标交易流程

### 3. 现货连续交易

现货连续交易是交易商通过交易所电子交易系统进行交易商品的买卖价格申报,经电子交易系统撮合成交后自动生成的电子交易合同。交易商可根据电子合同的约定自动选择交割日期的交易方式。可当日交割,也可日后交割,它是在研究分析了现货交易商和商品投资者的需求后,进行的现货交易方式的创新。

现货连续交易流程描述如图 5-3 所示。

(1)买卖双方按照市场要求提交保证金。

(2)未成交市场退还保证金,成交双方订立电子合同。

(3)每日价格变动引起保证金浮动,相应进行退、收保证金;每日按照交割申报差结算延期交割补偿金。

(4)卖方开具发票,买方验货后结算尾款。

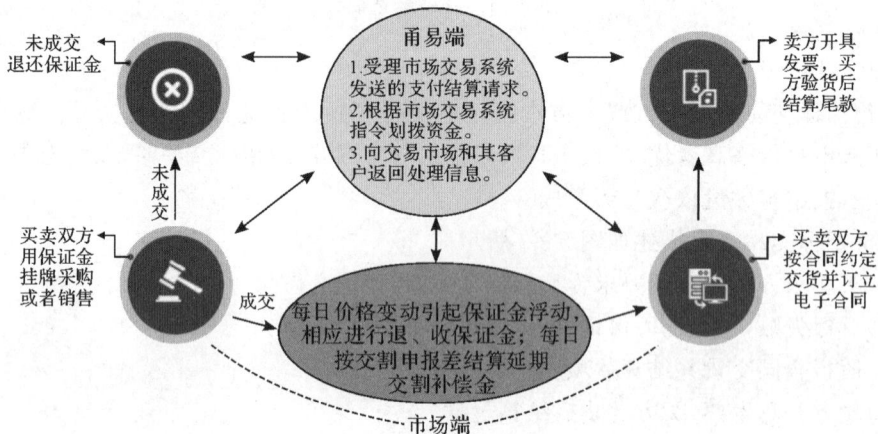

图 5-3  现货连续交易流程

### 4. 中远期订单交易

中远期订单交易是以现货仓单为交易的标的,约定未来某个确定的时间点为交货时间(一般为 3~6 个月),采用计算机网络进行集中竞价买卖,统一撮合成交、结算付款,价格行情实时显示的交易方式。

中远期订单交易流程描述如图 5-4 所示。

(1)买卖双方按照市场要求提交保证金。

(2)未成交市场退还保证金,成交双方订立电子合同。

(3)合约期间价格变动引起保证金浮动,相应进行退、收保证金。

(4)买卖双方转让合同结算差价,退还保证金。

(5)卖方开具发票,买方验货后结算尾款。

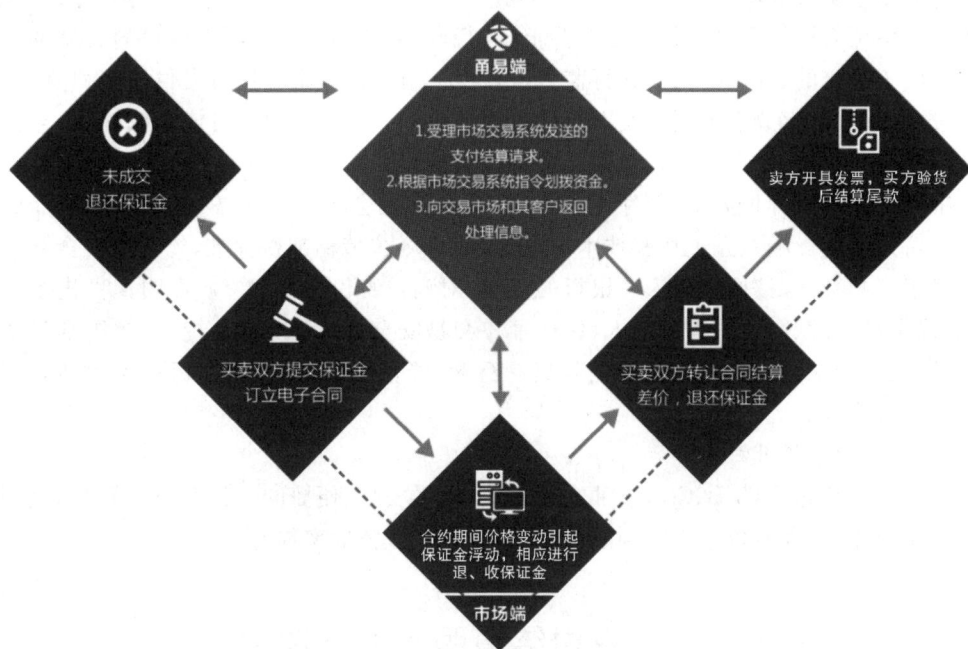

甬易端
1.受理市场交易系统发送的支付结算请求。
2.根据市场交易系统指令划拨资金。
3.向交易市场和其客户返回处理信息。

未成交退还保证金

卖方开具发票，买方验货后结算尾款

买卖双方提交保证金订立电子合同

买卖双方转让合同结算差价，退还保证金

合约期间价格变动引起保证金浮动，相应进行退、收保证金

市场端

图 5-4　中远期订单交易流程

## (二)融宝

"融宝"是天津荣程网络科技有限公司(以下简称荣程网络)旗下第三方支付平台,是荣程网络互联网支付相关业务(包含网上支付、委托结算等)和产品的品牌,主要为大宗商品交易提供"高效、便捷、安全"的支付手段和相关服务,满足用户在线支付、在线分账、大额支付、在线交易管理、资金账户管理等需求。

融宝针对大宗商品交易行业支付金额大、资金安全性要求高等特点,进行支付平台的行业整合性打造,为即期现货交易、现货中远期交易等各类大宗商品交易提供专业解决方案。同时严谨的风控机制,严格的审核体系,能够保证交易市场在线交易资金安全,通过为交易市场提供统一的支付接口,帮助交易市场降低运营和维护成本。

融宝服务的特点包括以下几点。

### 1.大宗商品行业丰富经验及交易平台支撑

荣程集团具有丰富的大宗商品交易的经验,旗下有融通物贸电子商务平台。该平台主营业务涵盖了钢铁、煤炭焦炭、矿石矿粉、机械设备、备品备件等品种。通过提供交易服务、物流服务、融资服务和信息服务,打造完整产业链的工业领域大宗商品的电子商务综合服务体系。融通物贸电子商务平台主要包括资讯发布系统、交易系统、拍卖与招投标系统、第三方资金结算系统、融资服务系统等。

### 2.降低交易财务成本

融宝支付支持单笔大额资金的互联网支付,按单笔交易收取固定的、较低的手续费用,能够为用户大大节省财务费用(如企业间进行转账时,通过融宝可以为客户节省一半以上的转账结算费用),尤其适合涉及大宗商品交易的企业。

3. 资金的安全管理

根据中国人民银行对支付公司的要求(人行令 2010 第 2 号),所有客户的交易资金都必须存放于独立的、唯一的商业银行监管账户中。所有经由融宝进行支付的客户资金,都严格按照此要求,存放于中国人民银行的监管账户中。非经客户许可或司法确认,包括融宝在内的任何单位、个人均无权对资金进行任何操作。

融宝采用双机异地灾备:全件无宕机,本地及远程主机同步热备,最大限度地降低自然灾害对系统的影响。先进加密技术:采用 SSL128 位传输加密标准,传输更安全。

对于商户准入,按照中国人民银行的规定,对商户身份材料和资质证明文件进行严格审查,确保低风险、高资质商家准入,保证客户交易安全。对于交易监控,系统级别安全监控体系,依据金融级安全规则监控全部交易行为,降低交易中的支付风险,保障结算和货物交收的安全性。

4. 支付便捷,提升效率

融宝服务覆盖 B2B、B2C 等多种支付方式,提供安全、便捷的收付款与清算结算服务,全程电子化服务,大额资金实时到账服务,促进整体业务效率提升。

# 第三节　支付结算服务的管理规则

通过大宗商品交易市场进行支付结算,根据《大宗商品电子交易规范》,各交易市场对交易商、结算银行、市场自身,以及支付结算过程提出了管理要求。

## 一、对结算服务参与主体的要求

### (一)对结算银行的要求

结算银行由电子交易中心统一认定,其主要功能是协助电子交易中心结算、划拨资金。

结算银行应符合以下条件。

(1)全国性的商业银行,在全国各主要城市设有分支机构和营业网点。

(2)拥有先进、快速的异地资金划拨手段。

(3)能办理交易商仓单质押业务。

(4)电子交易中心认为应具备的其他条件。

符合以上条件,并经电子交易中心同意成为结算银行后,结算银行与电子交易中心应签订相应协议,明确双方的权利和义务,以规范相关业务手续。结算银行的主要职责包括以下几点。

(1)开设电子交易中心专用结算账户和交易商专用资金账户。

(2)向电子交易中心和交易商吸收存款、发放贷款。

(3)了解交易商在电子交易中心的资信情况。

(4)根据电子交易中心提供的票据优先划转交易商的资金。

(5)在电子交易中心出现重大风险时,应协助电子交易中心化解风险。

(6)保守电子交易中心和交易商的商业秘密。

### (二)对交易市场结算部门的要求

交易市场自身设有负责结算服务的部门或机构,同样在相关的管理细则中详细规定了该部门的要求和职责,从而保证交易市场的政策结算程序。结算部门负责交易市场商品电子交易的统一结算以及风险的防范。

结算部门或机构的主要职责包括以下几点。

(1)对交易会员订货款进行结算,控制结算风险。

(2)对交易会员的交易结果进行结算,汇总、统计、分析、报告结算数据。

(3)审核、办理交易会员之间资金往来汇划业务。

(4)统计、登记和报告交易结算情况,为交易市场提供各种结算统计报表。

(5)为会员单位和客户提供数据查询和数据核实的服务。

(6)存货凭证等重要结算票证的管理。

(7)按规定管理风险准备金。

(8)跟踪问题数据的处理过程,直至处理完毕。

(9)处理交易会员之间的纠纷,监督结算银行与交易市场的结算业务。

有些交易市场的结算细则中对结算交收人员的职责也做出了明确的规定,如:

(1)获取交易市场提供的结算数据,并及时核对。

(2)办理权利凭证的交存与提取手续。

(3)办理实物交收手续。

(4)办理其他结算、交收业务。

## 二、对结算过程的管理

对于日常结算构成的管理,包括结算账户的管理,制定结算相关的风险管理制度等。电子交易中心应在各结算银行开设一个专用结算账户,用于存放交易商的保证金及相关款项。

电子交易中心对交易商存入电子交易中心专用结算账户的保证金实行分账管理,为每一交易商设立明细账户,按日期次序登记核算每一交易商卖出和买入的交易保证金,电子交易中心根据交易商当日成交合同数量按合同规定的标准计收交易手续费。电子交易中心与交易商之间交易业务的资金往来结算通过电子交易中心专用结算账户和交易商专用资金账户办理。

交易市场一般均建设与结算相关的管理制度,包括保证金制度、每日无负债结算制度、结算与出入金管理制度等。

### (一)保证金制度

保证金制度是指在交易过程中,交易商必须按照其所订立合同价值的一定比例缴纳保证金,作为其履行合同约定的承诺,市场视价格变动情况确定是否需要追加保证金。保证金是交易商确实履行合同而向对方做出的承诺,其额度执行标准参照国家相关法律、法规。市场在此基础上为加强风险控制管理,有权对保证金收取标准做适当调整,可以对某一或全部合同的买方或卖方单方面或双方面提高保证金,并提前予以公告。

多数市场现行保证金额度为不少于合同标的总额的 20%。当会员保证金余额低于约定份额后,市场会向会员提出追加保证金的通知,待保证金补齐后方可正常交易。若在规定期限内未补足保证金,市场有权对该会员所持的任一合同进行转让。若交易商出现交收违约行为,单方违约按一定比例扣除违约方的违约金,划入履约方交易资金账户;双方违约按一定比例扣除违约双方的违约金,划入交易所风险准备金账户。

交易市场实现交易保证金制度,往往会涉及几个保证金的类型,主要的保证金类型包括以下几类。

(1)交易保证金:买卖双方成交后,交易市场按照合同价值的一定比例收取的保证金。

(2)交割保证金:交易市场向卖方收取的用于保证交割业务顺利履行的保证金。

(3)履约保证金:在集中交割日临近前,交易市场为合约的履行而提高保证金标准所收取的保证金。

如舟山大宗商品交易所对各类保证金的规定如下。

(1)电子交易合同签订时,买卖双方需按照规定缴纳订货金额 20% 的交易保证金。

(2)合同集中交割日(含)前第十个交易日,买卖双方交易保证金比例提高至 50%,卖方已经提交《注册仓单》的,不追加保证金。

(3)合同集中交割日(含)前第五个交易日,买卖双方交易保证金比例提高至 80%,卖方已经提交《注册仓单》的,不追加保证金。

(4)合同集中交割日当天收市,买方交易需付足全额货款及所需费用,卖方需提交《注册仓单》,否则视为违约。

**(二)每日无负债结算制度**

每日无负债结算制度是指每日交易结束后,电子交易中心根据交易商达成的买卖合同,按当日结算价结算盈亏、交易保证金及手续费、税金等费用,对应收应付的款项实行净额一次划转,相应增加或减少交易商的结算准备金。

交易商资金余额不足,交易市场向交易商发出追加资金的通知,交易商需要按照交易市场的规定补足资金数额(补足时间一般为下一个交易日开市后 30 分钟内),否则交易市场有权对交易商持有的电子交易会员进行转让,直至补足所欠款项;当交易商浮动出现盈利,根据交易市场的规定可以作为之后的交易保证金签订新的合约。

**(三)结算与出入金管理制度**

市场在银行开设交易商保证金专用账户,用于代收代付或暂存暂付交易商进行电子交易所发生的价款等各项费用,并按交易商编号实行分户管理。市场对交易商保证金以及货款实行分户管理,为每一交易商设立明细账户,按日期次序登记合算每一交易商出入资金、盈亏、保证金、手续费等明细变动情况。根据用户相关规定,交易商在办理出金业务时,款项去向必须与入款来源名称一致。

当交易出现交易量或订货量极具放大等异常情况可能导致的风险时,为更好地维护交易商的合法权益,在必要的情况下,市场有权对部分或全部持有订货的交易商暂停办理资金划出服务。

## 本章小结

本章主要介绍了目前传统大宗商品交易采用的支付方式,包括交易双方通过网上银行直接支付货款、商业票据或者银行票据支付、国内/国际信用证支付等,同时介绍了各个支付方式下不同的支付服务产品。

根据《大宗商品电子交易规范》,各交易市场对交易商、结算银行、市场自身,以及支付结算过程提出了具体管理要求。

## 思考与练习

1.大宗商品交易支付的主要服务模式有哪几个种类,分别说明其功能及主要特点。

2.请举例说明为大宗商品交易提供第三方支付服务的平台,其运作模式及主要特点。你认为目前这类第三方支付服务平台还存在什么问题?

3.大宗商品结算服务参与主体有哪些? 对结算过程应怎样进行管理?

# 第六章 大宗商品贸易融资

大宗商品拥有价格波动大,供需量大,易于分级和标准化,易于储存和运输等特征,这使得大宗商品的贸易需要一定的金融支持。大宗商品的生产商以及贸易商为了保持资金流的稳定与畅通,需要寻找强大的金融机构来帮助融通资金。在此需求下,大宗商品的贸易融资就产生了。

## 第一节 大宗商品贸易融资概述

### 一、贸易融资与大宗商品贸易融资

贸易融资是指在商品交易中,银行运用融资工具,基于商品交易(如原油、金属、谷物等)中的存货、预付款、应收账款等资产的融资,是商业银行的重要业务。贸易融资中的借款人,除了商品销售收入可作为还款来源外,没有其他生产经营活动,在资产负债表上没有实质性的资产,也没有独立的还款能力。在传统的贸易融资中商业银行主要考虑企业的行业地位、财务状况和担保方式,从财务、市场等角度对主体企业进行信用评级,是基于财务报表的主体企业授信,针对单一的贸易环节进行的融资。传统贸易融资方式主要有:融通票据、打包放款、出口押汇、进口押汇、国际保理、福费廷等。而大宗商品贸易相较于传统贸易而言,具有特殊性,传统的贸易融资方式并不完全适用,因此,本书对此不做深入探讨。

大宗商品贸易融资的概念有广义和狭义之分,广义上的定义是指商业银行为参与大宗商品交易方提供的满足贸易过程中各种资金需求的融资产品,它涵盖大宗商品贸易融资的各个方面,是最为全面的概念。狭义的定义为结构性商品贸易融资或结构性商品融资安排,为近年来各商业银行逐渐付诸实践,日益发展壮大的融资产品。它不是某种具体的融资产品,而是根据客户的特点、交易对手、贸易条件等因素,综合性地应用各类融资工具、利率安排、资讯服务的个性化服务方案。一般而言,结构性贸易融资涉及货权质押、质物监管、信托收据、套期保值、资金专管等服务。

### 二、结构性贸易融资的起源与发展

结构性贸易融资(structured commodity trade finance)起源于西方工业发达国家。最初用于金额较大的自然资源和基础工业的大宗商品如有色金属、石油等的交易。由于进口方还款的第一来源主要是货物出售后的现金流,这一时间差以及贸易涉及的金额大等原因决定了进口方在交割货物的时候无法全额支付,需要进行融资。当进口商无法或不愿在资本市场上进行融资时就出现了结构性贸易融资。这一新型的融资方式解决了外向型企业因难以落实担保单位、缺乏不动产作贷款抵押而导致的融资难题。另一方面,为了给更多的企业创造出口机会,特别是为了帮助企业向新兴市场销售大宗原材料,工业发达国家逐步完善了结构贸易融资方法体系。

目前,大宗商品结构性贸易融资是在大宗商品贸易中,银行根据生产贸易企业的具体融资需求,把贸易过程中所有的环节都串起来,通过货权质押、信托、收据、保险及公证、货物监管、提货通知、货物回购、资金专户管理、期货保值等一系列融资工具按不同方式的组合,结构化设计来掌握货权、监控资金,为其提供的集物流、信息流、资金流为一体的个性化、综合化的组合贸易融资方式,该组合方式取决于交易本身的复杂程度和借款人要达到的目的。

和传统大宗商品贸易融资相比,大宗商品融资的结构化特征是为了"补偿借款人欠佳的资信水平"。对于可以在期货交易所开展交易的大宗商品,银行还可以通过期货合约来规避融资风险,将结构性贸易融资和期货交易有机地结合起来,这也是银行和期货交易所之间需要共同开拓的黄金领域,目前国内的几家银行已经逐步开展了同期货交易所的合作。但是对于不可以在期货交易所开展交易的大宗商品甚至是普通商品同样可以使用结构性贸易融资,只不过银行无法通过期货市场来分散风险而已,结构性贸易融资本身并不限定商品的种类。国际上以大宗商品贸易融资业务出名的几家商业银行,如法国巴黎银行、荷兰银行,其结构性贸易融资产品均已相当成熟,在结构性贸易融资方面大都积累了丰富的经验,并且这些商业银行都将结构性贸易融资视为提高银行利润率和竞争力的有效手段。

### 三、大宗商品结构性贸易融资的特点

#### (一)实现货物和资金封闭式运作

在结构性贸易融资中,银行要么"控货"(即控制货物的物权凭证),要么"控钱"(即与客户签署《银行账户质押及监管协议》,约定与融资相关的款项收付均应通过该银行进行),并且只有在银行收到相应款项后才释放对应的货物或物权凭证,简称"放货"。通过监控货物和资金的封闭式运作,有效地控制了进出口商的资金和信用风险,并加深了银行和客户及其上下游企业间的合作关系,同时与仓储公司、物流公司、保险公司、船运公司保持良好的关系,从而促进业务的开展。

#### (二)"自偿性"融资

这主要表现在结构性贸易融资的第一还款来源是贸易活动产生的未来现金流,其放款商业银行设计的授信条件是与特定具体的贸易活动相联系、相匹配的,授信额度、融资期限与销售收入产生的现金流在贸易金额和交易时长上相吻合。随着贸易的进行,放款商业银行从结算收回的资金中扣还放款本息。因此,从还款金额和还款时间上保证了贸易项下放款的回收,是一种"自偿性"放款融资。在出口项下,银行可直接控制结算项下资

金的回收,并根据与客户的协定直接扣收放款本息。一些信用证下的融资,如背对背信用证等,还会有来自另一银行即主证开证行的担保。因此,相对于一般的流动资金贷款,结构性贸易融资在还款来源、保证方式、有效监管等方面都更有保障。此外,由于结构性贸易融资业务以交易货物的货权为抵押,与不具备货权保障的打包贷款、承兑交单下的出口托收押汇等贸易融资方式相比更为安全,更能满足商业银行对授信安全性的要求。

### (三)动产的融资

动产融资一般是指商业银行以其持有的大宗商品贸易或生产企业动产(包括商品和原材料等)为抵押权或质押权的标的,向其提供的一种短期资金融通活动。动产融资可以根据不同的标准而划分为不同的种类。例如,以质押对象为依据,可以分为现货质押、未来货权质押和标准仓单质押;以占有方式为标准,又可以分为静态质押、动态质押、固定抵押和浮动抵押等形式。动产融资是大宗商品最为常见,也是最基础的贸易融资形式,具有安全性高、流动性强等特点。此种融资的最大优点在于不仅突破了银行传统担保方式的束缚,而且可以盘活企业的存货,帮助企业减少流动资金占用,提高资金使用效率,从而有助于企业扩大规模,赚取更高利润。

### (四)锁定汇率风险

企业通过结构性贸易融资提前获得外汇资金办理结汇,可有效地规避汇率波动带来的风险,锁定企业利润。这点对面临人民币升值压力的出口型企业显得尤为重要。

### (五)为企业提供了融资新思路

在传统贷款的方式中,商业银行关注的是企业的资产规模、行业地位、财务报表、有无担保和抵押。而在结构性贸易融资的模式中,商业银行更加关注出口项目本身的贸易背景是否真实稳定、资金流或物流是否能够有效控制、经营者的品质能力。由主体准入为基础的风险控制理念转变为基于流程控制或在把握主体的同时控制资金流、物流的风险控制理念。

## 四、结构性贸易融资对企业及银行的意义

### (一)对融资企业的意义

对于融资企业来说,流动资金将不再成为融资的必要和唯一的基础保证,银行可以根据企业的信用等级划分来提供减免保证金的信用证,就这点来说企业的流动资金使用效率将大为提高,不仅为扩大生产规模和经营范围提供了资金保障,而且也为企业在贸易过程中拓展整体资本运作和资金规模创造了条件,减轻资金占用压力的同时为企业的进一步发展提供可能,这对融资企业来说也是最喜闻乐见的益处。

### (二)对银行的意义

相对于银行而言,获得更多的业务收入是其开展业务的先决条件,而大宗商品结构性贸易融资不仅在表观上为银行展现出众的国际结算业务量和贸易融资业务量,也在实质上成为银行业务获利的巨大份额。我们知道银行的利润主要来源于利息收益,首先融资量的增大也带来了更多的资金流动,意味着更多的融资利息收益。其次结构性贸易融资

以信用为基础的创新担保模式改变了银行融资的原有基准点,为那些不具备足够流动资金的融资企业提供了融资契机,增强了银行贸易融资业务的竞争力。第三,大宗商品结构性贸易融资引入了第三方监管,并以银行为主导的全面监管模式使银行与贸易企业、上下游客户及第三方监管拥有更多的合作机会,提高和增加银行的圈内知名度和长期合作机会,实现银企双赢。

## 五、结构性贸易融资风险

新巴塞尔协议和全面风险管理理论为大宗商品国际贸易融资风险管理指明了方向。根据该协议对商业银行风险的分类,参考大宗商品国际贸易融资的特性,结构性贸易融资风险主要可分为三类,即信用风险,市场风险,操作风险。

### (一)信用风险

按照新巴塞尔协议,信用风险是债务人不能履行合同规定的全部义务,给债权人造成经济损失的风险。一般包括违约风险、价格风险和结算风险。大宗商品国际贸易融资的信用风险是大宗商品融资的债务人因各种原因,不愿或无力按期偿还贷款,致使商业银行遭受损失的可能性。一般信用风险可划分为客户违约风险、国家风险和银行信用风险三种类型。

客户违约风险。商业银行大宗商品国际贸易融资的首要风险就是客户违约风险。大宗商品融资能否正常收汇取决于客户未来的销售货款回笼,以及企业整体的经营实力和财务状况。因此,客户是否具有与融资金额相匹配的经营能力,企业的管理水平和管理人员素质的高低、主营商品的销售状况和市场行情、资金流转效率等因素都决定了企业能否正常归还银行的大宗商品融资。在实际案例中,企业偿付能力的强弱和经营能力的好坏直接决定了这种风险的大小。同时,由于大宗商品融资的复杂性、组合化以及融资杠杆的属性,部分企业利用该类特性人为地构造贸易背景,通过虚假贸易骗取银行信用,银行就可能面临无法收回贷款的风险。该类信用风险成为目前主要防范的风险类型。

国家风险。由于大宗商品国际贸易融资涉及国内外两个市场,因此国内融资方的境外对手国的国家风险也是商业银行面临的主要风险之一。在大宗商品贸易中,由于主观原因或者客观原因,如境外对手国政治、经济、环境等发生较大变动等情况,国外对手方不履行合同约定,未能及时付款或发货,将导致国内融资方在银行的贷款产生违约风险。大宗商品贸易主要国家中的南美国家、中东国家、东欧国家等都发生过类似情况,导致国内大宗商品融资贷款人不能按期偿还银行融资,从而形成风险。

银行信用风险。大宗商品国际贸易融资业务中信用证是一种主要的融资手段和方式。在信用证结算方式下,大宗商品融资银行可能会面临着开证银行的信用风险,如开证银行因信誉等级低、经营不善而出现破产倒闭等情况,信用证到期后不能及时付款,从而导致融资银行无法收汇形成风险。此外,部分银行由于对国际惯例掌握不到位,在国际贸易中,不能严格按照 UCP600、ISBP758 等惯例执行,发生无理拒付或者拖延付款等情况,也导致融资银行信用风险的发生。

### (二)市场风险

新巴塞尔协议中,把市场风险定义为"由于市场价格的变动所造成的资产负债表内外资产头寸损失的风险"。具体在大宗商品国际贸易融资过程中,市场风险是指因利率、汇率、商品价格及国家政策发生的巨幅波动,使贷款人经营不善甚至出现亏损,无力偿还银行信用贷款,使银行发生损失的各类风险。

市场风险一般不会单独出现,而是和其他两类风险共同爆发导致风险事件的发生,一般包括利率风险、汇率风险和商品价格风险三类。

利率风险是指大宗商品融资企业因市场利率的波动导致融资成本的上升,企业不能到期偿还贷款而给商业银行造成损失的风险。如在融资期间,市场利率的大幅飙升导致企业还款压力增大而发生违约。汇率风险是指大宗商品融资企业由于借贷货币的汇率波动使利润下降或还款成本上升,无力履约而给商业银行造成损失的可能性。如美元贷款中美元大幅升值,贷款到期购汇时使企业隐形成本上升带来的风险可能。商品价格风险是指大宗商品在融资期内价格下降,给商业银行造成损失的可能性。如大宗商品价格大幅下降,企业在银行的质押商品实际价值发生大幅贬值,导致企业无力偿还银行贷款等情况。对各种模式的大宗商品国际贸易融资来说,市场风险无处不在、无时不在。

### (三)操作风险

操作风险被定义为"由于内部程序、人员、系统的不完善或失误或外部事件造成直接或间接损失的风险"。大宗商品国际贸易融资操作风险是指在大宗商品融资过程中由于商业银行不完善或失灵的内部程序、人员、系统或外部事件所造成损失的风险。具体表现为商业银行办理大宗商品国际贸易融资的能力有限,经办人员或操作人员水平经验不足,不能按照商业银行内控管理要求进行大宗商品融资的调查、审查、审议、审批及贷后管理,出现人为损失而产生的风险,此类为人员因素导致的操作风险,也包括银行系统失灵或外部欺诈或突发事件未能及时发现制止而引发的风险。

## 六、我国大宗商品结构性贸易融资现状及存在的主要问题

### (一)我国大宗商品结构性贸易融资的现状

我国结构性贸易融资业务目前主要还是在学习外资银行的经验阶段,因外资银行在结构性贸易融资业务方面起步相对较早,经历的时间跨度和金融事件也较多,因此在专业团队组建、融资工具组合、风险控制管理等各方面都较为成熟,而国内结构性贸易融资业务的开展就迟缓很多,但是也不乏开拓新领域的国内银行已经涉足结构性贸易融资业务。

中国银行作为国内最大的经营外汇业务和国际贸易业务的银行,通过学习和涉外交流,推出了多个具有结构性贸易融资架构的产品,如"融信达""出口全益达"和"进口汇利达",通过这些产品中国银行为客户建立起有针对性的贸易融资产品,并与自身原有的外汇交易衍生品相融合,在解决客户融资需求的同时,规避信用风险、市场风险和政策风险,这些产品虽算不上庞大复杂,却体现出结构性贸易融资的优势,成为国内成功产品的典范。

浦发银行推出了"企业供应链融资解决方案",计划对企业的原材料采购、生产加工、成品销售等供应链上的问题提出解决方案,它通过对全过程的每一个环节提供分门别类

的信用服务、资金融资、存货周转、账款回收等多方面支持来确保整个供应链的顺利通畅，以此形成一套全新的结构模式来帮助企业完成一个全过程融资的需要。

中国民生银行在 2009 年金融危机背景下，细分了贸易融资产品，针对应收账款、进口贸易、保函进行了分类化的融资，这种有针对性的因地制宜的融资解决方案极大地满足了贸易融资企业在各环节中的多元化融资需求。中国民生银行也从原有的将融资产品向融资客户进行销售的模式转变为主动地应对客户的具体需求，提供更加专业、细分、针对性强的贸易金融综合解决方案，提升了服务价值。

当前国内银行机构在国际金融贸易全球化的趋势下已经充分意识到了原有的传统融资模式的弊端，并开始向外资银行学习发展各自适合于中国贸易企业的结构性贸易融资业务，但要银行业全面参与到国内大宗商品市场发展，仍有几大瓶颈急需突破。

首先，在技术层面上，一方面，银行内部的诸多信息系统需要重新组合及配置，如信用信息系统、存贷信息系统、电子支付系统等，都要根据大宗商品电子交易的特点进行一个新的组合，以确保各系统的交易过程中的联通和快捷。另一方面，银行还必须建立一个外部信息系统控制风险，如第三方价格信息系统、交易所内部信息、仓储信息等。而其中的关键就是如何在复杂的数据系统中确立数据标准，作为银行决策的核心参考指标。

其次，电子交易的特点决定了银行必须要改变传统的风险管理文化，尤其是授信流程的问题。新的电子交易特点要求真正的"线上授信"，即在线提交申请可能通过机器就能够完成授信，而当前的线上授信还主要是"线上申请、线下审核"，其审批速度赶不上电子交易市场的快速变化。

最后，国家宏观货币政策的管理。由于国家宏观货币政策对于银行管理得比较严谨，特别是对银行的流动性管理预期在未来一两年都不会有太多的松绑迹象，使得银行对于可能新增的市场业务都将面临宏观政策的约束，银行不得不调高对大宗商品市场业务的风险控制水平，这也影响了银行参与到大宗商品市场发展的业务。

### (二)存在的问题

#### 1.风险管理水平相对滞后

客户风险、法律风险、国家风险、市场风险和内部操作风险仍然是融资业务必须面对的主要风险，然而目前一些银行由于网络资源共享欠缺，缺乏统一协调管理，使得不同的分支行之间、不同的部门之间业务相对独立运行，无法达到相互制约的目的，更无法达到风险的专业控制。我国商业银行对贸易中如何有效控制资金流、物流、信息流的经验匮乏，可以借鉴外资银行的模式通过监控贸易全程来控制风险，确保资金安全。

#### 2.思维定式限制模式创新突破

目前我国开展的各类结构性贸易融资操作模式，基本只是复制了国外的模式，很少有自己的创新。而国外已经形成了较完善的体系，如美国银行的最佳定价、融资渠道咨询；贷款处理服务及外汇融资；协助企业进入政府出口促进项目、资本市场及其他融资来源；买、卖、供货商等全球资源一体化整合；进出口商风险、信用、项目可行性分析等。所以创新型融资模式要能更好地满足客户所需，而对于大规模、长周期、多层次的贸易融资项目来说，创新的模式更具有适应性和开拓性，从而为整个项目的实施提供一个立体化、多元化和全方位的解决策略。

**3.融资参与方主要还是银行和企业间的单一关系**

我国由于长期受银行传统业务的约束,单一的参与模式一直延续,但是结构性贸易融资不仅是银行和进出口贸易企业之间的金融行为,而且在融资的过程中商业保险的介入、政府政策的扶持都是必不可少的。通过多方参与以及第三方监控,可以有效地降低结构性贸易融资存在的高风险因素,同时加强融资业务的抗风险能力。我们可以看到在国外银行操作的结构性贸易融资业务中,大量存在着保险、担保以及第三方机构的协助,这在有效分摊风险的同时,也加强了资金整体运作的实力,通过长期合作成为一种固定的融资策略,也成为一个具有竞争力的操作运作集团,扩大了贸易融资业务的影响力。显然国内银行在这方面缺乏一种合作机制,没有长效的、健全的网络集约化管理也使得结构性贸易融资缺乏有效的竞争力。

**4.法律法规急需完善**

就金融行业而言,法律法规的完善是金融安全的保障,目前国内对于结构性贸易融资业务所涉及的金融票据、货权、货物、抵押担保及信托等行为操作均没有明确的法律界定和权责区分,直接影响到结构性贸易融资业务在国内的正常开展。如《担保法》第75条、76条规定,以仓单质押向银行融资在法律上是可行的,但期货条例尚未肯定银行参与期货市场;再如人民币在国内信用证中,物权凭证欠缺,风险及物权的划分不明确等。虽然在国际贸易市场中有国际惯例可遵循,但这些国际惯例不具有强制性,主要依赖当事人的自我约束,所以还是需要本国的法律予以限定,以避免有人利用法律漏洞对抗国际惯例。

# 第二节 大宗商品结构性贸易融资的主要产品种类与风险控制

大宗商品结构性贸易融资是商业银行以大宗商品贸易作为融资对象,根据国际贸易双方的具体要求,综合考虑各方面因素,采用各种手段,进行创造性设计、组合的统称。以下介绍几种与大宗商品贸易关系较为密切的结构性贸易融资产品。

## 一、发货前融资

发货前融资是指银行在货物发运前根据企业需求向供应商或采购商提供的融资。其业务流程如图6-1所示。

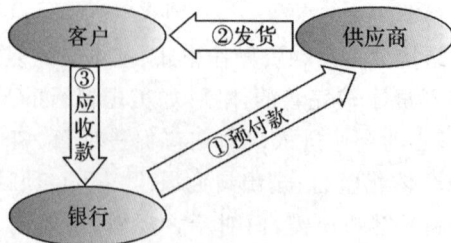

图6-1 发货前融资流程

具体流程说明如下。

(1)银行在客户授信额度内向供应商支付预付款。

(2)供应商在收到预付款后发货。

(3)款项到期后,银行向客户催收应收款。

## 二、背对背信用证融资

背对背信用证适用的贸易方式:进口商需进口商品、寻找货源;而制造商或供应商则需要开拓市场、寻找客户。由于信息不对称,两者之间并不能直接通商或来往,故需请中间商介入,把进出口业务联系起来,中间商也能从中赚取利润。

背对背信用证适用于存在中间商的情况。为了保守商业秘密,赚取利润,中间商不愿将货源或商业渠道予以公开,故进口商与中间商签约进口所需货物,而后中间商再与出口商签约,推销其产品,这种贸易方式称"三方两份契约"方式。

### (一)背对背信用证的定义

背对背信用证也称背靠背信用证。当中间商向最终买方出售某种商品,收到最终买方银行开立的以中间商为受益人的信用证(以下称为主证)后,中间商银行作为该主证的通知行,以该信用证为担保,开立一份内容与之相匹配的以实际卖方为受益人的新的信用证(以下称为子证)。当子证的受益人即实际卖方向中间商银行交来合格单据后,银行在履行付款责任的同时,将要求中间商替换发票、汇票等单据,并将替换后的合格单据提交主证开证行以获得付款。背对背信用证涉及的是两份相对独立的信用证。即在背对背信用证中,子证的开证行所承担的付款责任为一般开证行的责任,与主证并无关联,即无论主证的开证行是否付款,只要与实际卖方交来的单证相符,子证的开证行都有付款的责任。由于整个交易涉及两份相对独立的信用证,在交易过程中,实际卖方和最终买方的情况将不会被对方得知,中间商可以放心地掌握与两者的关系并作为中间人在一买一卖中赚取贸易差价。

在背对背信用证业务中,中间商银行开立信用证时,一般不要求提供资产抵押、第三方担保或开证保证金,而是以信誉卓著的银行开立的主证为担保,以严格符合主证的子证项下提交的全套货权单据,以及中间商提交的发票、汇票等用于替换的单据作为一系列保障。因此,背对背信用证业务特别适合有固定的业务渠道与行业经验,但无法提供资产或第三方担保的中小贸易商。

### (二)背对背信用证的业务流程

背对背信用证的业务流程如图6-2所示,其具体流程说明如下。

(1)主证受益人申请开立子证。中间商在收到进口商申请开立的主证后,以该证作担保,要求其往来银行根据主证开立以其为申请人、以实际供货商为受益人的子证(背对背信用证)。

(2)开立子证。由于开立背对背信用证存在风险,因此子证开证行以主证作担保,作为开立新证的依据。

(3)通知子证。子证开立后,开证行可以用电信或信函方式通过受益人所在地银行通

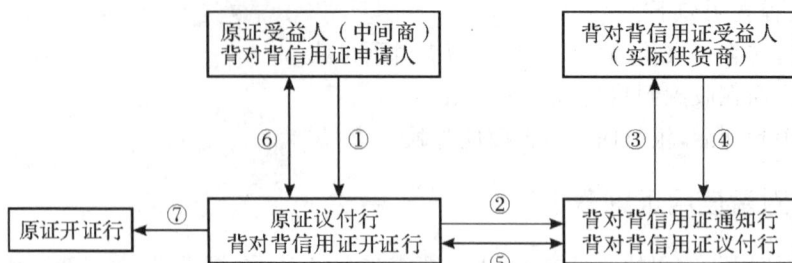

图 6-2 背对背信用证业务流程

知该证给实际供货商。

(4)实际供货商发货并交单。实际供货商受证后,根据背对背信用证的条款备货装运。一般背对背信用证的装货期和有效期较短,实际供货商应当把握装货交单的期限,及时向背对背信用证的通知行交单议付。

(5)子证议付行向子证开证行寄单索偿。子证议付行审核单据无误后,议付实际供货商并同时向子证的开证行寄单索偿。

(6)中间商换发票与汇票。背对背信用证的开证行收到单据后,要在审单付款的同时,通知中间商换发票与汇票。中间商按主证另开立汇票与发票,以替换子证项下的汇票与发票。

(7)向主证的开证行寄单索偿。若子证的开证行就是主证的议付行,则其在发票替换后,将已议付的单据寄往原证的开证行索偿;若不是主证的议付行,则将主证项下的单据交议付行议付,由议付行向原证的开证行寄单索偿。

## (三)背对背信用证技术操作

银行开立背对背信用证时,应注意下列五项技术要点。

### 1.子证开证行必须成为主证通知行

只有成为主证通知行,子证开证行才能保证及时、全面获得对主证的任何修改信息,降低子证与主证之间不匹配的风险。

### 2.子证金额一般低于主证金额

两者之间的差额用以涵盖资金利息、关税、银行费用等有关税费,剩余部分即中间商的预计利润。

### 3.信用证有效期、最迟装船期及最后交单期

开立子证时子证的有效期应早于主证,以便给子证开证行留有足够的时间来替换相关单据(汇票、发票等)。如果子证的最迟装船期比主证提前,已留出足够的审单及替换单据的时间,对子证的最后交单期可以不作变动。但应注意的是如果两证的装运期限为同一天,则子证的交单期应比主证提前。上述时间的调整均应充分考虑单据从子证议付行传递至子证开证行的时间及后者审核并替换单据的工作时间,以防止由于子证项下的单据传递或审核不及时,或由于未能及时更换单据而造成的主证开证行的拒付。

### 4.到期地点

为有效降低操作风险,主证的到期地点应为中间商银行所在地。如主证的到期地点

为主证开证行所在地,则在对子证的有效期、最迟装船期及最后交单期进行调整时应充分考虑单据传递至主证开证行所需要的时间。

5.贸易术语与保险金额

由于贸易术语与信用证下要求的单据有直接关系,中间商与实际卖方签订的购货合同及其与最终买方签订的销售合同中的贸易术语应相互匹配(要点详见表6-1)。若主证规定的贸易术语为"CIF",即意味着要提交显示"运费已付"的提单,而子证规定的贸易术语为"FOB"意味着要提交显示"运费到付"的提单,若中间商原单提交提单,则将产生不符点被拒付,因此一般不宜采用此种组合。在特殊情况下如果需要采用该组合,中间商可以先行付清运费,请运输公司将实际卖方提交的"运费到付"提单换成"运费已付"提单。

表6-1 背对背信用证中主证与子证贸易术语的匹配

| 贸易术语 | | 银行操作注意事项 |
|---|---|---|
| 销售合同(主证) | 购货合同(子证) | |
| 1 | FOB | FOB | 为防止最终买方从提单中了解到实际卖方,应中间商要求,子证中可规定以申请人作为提单发货人(B/L showing applicant as shipper) |
| 2 | EFR | CFR | 应中间商要求,子证中可规定以申请人作为提单发货人(B/L showing applicant as shipper) |
| 3 | CIF | CIF | 增加子证的保险加保比例,以保证保险金额符合主证要求 |
| 4 | CIF | CFR | 中间商必须预先提交以银行为受益人的正本预保单 |
| 5 | CFR | FOB | 主证与子证运输单据不一致,一般不宜采用 |
| 6 | CIF | FOB | 主证与子证运输单据不一致,一般不宜采用 |

### (四)背对背信用证业务的风险分析

银行开出背对背信用证,主要面临以下三种风险。

#### 1.主证开证行的风险

主证开证行风险包括主证开证行的国家风险,即开证行所在国或地区由于政治、经济、军事等方面的原因而使出口方发生货款损失的可能性。国家可能发生政治或政权的非正常更迭,或发生战乱;或由于经济、金融危机突然宣布实施外汇管制,关闭外汇市场,令外汇交易中止、停止一切外债支付等,都属于国家风险类事件。银行一般通过设立国家额度控制国家风险,同时根据各个银行的资信清偿能力设立相应的银行额度来控制主证开证行的风险。虽然根据UCP600的规定,理论上信用证业务与实际货物买卖是相对独立的,银行处理的仅仅是单证。但在实际操作中,开证行在未收足保证金的情况下,为维护自身利益,往往千方百计地寻找不符点拒付。另一方面开证行还可能因经营不善而倒闭或者因违规经营而被查封,此时中间商银行将面临风险甚至遭受巨大的损失。

**2.审单风险**

背对背信用证中子证以主证为担保,涉及两份信用证,两套信用证单据的审核,提单、保险单等又是两套信用证项下的共同单据,单据审核难度较大,因此银行更应严格审核单据确保无误。如果银行未发现子证提交的单据中存在的不符点,已承诺对外付款,而其提交给主证开证行的单据由于存在同样的不符点遭到拒付,则很可能损失整个信用证金额。

**3.开证技术风险**

为保证子证提交的共同单据(如提单、保险单)符合主证要求,开立子证时需要根据实际条件对其内容进行合理变更,还应根据主证要求替换相关单据。如技术操作失误,子证项下提交的合格单据不符合主证要求,则无法得到主证项下的款项。此外,为保证银行对主证及有关单据享有的权利,银行必须与客户签订相应的权利让渡法律协议。因此,开立子证要求有特定的操作技术及法律知识,以及掌握有关技术的专业人员。

**(五)背对背信用证业务的风险控制**

银行在设立普通信用证的开证额度时一般都严格评估开证申请人的资信情况,而后按其资信等级要求其提供相应的抵押品、第三方担保或开证保证金。而在背对背信用证业务下,中间商银行开立信用证时一般不要求资产抵押、第三方担保或开证保证金,而是以下列条件及权益单据作为开立信用证的保障。

**1.主证必须是经由子证开证行事先批准的银行开立的**

子证开证行应选择资产实力强、资信评级高、有丰富国际结算经验的银行。同时,及时掌握这些银行的异动,了解国际评级机构对该银行信用评级的调整情况以及与银行自身经营相关的负面信息,提前采取措施。对被列入问题名单的银行所开立的信用证应谨慎处理,采取相应的风险防范措施,避免遭受损失。其受益人(中间商)为子证的开证申请人,需将其在主信用证下的所有权益让给子证开证行。

**2.货权凭证**

背对背信用证业务下代表交易货物的货权凭证,作为银行的质押标的,是背背信用证开证行控制风险的重要因素。如果主证开证行拒付货款,子证开证行可以通过货权凭证控制货物以降低风险;如果交易中采用空运或陆运等运输方式,由于空运单据和陆运单据不是法律意义上的货权凭证,银行不能控制货权,则应对开证申请人的资信提出更高要求,或采取其他方法降低风险,如要求一定比例的开证保证金等。即使在海运方式下,中间商银行也应了解中间商的资信状况,同时在信用证中要求实际卖方提供全套的海运提单或将提单的抬头人指定为开证银行,控制货权,防止中间商直接将提单寄给最终买方提货,造成银行物权保证落空。

**3.中间商提交的发票、汇票等单据**

为防止中间商不按时提交替换单据引起的风险,中间商银行应预留盖有中间商印鉴和授权签字的空白发票、汇票等,并事先取得中间商授权银行以其名义替换、更正或签署单据的书面文件。一旦中间商未按时提交替换单据,银行可自行制单提交。

**4.掌握特定的开证技术,把好审单技术关**

中间商银行开立与主证严格符合的子证时,要注意保证子证规定的商品、效期、付款期限、保险条款等与主证相匹配。认真审核单据,对于存在不符点的单据应及时联系中间商进行修改。

### 三、前对背信用证融资

#### (一)前对背信用证定义

当中间商在尚未收到最终买方银行开立的以中间商为受益人的主证时,中间商银行即先行开立一份与计划未来将收到的主证内容相符的子证给实际卖方。该信用证即前对背信用证。

#### (二)前对背信用证业务的风险分析

前对背信用证与背对背信用证的区别在于前对背信用证用于中间商要求子证开证行在收到主证之前(而非之后)即先行开立子证,以采购货物。因此在前对背信用证业务中,除了防范上文所分析的背对背信用证业务所涉及的风险以外,银行还必须注意下列风险。

##### 1.主证的风险

在背对背信用证中,作为中间商银行主要担保的主证先行收到,只要中间商银行提交符合主证要求的单据就能收到货款。而在前对背信用证业务中,中间商银行在开立子证时尚未收到主证。如果主证不能及时开出或者其内容与子证内容不符或者主证并未通过中间商银行通知,甚至出现主证未开出的情况,则中间商银行就丧失了来自主证开证行的付款承诺。使原来的主证开证行的银行信用风险转变为纯粹的中间商能否付款的商业风险。

##### 2.信用证项下货物的市场风险

货物的市场风险包括货物的销售风险及价格风险。市场风险是指因市场价格的不利变动而使银行发生损失的风险。银行先行为中间商开立以实际卖方为受益人的子证,承诺对受益人(实际卖方)提交的合格单据承担付款责任。但若此时国际市场上该种商品价格大幅下跌,或季节性因素,或消费者消费习惯改变等原因导致商品滞销,最终买方以种种借口拒绝开立信用证。银行未收到主证,而中间商也因其他原因未偿付银行,则银行在对其开立的子证下提交的单据付款后则成为单据的善意持票人,可取得信用证下交易货物的货权,通过处理货物补偿自己的损失。此时货物的适销性及价格波动风险与银行能获得多大程度的补偿有很大的关系。如果此时货物市场行情看跌、流动性差,则银行得到的保障将十分有限。因此,前对背信用证业务下交易的货物必须具备相当的国际市场需求、易于销售、易于保存、无季节性。同时银行必须对该货物的主要交易商有所了解,因为这些主要交易商有可能成为银行处理货物的渠道。银行还必须分析交易货物的价格波动情况,合理预期货物在交易周期中的价格波动范围,据以收取相应比例的开证保证金。对于市场狭小的特殊商品,采用前对背信用证融资方式时更应谨慎。

#### (三)前对背信用证业务的风险控制

为有效防范前对背信用证业务特有的风险,除掌握上文介绍的背对背信用证业务中风险控制技巧外,银行还应注意以下几点。

1. 严格审查中间商的资信

中间商的资信包括行业地位、财务状况、与银行的合作历史、履约记录及管理人员的行业经验和经营管理能力等。由于前对背信用证业务下银行承担较大风险，因而一般只为具有较高资信的且已建立信用记录的长期客户开立前对背信用证。

2. 严格审查最终买方的资信

最终买方的资信包括其经营规模、市场地位、管理能力、财务状况，是否是中间商的经常性客户，两者往来时间的长短等。由于中间商银行的还款来源以最终买方预定开立的主证为担保，因此该最终买方必须是具有相当实力与信誉的公司。当大宗商品价格大幅下跌时，这些有实力的公司往往较能保证主证的开出和货款支付的及时性。相比之下，实力弱的公司在市场行情不好的时候抗跌性较差，常常无法偿付货款或者开出主证。

3. 审核购货合同与销售合同的内容是否相符

前对背信用证的开证行根据中间商与实际卖方签订的购货合同开立子证。只有在该购货合同与作为主证基础的销售合同相符的情况下，才能保证子证条款与未来收到的主证条款相符。

## 四、凭付款交单合同开立信用证

### （一）凭付款交单合同开立信用证的定义

凭付款交单合同开立信用证业务是中间商银行应中间商的申请，以中间商与最终买方签订的以付款交单为结算方式的出口合同为担保，开立信用证给实际卖方的一种融资做法。

### （二）凭付款交单合同开立信用证业务的流程

（1）中间商与实际卖方签署购货协议，与最终买方签署销售合同。

（2）中间商银行向中间商收取一定金额的保证金后，开立以实际卖方为受益人的信用证。

（3）中间商银行收到实际卖方提交的信用证下全套合格单据后进行付款，并将全套单据寄往最终买方所在地的代收行委托代收。

（4）根据付款交单的托收指示，代收行在最终买方付清全部货款后将托收项下全套单据交给最终买方。在这种融资方式下，中间商银行不仅能通过对进口信用证项下包括货权单据在内的单据进行付款而取得货权，而且在出口托收付款交单项下也不会丧失对货权的控制。

（5）代收行将收妥款项交中间商银行。

### （三）凭付款交单合同开立信用证的风险及其防范

与前对背信用证融资方式类似，中间商银行根据付款交单合同开立信用证给实际卖方时，除了审核中间商的资信外，还应考虑货物的市场风险，包括其适销性与价格风险，并根据贸易周期内的价格波动幅度收取相应比例的开证保证金。

此外，为确保代收银行严格按照国际商会《托收统一规则》的规定及寄单行的指示行事，中间商银行应慎重选择具有相当资信的银行作为代收银行。

## 五、仓单融资

### (一)定义及特点

**1.定义**

仓单融资又称为仓单质押融资,是结构性贸易融资的一种,指申请人(生产商或贸易商)将其拥有完全所有权的货物存放在商业银行指定的仓储公司,并将仓储方出具的仓单背书给银行进行质押,作为融资担保,银行依据质押仓单向申请人提供短期融资。在申请人归还贷款之后,银行解除对仓单的质押。如该生产商或贸易商不能在贷款期限内偿还贷款,银行有权在市场上拍卖抵押货物以补偿贷款的本金及利息,也可理解为企业将拥有未来现金流的特定资产剥离开来,设计合理结构,以该特定资产为标的而进行融资。

银行贷款按照有无担保一般可分为信用贷款和担保贷款,其中担保贷款又分为保证贷款、抵押贷款和质押贷款三种。一般来说,银行认可的抵押物主要是不动产,如房屋、厂房、机器设备等,质押物主要是银行存单、国债等有价证券。尽管生产商或贸易商的存货也具有一定的价值,理论上也可以进行抵押,但是由于银行难以对存货进行有效的监管,同时缺乏对存货市场价值的评估,一般银行不愿意接受存货抵押借款的方式。这样,对于那些缺乏合适抵押品的中小企业,即使拥有大量的存货,也难以从银行获得贷款支持。而仓单融资能有效地帮助企业解决此难题。一方面,当企业无固定资产进行抵押,又寻找不到合适的单位进行担保时,可以用自有的仓单进行质押向银行贷款。另一方面,仓单融资还可缓解企业因库存商品过多而造成的短期流动资金不足的问题。进口仓单融资业务能为发生以下情况的企业提供较好的融资渠道:当生产商需要进口大宗原料并进行分批生产时、当贸易商与国外订有长期购货合同但国内需求量不足时、当国内售价太低货物待售时、当进口商需要批量采购零散分销时,仓单融资均不失为一个好的选择。出口项下的仓单融资业务则有助于出口货物的提前变现,从而加快企业的资金周转。

仓单融资实质是一种存货抵押的融资方式,即通过银行、仓储公司和企业的三方协议,引入专业仓储公司在融资过程中发挥监督保管抵押物,对抵押物进行价值评估、担保等作用,实现以企业存货仓单为质押的融资方式。

**2.特点**

(1)仓单融资与特定的生产贸易活动相联系,是一种自偿性贷款,贷款随货物的销售实现而收回,与具有固定期限的流动资金贷款、抵押贷款相比,仓单融资具有周期短、安全性高、流动性强的特点。

(2)仓单融资适用范围广,不仅适用于商品流通领域,还适用于各种生产领域。当企业缺乏合适的固定资产作抵押,又难以找到合适的保证单位提供担保时,就可以利用自有存货的仓单作为质押申请贷款。

(3)货物受限制程度低,对企业经营的影响较小。与固定资产抵押贷款不同,质押仓单项下货物受限制程度较低,货物允许周转,通常可以采取以银行存款置换仓单和以仓单置换仓单两种方式。

(4)仓单融资业务要求银行有较高的风险控制能力和操作技能。仓单融资中,抵押货物的管理和控制非常重要,由于银行一般不具有对实物商品的专业管理能力,就需要选择实力强、信誉高的专业仓储公司进行合作。同时,银行需要确认仓单是否为完全的货权凭证、其在处理仓单时的合法地位、抵押物价值的评估等问题。

### (二)仓单融资的操作方式

仓单融资在融资过程中交易货物的货权将首先转移给贷款银行,随着货物的出售和贷款的偿还,交易货物的货权和实物还将转移到最终买方。因此,在仓单融资业务中,抵押货物的管理与控制十分重要。这种监管一般由专业仓储公司负责。仓储公司先向借款人签发仓单,接着由借款人背书将仓单质押给银行。同时仓储公司承诺以银行的名义占有并保管抵押货物,保证抵押货物的完好与安全,并严格按照银行的指令行事。为加强这种保证,融资银行需要与借款人及仓储公司签订《抵押物管理协议》,委托仓储公司对货物进行监管。按照国际仓单融资的发展趋势,目前一些国际性仓储公司也开始提供货物在加工或生产期间的抵押监管服务,即就企业从原料采购到产成品销售的全过程向银行提供货物监管服务。

为了满足企业的需求,方便企业融资和经营,银行不断在仓单融资模式的基础上拓展新的融资模式。目前国内外金融机构的仓单融资模式主要有以下四种。

#### 1.仓单质押贷款

仓单质押贷款是生产商或贸易商把商品存储在仓储公司仓库中,仓储公司向银行提交企业交存货物的仓单,对货物进行质押,银行根据仓单向申请人提供一定比例的贷款,仓储公司代为监管商品。开展仓单质押业务,既解决了借款人流动资金不足的困难,同时通过仓单质押可以降低银行发放贷款的风险,保证贷款安全,还能增加仓储公司的仓库服务功能,增加货源,提高仓储公司的经济效益。

仓单质押贷款的主要流程如图6-3所示,其具体流程说明如下。

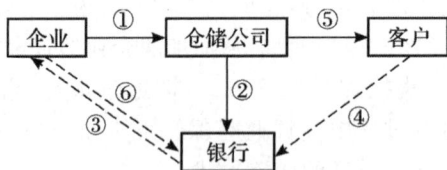

图6-3 仓单质押贷款流程

(1)企业向银行提出贷款申请,按照银行要求把货物存放在银行指定的仓储公司仓库中。

(2)仓储公司向银行提交企业交存货物的仓单,进行质押,承诺将保证货物的完好,并严格按照银行的指令行事。

(3)银行向企业发放贷款。

(4)企业实现货物的销售,购买方(客户)将货款汇入银行的企业账户。

(5)仓储公司根据银行的指令,向购买方移交货物。

(6)企业归还银行的贷款本息。

#### 2.异地仓库仓单质押贷款

异地仓库仓单质押贷款是在仓单质押贷款融资基本模式的基础上,在地理位置上的一种拓展。仓储公司根据客户需要利用全国的仓储网络,或利用其他仓储公司仓库,甚至是客户自身的仓库,就近进行质押监管,提供仓单,企业根据仓储公司的仓单向银行申请贷款。

异地仓库仓单质押贷款充分考虑了客户的需要,把需要质押的存货储存在方便企业生产或销售的仓库中,极大地降低了企业的质押成本。

### 3. 保兑仓融资模式

保兑仓融资相对于企业仓单质押业务的特点是先票后货,即银行在经销商交纳一定的保证金后开出承兑汇票,收票人为生产企业,生产企业在收到银行承兑汇票后向银行指定的仓库发货,货到仓库后转为仓单质押。在这一模式中,需要生产企业、经销商、仓储公司、银行四方签署"保兑仓"合作协议,经销商根据与生产企业签订的《购销合同》向银行交纳一定比率的保证金,申请开立银行承兑汇票,专项用于向生产企业支付货款,由第三方仓储公司提供承兑担保,经销商以货物对第三方仓储公司提供反担保。银行向生产企业开出承兑汇票后,生产企业向保兑仓交货,此时转为仓单质押。

保兑仓的运作流程如图6-4所示,其具体流程说明如下。

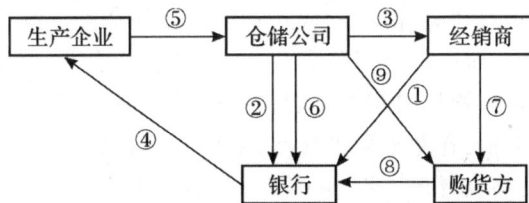

图6-4 保兑仓融资流程

(1)经销商向银行提出借款申请,并支付一定保证金。

(2)仓储公司向银行提供承兑担保。

(3)经销商向仓储公司提供反担保。

(4)银行向生产企业开出银行承兑汇票。

(5)生产企业按照汇票要求,向仓储公司交货。

(6)仓储公司提货、存仓,并向银行交付仓单。

(7)在仓单融资期限内,经销商向购货方销售货物。

(8)购货方将货款汇入银行的企业账户,归还经销商的质押贷款。

(9)根据银行指令,仓储公司向购货方移交货物。

### 4. 统一授信的担保模式

统一授信的担保模式是指银行根据仓储公司的规模、经营业绩、运营现状、资产负债比例以及信用程度等,把一定的贷款额度直接授权给仓储公司,再由仓储公司根据客户的条件、需求等进行质押贷款和最终清算。仓储公司向银行提供信用担保,并直接利用信贷额度向相关企业提供灵活的质押贷款业务。银行则基本上不参与质押贷款项目的具体运作。

统一授信的担保模式便于企业便捷地获得融资,减少原先向银行申请质押贷款时的多个申请环节;同时也有利于银行充分利用仓储公司监管货物的管理经验,通过仓储公司的担保,强化银行对质押贷款全程监控的能力,更加灵活地开展质押贷款服务,降低贷款风险。

### (三)仓单融资的风险分析与控制

由于仓单融资实质是以货物本身为抵押,因此,在仓单融资业务中,银行主要面临货物的管理风险、流通性风险、价格风险与货权风险等。

#### 1.货物的管理风险

仓单融资业务中,银行需要委托专业仓储公司对抵押货物进行有效管理与控制。仓储公司需要向借款人签发仓单,接着由借款人背书将仓单质押给银行,确认货物属于银行,仓储公司承诺保证抵押货物的完好与安全,并将严格按照银行的指令行事。为了保障自己的利益,银行应严格审核仓储公司的资质,选择有信誉、有专业技能、有规范的操作、有控制风险经验背景的仓储公司作为合作伙伴,承担抵押货物的管理与保管责任。对单价较高的有色金属类货物更应选择国际性的专业化仓储公司。为降低管理风险,抵押货物应具有容易保管、不易变质的特点。

银行还应要求融资客户为抵押货物购买仓储或其他相应保险以降低管理风险。此外,仓储公司还可采取一系列高科技手段加强监管,比如搭建互联网信息平台,使银行工作人员能及时登录查询仓库内货物储存情况,也可在仓库内安装电子眼监控系统,使各级管理人员能够24小时观察货物的在库状态。银行风险部门应定期或不定期地对仓库进行现场检查,检查内容包括:仓库本身的情况、存放货物的数量和质量状况,存放条件(是否与其他容易窜味的货物放置在一起)应确保货品的安全。

从2008年震惊全国的"粮油第一案"天津中盛粮油挪用代储油的案件中,我们更深刻地体会到做好货物管理的重要性。天津中盛粮油公司作为当时国内最大的民营食用油进出口商之一,在业内颇有知名度。此外,天津中盛粮油公司还具有大连商品交易所的指定交割库资格。正因如此,与其打交道的货主和银行都很放心地与之合作,放松了对货物的监管,使其盗卖了价值数亿元的存储货物。这起案件从另一个角度也反映了银行监管意识淡薄,监管方式落后且流于形式。

#### 2.流通性风险

由于仓单融资实质是以货物为抵押,借款人一旦无法偿还贷款,银行就只能拍卖或以其他方式转售抵押货物以补偿贷款本息。银行贷款能否顺利得以清偿取决于抵押货物能否以市场价格迅速出售。抵押货物的流通性是融资银行需要注意的因素。因此,仓单融资主要用于流通性强的大宗商品,特别是具有一定国际市场规模的初级产品,例如,有色金属及原料、黑色金属及原料、煤炭、焦炭、橡胶、纸浆以及大豆、玉米等农产品。银行一般不接受流动性差、市场前景不明、质量恶劣、销售渠道狭窄、市场价格透明度不高、质量管理标准不规范、价格变动幅度过大的商品作为仓单融资的抵押对象。同时,银行还应了解客户的下游企业,当客户弃货时清楚货品的销售渠道。

#### 3.价格风险

价格风险是指抵押货物的市场价格变化对于抵押物转售价格的影响。受市价波动的影响,同一抵押物在不同时点转售时具有不同的价格。而借款人违约往往发生在市场条件发生不利变化的情况下。例如,2008年就出现了大量针对铁矿石违约的事件(2008年

9月末国内铁矿石平均价格为1200元/吨,较8月末下跌了12.4％)。

为了防范价格风险,保证抵押物的变现价格足以清偿贷款本息,银行可以采取下列监控措施:时刻关注市场行情,通过可靠的信息渠道随时获得抵押物的市场价格信息,当市场行情出现过热的情况时,应控制信贷发放规模,尤其是对那些规模小的企业,或者是财务杠杆高的贸易企业的贷款应十分小心;银行应通过了解抵押物的现行价格水平及历史波动幅度来确定融资比率或保证金比率,使之能够涵盖价格风险;银行还应对市场异动反应敏感,通过对抵押物设定价格警戒线来控制市场风险。当抵押物价格低于设定的价格警戒线时,贷款人必须追加保证金,否则银行将拍卖抵押物抵偿贷款本息。然而由于客户违约往往发生在抵押物价格大幅下跌之时,在这种情况下银行即使拥有抵押物有时也很难销售或拍卖。

因此,贷款之初做好客户资信的审查工作十分重要。一般实力强、从业时间久,或者有涉足下游产业链的企业还款意愿和还款能力较强。而那些实力弱的企业、杠杆高的贸易商由于自身还款能力或者还款意愿不强等因素,往往发生弃货或不归还贷款的情况。另外需要特别注意的是在抵押物的市场价格高涨时,贷款客户在利益驱动下往往试图扩大贸易量与融资量。但是对于银行来说,当作为抵押物的大宗商品的市场价格在其波动周期中所处的位置越高,客户面临的价格风险就越大。由于仓单融资主要以货物为抵押,客户的价格风险最终将由融资银行来承担。因此抵押物的市场价格在历史周期中处于较高位时,银行应特别提高警惕,注意避免融资客户利用银行的额度进行任何价格投机活动。此外,银行还可以将仓单和金融衍生产品相结合,在一定程度上减少价格风险。例如,东南非贸易与开发银行(PTA)接受仓单作为质押品为咖啡出口商提供贷款,同时出售给他们看跌期权。这种看跌期权由伦敦商品交易所提供,保证期权出售方持有的咖啡具有最低价格。通过确保储存咖啡的最低价格,PTA银行可以按照咖啡的价值提供更高比例的贷款。如果出口商进行了套保,PTA银行可以提供货物价值80％～90％的贷款;而如果出口商没有进行套保,银行只提供50％～60％的贷款。

### 4. 货权风险

国内的贸易实践中,一些外资保税仓储公司签发的保税仓单常常用于货物的买卖与货权的转移。中国境内的非保税仓库通常也只以格式简单的入库单作为存货凭证交给存货人,双方甚至不签署任何内容完备的仓储合同。对于以上普遍的做法,从事仓单融资的银行应该特别注意,与作为完全货权凭证的海运提单及期货交易所标准仓单不同的是,在中国,非标准仓单并不是严格意义上的货权凭证。因此当借款人对货物的所有权有任何瑕疵时,接受该货物作为抵押物的融资银行对抵押物的权利将会受到影响。由于中国法律的局限性,当对货权归属发生纠纷时,法官拥有的自由裁量权将在很大程度上决定货权的最终归属。为有效防范货权风险,银行在接受仓单作为货权的质物前,应首先确认仓单的真实性、合法性、有效性和唯一性。银行查询的办法:以书函的形式向出具货权凭证的法人机构发出查询,在得到凭证开出机构的有效答复后,认定货权凭证作为质物的有效性和合法性。一般来说,可以背书或在货权凭证上注明形式,明确表示该仓单下的货物已经质押给银行,例如,在仓单上背书为"已质押给×××银行",未经银行出具书面通知,任何人不得随意处置货物。在释放抵押时,应注意分批提货、付款的情况。对于银行未能与仓储机构签订协议的情况,仓单是唯一有效的货权凭证。在分批提货时,银行确认货款全额缴足后,应派人与企业一起持货权凭证提取对应货物,在货权凭证中注明本次提货的日期、数量、金额等要素。在仓储机构与银行签订了货物监管协议的情况下,则按照协议的有关规定执行,如凭借银行签发的《提货通知书》提取货物等。质押凭证作为重要有价证券归类,银行将派人专门保管,一般不予出借。

5. 业务操作风险

由于动产及货权质押融资业务在我国银行业中是一项相对较新的业务品种,制度、办法和操作规程都不十分完善。银行应根据自身业务侧重和具体情况,制定相关的操作流程和管理制度,才能在控制风险和规范业务的前提下取得业务的发展。

6. 资金流风险管理

借款人可能将产品销售收入挪作他用从而对银行融资造成风险。商业银行防范措施包括:突出贸易背景的真实性审查,着重把握资金真实流向和企业经营细节,防止资金挪用,只承接真实、稳定贸易背景项下客户的融资需求。同时,除加强对融资对象的信用考察、选择市场信誉度高的客户外,还应加强对客户资金流向的管理,主要是保证金管理和履约定向付款管理。要求客户将仓单融资项下的结算资金全部转入银行账户进行封闭管理。为客户提供的融资定向用于货物的采购,银行要监控资金的流向,确保资金按照客户承诺的用途使用。

**(四)仓单融资的作用**

1. 对融资企业的作用

(1)有效地解决了企业的资金问题。通过以存货作抵押,解决了企业由于缺乏固定资产作抵押而融资难的问题,有助于企业获得银行贷款支持;存货资金的盘活,使得企业的存货周转速度加快,有助于企业获取采购的主动权,同时能够使企业增加销售客户,扩大市场份额;存货资金的盘活,也就是经营资金的节约;企业通过与银行的融资活动,能够为后续的融资活动奠定良好的基础。

(2)规避产品的价格风险。众所周知,期货有着价格发现的功能。目前我国在粮食、有色金属等产品上推出了期货产品,但仍有很多大宗商品尚未推出期货产品,而仓单融资业务恰恰可以起到类似的作用。比如,当一些企业预计成品油价将要上调,可以进行油品的仓储质押贷款。这就保证了他们获得油价上涨收益的同时,又避免了近期资金周转的不畅。

(3)有效解决了买卖双方的资金结点问题。当市场不确定或者信息不对称时,买卖双方往往不敢贸然发放货物或货款。引入仓单融资之后,银行可以替买方向卖方预付货款,从而推动交易的顺利进行。这一过程也让仓储监管进一步延伸出中间过程监管、运输监管等环节。

2. 对仓储公司的作用

仓储公司通过与银行的合作协议,通过提供保管、监管、保证等服务,为生产企业或贸易公司获得银行融资提供了保证。通过仓单融资加深了仓储公司与生产企业或贸易公司的业务合作关系,增加了仓储公司的客户数量。

3.对银行的作用

通过三方合作,解决了存货抵押监管难的问题,通过仓储公司的保管、保证,有助于实现信贷风险控制的目标,扩大业务范围,增加客户规模。仓单融资与信用融资相比,有仓储公司负责监管,抵押物变现能力强,因此,信贷资金风险较低。银行在贷款收益之外,还可以获得包括结算、汇兑差价等中间业务收入。

# 第三节 大宗商品结构性贸易融资案例分析

大宗商品的结构性贸易融资并没有固定的格式和产品,它完全是根据融资者的需求,真实的贸易背景,以及各环节的风险控制点,从而设计出灵活、稳妥、可控的融资模式。本节根据几个真实案例来探讨结构性贸易融资的优势与不足,以及业务操作中应注意的问题。

## 一、案例1

传统的标准仓单融资就是根据仓单上显示的货物数量以及银行给予的商品价格,所得固定金额的融资。但是对于大宗商品而言,其最大的特点就是价格波动大,随着市场价格的波动,抵押给银行的货物价值也会随行就市地波动。如果货物价格不断增长,那抵押给银行的货物价值也在增长,而就初期企业所得的金额来看,自然就发生了亏损。

### (一)案例内容

2012年9月10日,A公司将100吨电解铜按现货价5.80万元/吨质押给银行B,得款项580万元。到了2012年9月14日,电解铜价格走高,现货市场为每吨5.99万元,对于A公司来说,它质押给银行B的货物应得款为599万元,但实际只得580万元,损失19万元。一些银行针对这种情况,开发了新的仓单融资模式,BORROWING BASE(借款基数),浮动抵押下的银团融资。这种新的模式一般是由几家银行或者金融机构,组成一个银团,各银行及金融机构按照比例提供资金,并按比例承担相应风险,且在一定的时间周期更新货物的价值,并按价值补充或索取相应融资资金。在这个例子中,银行B与仓储公司C签订相关协议,仓储公司C每周会向银行B提供A公司的库存报告,银行B按照市场价值核算仓库内的货物价值,并将计算所得与期初融资金额比较,如果货物价值超过借款金额,则额外提供资金给公司A,补足差额。同理,若货物市场价值下跌,使得其市场价值低于借款金额,则会通知公司A退回相应差额至银行账户。公司A与银行B签订浮动抵押下银团融资协议,在2012年9月14日就收到银行B的19万元融资差额。

### (二)分析

以上融资模式基于大宗商品价格波动大的特点,及时反映了货物的真实价值,根据融资人质押的货物,提供了最大范围资金融通。当然在这种模式下,银行也要做好对价格的监控,在价格出现巨大波动时,也要考虑到资金安全,适量给予融资款项。这种融资方式适合客户较长期的货物质押,摆脱了时间长、价格差异大所引起的质押损失,且无须出具仓单,只需将货物存放于银行指定仓库,就可以实现融资。这无疑更加灵活和便捷,所以正被广大贸易公司所青睐。

## 二、案例 2

### (一)案例内容

青海某有色金属公司是一家铜业加工公司,它向苏格兰皇家银行借款,为期 3 年,总金额 1.8 亿美元。为了分散风险,苏格兰皇家银行牵头引入数家大型商业银行,包括德国汉堡、比利时、法国、荷兰等大行组成银团。中国银行青海分行成为该交易的监管行,更由知名金属公司 Sempra Metals 负责在伦敦金属交易所进行保值头寸监管。银团将资金通过苏格兰皇家银行,贷给该青海有色金属公司,使其购买氧化铝,并将生产所得卖给买家,买家将支付的货款打入苏格兰皇家银行指定账户。该公司之所以向国外银团融资,其最根本的原因在于国外的融资成本要远远低于国内贷款机构。

这个成功案例发生在 2007 年,这样的交易所涉及的由苏格兰皇家银行开发的创新型结构贸易融资产品和服务,在当时是个创举,也是对于传统贸易融资的一项重大创新。该笔结构性贸易融资产品以贸易合同为担保、无须固定资产抵押,并且,该项融资利率远远低于国内央行公布的贷款利率。青海某有色金属公司通过这种具有突破性新概念的结构性贸易融资方案解决了融资需要,而另一方面,该笔 1.8 亿美元的融资协议被国际贸易融资杂志 *Trade Finance Magazine* 评为"2007 年度世界最佳融资项目"(The Deal of The Year 2007),该奖项在业内颇具盛名,被喻为融资界的奥斯卡大奖。

### (二)分析

我们看到这次案例的成功,正是基于以客户的实际需求为首要服务目标而达成的。多样化的融资结构成为金融机构开拓市场,服务客户的重要突破口。

苏格兰皇家银行对目标客户的融资需求进行详细分析后,有针对性地提供相配套的结构性融资方案,尤其对目标客户的实际抗风险能力进行了评估和整体业务状况分析,选择了以目标客户贸易协议担保为基础的融资方案,相较传统融资方法,极大地减轻了需要固定资产抵押的融资压力。另外,远低于同期国内金融机构借款利率的融资成本也成为此次融资操作中的亮点。

这样跨地区的多银行合作开创出银团贷款的新架构,通过第三方监管和国际交易数据共享等手段,在充分发挥各个参与方专长的情况下,提高了银团风险控制的能力,并为目标客户提供了更加贴心细致、合理优秀的融资贷款服务。

以客户需求为目标的运作模式体现出了结构性贸易融资的强大运作力量和操作效益,成为本案例中非常值得借鉴的方面。

## 三、案例 3

### (一)案例内容

中国内地生产商 A 向中国香港一家公司 H 进口氧化铝,但由于资金紧张,决定付款条件为远期,作为远期付款条件的互惠,该生产商 A 同意将向 H 购得的氧化铝生产出的铝锭以优惠的价格向该香港公司 H 出口。该香港公司 H 为一贸易商,此时它也与另一公司 B 成交了铝锭的销售计划,H 公司很看重 A 公司给予的铝锭优惠的价格,使得这笔铝锭的买卖交易可以达成不小的利润,就一口答应了 A 公司氧化铝的远期付款条件,这样 3 个合同都签订,开始执行。H 公司既然要先向 A 公司供应氧化铝,就立即向国外的氧化铝供应商购买氧化铝并立即安排运输至 A 公司。但是由于 H 公司与 A 公司签订合同的付款条件为远期,这代表 H 公司无法立即收付该氧化铝货款,它需要自行垫付购买氧化铝的货款,而在未来约定时期才可以收回此笔货款,这无疑占据了它的资金流。于是 H 公司考虑向银行贷款来支付购买氧化铝的货款,但作为贸易公司,没有固定资产可以给银行作抵押,所以要贷一大笔资金,难度相当大。后来 H 公司咨询了渣打银行的融资专员,是否可以给予相应的贸易融资,渣打银行了解完整个贸易流程后,决定给予它一个结构性融资计划。首先,渣打银行对 H 公司进行综合考察、分析后,发现其经营正常,业务稳定增长,与国外客户 B 有长期稳定的交易记录,公司及股东个人的信用记录也都良好。同时,B 公司也是渣打银行的海外客户,因此,渣打银行认为该公司具有良好的发展潜力,只要银行能够对企业资金流进行有效监控,对该公司的融资是可以控制风险的。于是渣打银行与 H 公司签订融资协议,将货款直接支付给氧化铝的供应商,等 A 公司收到氧化铝并将生产所得的铝锭装运给 B 公司,B 公司将货款直接支付给 H 公司在渣打银行的收款监管账户,扣除当初用于购买氧化铝的货款及银行利息后,银行将剩余款项拨入 H 公司的一般结算户。具体融资结构如图 6-5 所示。

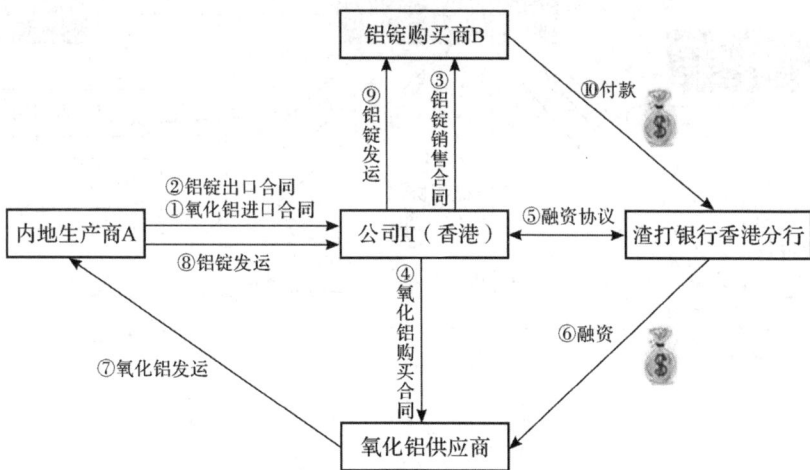

图 6-5　案例 3 融资结构

## (二)分析

这是一个比较经典的融资模式,银行更加关注项目本身贸易背景是否真实稳定、是否能够有效控制资金流或物流、经营者的品质能力。由主体准入为基础的风险控制理念转变为基于流程控制或在把握主体的同时控制资金流、物流的风险控制理念。这里的授信理念,以现金流为关注重点。这种理念认为企业的现金流比盈利更为重要,还款应来自于现金流。在该理念下,企业的履约风险非常关键,银行关注借款人能否一直履约以保证应收款的持续流入,需要对企业的履约能力、意愿、市场风险以及付款风险等进行分析评估。

在这里现金流成了关注的重点,这种突破性的授信思想决定了企业应该以现金流作为还款来源而非传统的盈利,从这个角度来说融资银行风险判断的关注焦点也相应地发生改变,变得更加注重融资企业的履约能力、运作意愿、交易控制、市场评价等方面的评估测算,一旦融资企业有了完成合同的各方面保障并能够获得全过程应收账款吸入,也就意味着企业在融资风险评价中能够获得更高的控制评价,为获得融资银行的授信奠定基础。

基于这些评估所得的结论,银行在对于此交易的圆满完成充满信心的情况下,安排了这项融资。资金也有专项性,是提供给原材料的供应商,以保证整个贸易的开展,并且在各个销售环节都得到了有效控制和评估。它并不针对直接的贷款人进行贷款,而是为了贸易的开展,从根源上活动了资金。这就是结构性贸易融资最大的优点,灵活、多样、可控、有针对性。

## 四、案例4

### (一)案例内容

建设银行曾经为一家企业量身定制了一套进口融资方案:主要涉及的方面为进口开证＋海外代付＋保函＋套期保值,具体融资结构如图6-6所示。

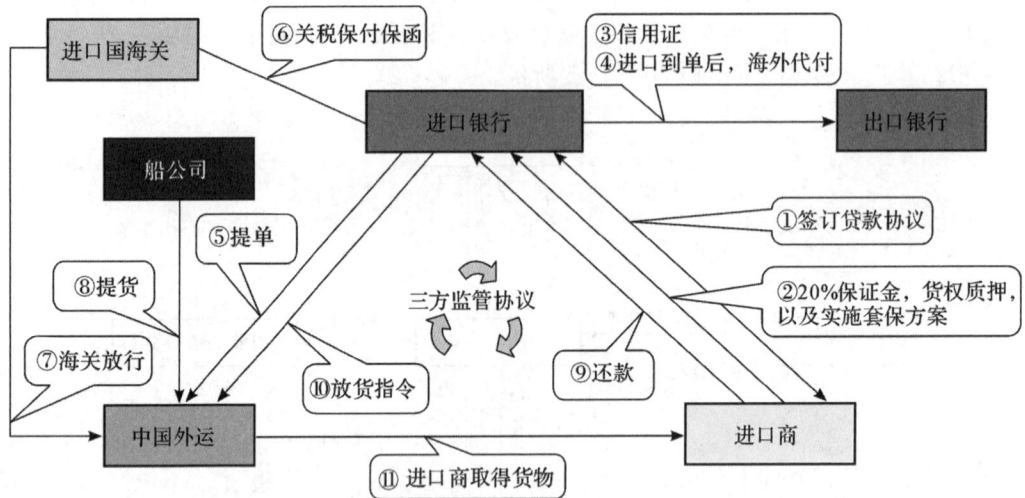

图6-6 案例4融资结构

(1)企业支付20%的保证金,80%的部分以企业拟进口的大豆的货权作为质押,以此开立进口信用证,当然在信用证单据和条款中,会要求第三方物流监管整个货物运输,并出具相应证明。

(2)货物到港后,银行和企业、监管方三方共同办理进口通关手续,同时,进口的标的物大豆就作为现货质押给银行,银行为企业办理进口信用证海外代付。

(3)为了加快货物通关速度,同时避免企业的关税资金占用,银行在货物到港后向海关开立了关税保付保函,海关同意放行。

(4)在此融资模式项下,银行都是以大豆的货权为质押物,但是大宗商品价格波动是最大的特点,对于银行,质押物的价值波动,都会对其产生风险,所以银行会要求企业对该大豆进行套期保值,并实时对价格进行监控。

### (二)分析

建设银行在该融资模式中,相比以往的模式,又有了新的突破,它以物流监管来控制货权,以套期保值来规避价格风险、通过保函来加速通关,将未来货权质押和现货质押完美地结合在一起,同时解决了不足额保证金开立信用证的风险敞口问题,达到了为客户即期提供资金进行海外代付,远期客户回笼资金后偿还融资金额,释放货物的目的。这样的操作,不仅解决了银行对未来货权的有效控制问题,更解决了客户的融资需求,并且贴心到连进口税金都包含在融资范围内,且提高了整个贸易的操作速度,从各方面规避了风险,实现了客户和银行的双赢局面。

## 五、案例5

基于国内的库存融资,国外有些创新的做法,我们称之为结构性库存融资,其核心是将货物卖给银行,在未来某一时间有权回购此批货物,公司与银行签订相关协议,约定这笔购销以及将来的回购条款,类似一种期权。那么什么情况适用此类融资呢,它必须满足两个最基本的条件,一是这类货物可以在期货交易市场有效保值;二是银行对于此类货物拥有牢固的货权。这样,银行才会愿意"购买"企业提供的货物,并且给予好价钱。我们参考以下的案例来了解这样的融资模式。

### (一)案例内容

A公司购买所得1000吨电解铜,但没有找到合适的买家,而且该公司对于市场的预测是看跌,所以它一方面担心该批电解铜卖不出好价钱,又急于回笼资金,等到低价时再重新买入货物,于是它向银行申请了结构性库存融资,银行在审核此客户的信用情况以及货物真实性后,接受了此项融资业务。客户将货物在伦敦期货交易市场的标准仓单转为银行名下后,银行按照伦敦期货交易市场铜3个月远期价格USD8400/吨计算所得货值,减去相应的融资成本以及一些手续费后,将USD8300000支付给A公司,并且协议约定3个月后,A公司有权以市场价格购回该1000吨电解铜。银行融资给A公司的同时,在伦敦期货交易市场出售1000吨3个月远期合约,价格为USD8400/吨,以确保3个月后如果A公司不购回该批货物,银行可以以仓单平仓。3个月后,货物市场价格下跌至USD8300/吨,A公司愿意以USD8300/吨购回此1000吨电解铜,则银行以USD8300/吨的现货价格平掉持有的3个月的远期合约,此笔交易,银行不但获取了融资的利息,也在期货市场赚到了USD100000。当然,对于A公司来说,不但活动了现金流,也在价格上减少了损失。

### (二)分析

这样的一笔融资其实已经不是一种简单的贷款,而可以被视为商业销售与购买交易。这种形式的结构性融资表面看起来并不是很复杂,但是为什么在国内我们还没有看到这样的同类融资业务的影子呢,其主要原因还是我国法律不允许中国商业银行经营此类业务。我国法律对商业银行的经营范围有明确规定,应以银监会批准的为限。而买卖货物并没有被列在商业银行可以经营的范围之内,这无疑就限制了此项业务在国内的发展。

但是各大银行都看好这个业务的发展,所以近年来,银行集团下属的子公司,如摩根大通银行下属的北京摩根投资有限公司等,在着手于此类融资业务的展开。

## 六、案例 6

对于借款人来说,除了资金能尽快到账外,可能更关注的是融资成本,毕竟太高的融资成本对于借款人来说就是一大损失,虽然可以尽早活动现金流,但要拿巨大的利息损失做代价,也会让借款人迟疑。同理,对于银行来说,融资收益就是银行的利润,银行要筹措资金为借款人提供融资,也需要大量的成本,还有大量的劳动力进行核算、操作,如果没有足够的利润空间,银行也不愿意慷慨地向借款人提供资金。所以,融资利率成了借款人和银行之间永久的博弈。

结构性利率贷款的诞生就是基于这样一个情况,该融资利率不是固定的,而是随着市场的价格变化进行相应调整,且调整的方向是有利于借款人相应的业务收益,由此,借款人的融资成本和收益也就随行就市了。这无疑是最灵活也是最公正的一种融资利率。该利率的制定除了与借款人的信用额度相关外,还要参考该借款业务的标的物的市场价格敞口。

### (一)案例内容

国外某银行在某年 1 月 1 日贷款 300 万美元给一个铝厂,该铝厂生产铝锭。贷款期限为一年,约定每个季度最后一个工作日为利息支付日,利率按照付息日当日的市场价格相应调整,此时铝的价格为 2500 美元/吨。到 3 月 31 日时,铝的价格上升至 2650 美元/吨,则贷款利率为 LIBOR+5%;到 6 月 30 日,铝的价格又下跌至 2550 美元/吨,则贷款利率为 LIBOR+4%;9 月 30 日,销价为 2450 美元/吨,贷款利率为 LIBOR+3%;12 月 31 日销价为 2400 美元/吨,贷款利率为 LIBOR+2%。对于该铝厂,市场价格上升,则产出的铝可以卖得的价格高,利润大,则贷款利率也相应较大;而随着市场价格下跌,所生产的铝卖出所得就相应减少,利润也相应减少,此时随着市场价格而调整的贷款利率给该铝厂减轻了不少的负担。

### (二)分析

相信很多借款人都会倾向于这种贴心的贷款方式。然而这种方式在国内也只是在计划中,因为国内的业务操作能力还不能满足这个融资方案的诞生。这其中需要一个规模完善又比较专业的货物核价部门,计算货物的相应市场价格、波动比率,并计算资金成本,而给予相应的贷款利率。同时,银行也要事先对市场有相应的评估以及对资金成本的充分掌握。当然很多外资银行甚至一些中资银行正独立开设数据中心,建立一个相对独立以及成熟的后台操作部门,培养出更优秀的业务人员,以促进更完善的银行业务的开展。

## 本章小结

大宗商品贸易融资有广义和狭义两种概念之分,广义上的定义是指商业银行为参与大宗商品交易方提供的满足贸易过程中各种资金需求的融资产品,它涵盖大宗商品贸易融资的各个方面,是最为全面的概念。狭义的大宗商品贸易融资是指根据客户的特点、交易对手、贸易条件等因素,综合性地应用各类融资工具、利率安排、资讯服务的个性化服务方案。一般而言,结构性贸易融资涉及货权质押、质物监管、信托收据、套期保值、资金专管等服务。

与大宗商品贸易关系较为密切的结构性贸易融资产品主要有:发货前融资、背对背信用证融资、前对背信用证融资、凭付款交单合同开立信用证和仓单融资。本章分别介绍了这几种结构性贸易融资产品的特点、操作方式和作用,存在的风险分析与控制方法。

## 思考与练习

1.什么是结构性贸易融资？大宗商品结构性贸易融资具有哪些特点？

2.结构性贸易融资对交易企业及银行具有什么意义？

3.请论述结构性贸易融资的风险。

4.请论述我国大宗商品结构性贸易融资的现状。

5.背对背信用证融资具有什么风险？应该如何控制？

6.什么是仓单融资？如何操作仓单融资？

7.请简述仓单融资存在的风险和控制办法。

8.仓单融资对于大宗商品交易双方以及银行有什么特别作用？

# 第七章 大宗商品交易金融服务的风险管理

虽然与其他金融资产,如股票、债券相比,黄金白银等贵金属有其独有的特征,即大宗商品不是任何人、机构和国家的负债,它是人类真实劳动的结晶,具有其内在价值。而其他金融资产多为信用资产,一旦发行人的信用能力受到冲击,其价格就会受到冲击。因此,相比较而言,黄金白银等贵金属的投资相对安全。但对于大宗商品投资工具来说,其投资也同样面临市场风险。

通常采用价格的波动率进行大宗商品价格市场风险的度量。波动率是指其收益率对于特定证券或者市场指数的偏离程度。一般来说,资产的波动率越大,那么其风险越大。大宗商品价格的波动特征明显小于其他商品的价格。这是由大宗商品市场的深度和流动性所决定的,因为其价格受限于现存的大量可用的大宗商品存量。大宗商品的可再生性决定了,一旦出现急剧的市场需求,其他形式的大宗商品可以迅速转换来满足市场需要。因而,大宗商品的价格波动性相较于 FTSE 100(英国富时 100 指数)或者 S&P500(标准普尔 500 指数)等蓝筹市场而言,其波动性更低。同时,高的波动率出现对于大宗商品和股票市场具有不同的含义。如果大宗商品价格波动性迅速升高,通常意味着市场开始进入迅猛上涨阶段。相反,如果股票市场波动性提高,那么市场同时会出现崩盘现象或者气氛紧张浮躁阶段。

从 S&P500 指数和黄金价格的 22 天的波动率对比(见图 7-1)可以发现,1986—2006年,黄金市场的平均波动率为 12.4%,S&P500 指数的波动率高达 14.8%。

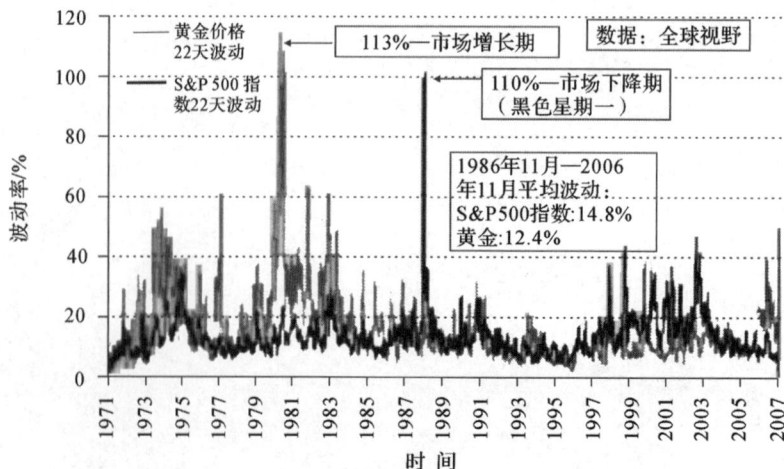

图 7-1  S&P 500 指数和金价 22 天波动率的对比
资料来源:世界黄金协会网站。

尽管与其他资产相比,其市场风险相对较低。但作为一种国际性投资产品,黄金价格波动有时候也很剧烈,它的价格受到国际外汇市场、期货市场、股票市场以及全球经济的影响,风险来源多元化且不确定性较大。

因此,对于投资者而言,应注意市场风险控制。尤其是参与保证金交易的投资者,高的杠杆比例极有可能带来高的投资收益,但也会带来高的投资风险。因此,对于市场风险的防范和管理显得尤为重要。

# 第一节　大宗商品交易金融服务的风险识别

## 一、内生风险

内生风险主要是指由于企业内部信息不对称所引发的道德风险、逆向选择,或者是各相关成员之间不完全协作带来的一系列信用风险。

### (一)核心企业的道德风险

核心企业的竞争力较强,规模较大,在与上下游中小企业的议价谈判中处于强势地位,在经济交往中做出一些有利于自己的行为,来实现自身效益的最大化。

企业融资的信用基础是企业整体管理程度以及核心企业的管理信用实力,所以随着融资工具向上下游延伸,风险也就会相应地扩散。这样,最大的金融利益就会向核心企业集中,风险也就相应集中了。

企业经济活动中,核心企业往往会在交货条件、价格、账期等贸易条件上对上下游中小企业要求苛刻,例如,占用供应商大量的资金,导致其资金紧张,迫使供应商向银行融资以支持企业的基本运营。但是当企业获得银行贷款之后,资金紧张的状况得到缓解,核心企业就会进一步丧失支付货款的积极性,增加其他相关企业的不稳定性,从而带来风险。

### (二)中小企业的信用风险

信用风险是指因借款人或交易对手违约而导致损失的可能性。信用风险是企业融资需要面对的首要风险。近些年来,虽然中国的中小企业取得了长足的发展,但与大型企业相比,产业进入时间晚,其本身仍有许多不利于融资的因素,具体表现在:财务制度不健全,企业信息透明度差,导致其资信不高,这就造成了对贷款的信用风险进行度量的困难。

在整个金融服务过程中,银行更关注整个供应链企业的交易风险,即便某个企业达不到银行某些标准,只要这个企业依托信誉好的大企业,银行就会比较容易淡化对这个企业本身的信用评价,并对这笔交易授信,尽量促成整个交易的实现。在这种情况下,一旦供应链中的某个成员出现融资问题,影响会很快蔓延到整个链条上,引起更大的金融灾难。

### (三)银行的经营操作风险

巴塞尔委员会将操作风险定义为由于不完善或有问题的内部操作过程、人员、系统或外部事件而导致的直接或间接损失的风险。损失包括所有与风险事件相联系的成本支出。

大宗商品金融将仓单甚至是物流过程纳入质押对象,这就会牵涉到对仓单和物流过程的定价评估问题。大宗商品融资中的操作风险涵盖了信用调查、模式设计、融资审批、出账和授信后管理与操作等业务流程环节上由于操作不规范或操作中道德风险所造成的损失。在实际操作中,国内的银行通常会为核心企业的信用放大 10%~20%,质押物的安全保管等相关业务的操作上都可能存在一定的疏漏和风险。

按照导致操作风险的因素不同,可以将其分为四类。

(1)人员因素导致的操作风险。

(2)流程因素导致的操作风险。

(3)系统因素导致的操作风险。

(4)外部事件导致的操作风险。

由于很多系统、流程上的漏洞经常在损失事件发生后才会被注意到,所以银行可以根据巴塞尔委员会提供的操作风险分类框架,建立自己的操作风险目录,并且不断总结自身和其他银行的失误,对其进行更新。银行可以以大宗商品融资流程的每个环节,来分析是否具有上述四类因素导致的操作风险。

在信用调查阶段,操作风险主要是人员因素引起的。企业融资授信主体的信用调查方面与传统流动资金贷款的主体信用调查差异较大,对银行客户经理的专业素质要求较高,因此客户经理的疏漏或错误判断可能导致信用调查不准确,从而产生风险。

在模式设计阶段,最主要的风险来自于流程因素。包括文件信息传递不及时的业务流程上的问题,产品设计的控制流程无法保证授信支持资产同企业主体的信用隔离,流程过于复杂导致误操作概率增加,以及执行困难、环节遗漏造成对资产控制落空等,都有可能会导致银行出现损失。

在融资审批阶段,操作风险主要涉及人员风险、流程风险和系统风险。人员风险有内部欺诈、越权等主管行为造成的风险,也有人员业务能力不匹配造成客观的人员风险。流程风险具体包括银行授信审批流程不合理、授权不恰当造成的内部控制体系问题,以及合同不完善、合同条款对银行不利或合同条款不受法律保护等。系统风险主要指用于后台风险管理支持的系统和模型没能有效地识别风险所导致的决策失误。

在出账和贷后管理阶段,操作风险相对集中,四类操作风险在这个环节都存在。主要表现有:监管人员失职、监管不力所造成的人员风险;换货提货、补充货源的流程设计不合理的流程风险;预付和存货业务中,货物市场(期货市场、专业商品交易市场等)价格监控体系未能正确预警导致的系统风险;货物运输、质押物仓储的突发事件引起的外部事件风险等。

### (四)企业间信息传递的风险

供应链实质上是一种未签订协议的、松散的企业联盟,每个企业都是独立经营和管理的经济实体,当供应链规模日益扩大、结构日趋复杂时,供应链上发生错误信息的机会也随之增多。信息传递延迟将导致上下游企业之间沟通不充分,对产品的生产以及客户的需求在理解上出现分歧,不能真正满足企业的需求。这种情况将可能给企业和商业银行传递一种不准确或一种偏差的信息,影响它们的判断,从而带来风险。

## 二、外生风险

外生风险主要指由于外部经济、金融、社会环境的变化所引起的资金循环迟缓等风险。

### （一）市场风险

我国银监会在《商业银行市场风险管理指引》中指出，市场风险是因为市场价格（利率、汇率、股票价格和商品价格）的不利变动而使商业银行表内和表外业务发生损失的风险。由于企业运营所在的市场发生意外或者各种变化，使得企业无法按照原计划销售产品，从而给商业银行带来不能按时还款的风险。市场风险是根植于市场内在运作机制的风险。

市场风险包括利率风险、股票风险、汇率风险和商品风险。例如：市场利率、汇率的变动所导致的供应链上企业融资的成本上升；市场上新的替代品的出现，导致企业销售计划落空，以及资金链断裂。

融资的市场风险按融资模式不同考察不同的风险因素。主要的风险因素包括：质押物的市场价格、融资对象的市场销售额、市场占有率、经销商的分销资质等。

融资的市场风险计量相对比较容易，可以量化到具体的指标。例如，对于质押物价格的市场风险，可以依据质押率考察初始保证金覆盖跌价产生的风险敞口的能力，设定一个价格跌幅比率，再参考当前的市场价格，推算出风险的预警价格，由此来计算质押物价格的市场风险。

### （二）政策风险

政策风险是指因国家宏观政策（如货币政策、财政政策、行业政策、地区发展政策等）发生改变，导致市场价格波动而产生风险。在市场经济条件下，由于受价值规律和竞争机制的影响，各企业争夺市场资源，都希望获得更大的活动自由，因而可能会触犯国家的有关政策，而国家政策又对企业的行为具有强制的约束力。另外，国家在不同时期可以根据宏观环境的变化而改变政策，这必然会影响到企业的经济利益。因此，国家与企业之间由于政策的存在和调整，在经济利益上会产生矛盾，从而产生政策风险。

政策风险主要包括反向性政策风险和突变性政策风险。反向性政策风险是指市场在一定时期内，由于政策的导向与资产重组内在发展方向不一致而产生的风险。当资产重组运行状况与国家调整政策不相容时，就会加大这种风险，各级政府之间出现的政策差异也会导致政策风险。突变性政策风险是指由于管理层政策口径发生突然变化而给资产重组造成的风险。国内外政治经济形势的突变会加大企业资产重组的政策风险。

当国家经济政策发生变化时，很有可能会对企业的筹资、投资以及其他经营管理活动产生极大的影响，从而加大企业的经营风险。例如，国家产业结构调整时，往往会出台一系列关于产业结构调整的政策和措施，这就会对一些产业产生约束，使企业原有的投资面临遭受损失的风险。

### （三）法律风险

在大宗商品金融不断发展和法律不断完善的过程中，很多环节还存在种种漏洞和相互矛盾之处。所谓法律风险,是指在使用金融产品及其衍生品组合授信时,涉及合同签署当中对于部分法律规定模糊,导致法律上的无效性,法律执行的无效率。它主要针对金融服务中融资动产担保物权相对应的法律防线,并且由三种方式造成损失:银行或其员工、代理机构在法律上的无效行为;法律规定和结果的不确定性;法律制度的相对无效性。

例如,《物权法》规定质权人不仅限于金融机构,而《银行法》却规定企业之间不许从事融资业务,企业充当质权人开展金融业务不受保护。

除此之外,法律法规的调整、修订等也具有不确定性,有可能对企业运转产生负面影响。法律环境的变化有可能诱发企业经营风险,从而危及商业银行。

# 第二节　金融服务的风险控制及风险管理建议

## 一、金融服务的风险控制

### (一)市场风险的控制

市场风险检测可以根据不同的计量指标采取不同的检测手段。以质押物风险为例,银行和企业须具备必要的专业人员和技术设备,与专业机构、专业市场及专业网站等市场信息提供者建立密切联系。盯市人员应每日跟踪和掌握各种质押物当天的市场行情,与出质时的价格进行对比,定期制作价格走势图。

质押物出现跌价风险时,立即启动跌价补偿机制。要求借款人追加足额质押物或补足相应的保证金,如果借款人不能按约定对质押物的价格下跌进行补款或补货的,债权人有权宣布融资提前到期,并有权处置质押标的物。

### (二)行业周期性风险控制

大宗商品企业整体运营与行业发展所处周期阶段高度相关。因此,针对行业周期性的风险控制措施应包括:

(1)拓宽行业范围,增加服务的宽泛度。

(2)加强行业组织以及行业限额控制与整理。

(3)加强宏观行业走势的分析与管理,及时关注行业风险变迁,并要通过拓宽政策及时引导企业融资项下业务的行业分布结构调整。

由于银行(或其他企业债权人)在发展融资的时候往往会结合行业整体运行特征设计专项差异组合,一旦该行业发生危机,就会给债权人带来损失,因此,应当着重加强对核心企业及供应链的整体把握。

### (三)法律风险控制

大宗商品企业金融业务会涉及多方主体,如质押物所有权也在各个主体间进行流动,容易产生所有权纠纷。在某些领域尚没有相关的法律和行业性指导文件可以遵循。在企业进行贸易之初,可以本着平等互利的原则,通过协商、合作性谈判等形式订立各项契约。而在运营过程中,各个企业应严格遵照契约,保证信息的高度共享,提高协调性,并进一步完善相关的法律合同文件。要将企业间原有的关联交易转化为契约交易,尽量避免摩擦,将法律风险降至最小。

现代化的企业可以出具以下措施防范法律风险。

(1)现金流控制和结构授信安排,主要可以明晰交易结构。

(2)对用以支撑授信的贸易背景的经济制度进行评估,给予"结构"适量的授信安排。

进行风险定价和条款约束,将逐渐标准化的金融授信合同与信用捆绑、货物监管、业务代理、资产处理等相关协议、声明书、通知书等统一。

### (四)信用风险控制

道德风险是造成信用风险的重要因素,道德风险取决于借款人的心智模式,难以定量描述。进行信用风险评估,首先要对企业的经营状况进行评估。为减少主观判断的误差,在对信用风险进行计量时可以采用结构化的方法控制评估的治理,即使用结构化的分析过程和结构化的指标体系。

融资信用风险的管理分析,应考虑到"商流、信息流、物流、资金流"的运行特征,具体措施包括以下几点。

#### 1. 客户准入体系

在选择核心企业时,要进行行业分析;要有明确的供应商、分销商的准入和退出制度;供应链成员可以享受核心企业提供的排他性的特殊优惠政策;核心企业对供应链成员应设定面向共同价值的奖励和惩罚措施。

#### 2. 信用风险评级

信用风险评级包括债务人评级和债项结构评级。

按照监管要求,对信用风险评级有明确的管理文件,建立内部评级体系,信用风险评级系统已逐渐成为商业银行测量及管理信用风险的一个越来越重要的元素。

#### 3. 动产担保物权的选择

选择作为抵押的应收账款时,应符合以下几项要求:可转让,即应收账款必须是依照法律和当事人约定允许转让的;特定化,即应收账款的有关要素必须明确、具体和固定化;时效性,即应收账款必须尚未超过诉讼时效;转让人的资格,即提供应收账款的民事主体必须具备法律所承认的提供担保的资格。

存货必须符合:货权明晰,进而保证债权人在对货物进行处置时没有其他第三方主张权利;价格稳定,价格波动的商品不宜作为抵押质押物;流动性强,客户违约情况下,对抵押质押物可以方便处置;易于保存,以减少抵押质押物价值损失的风险。

作为抵押质押的预付款必须符合:在途责任明晰,对于风险承担人以商业保险方式规避部分风险的情况,保险受益人应指定为银行(或债权人);上游的责任捆绑。

### (五)操作风险控制

操作风险的出现是有一定规律性的,在企业融资业务杠杆开展时,由于规章制度不完善、人员操作经验不足、管理上的漏洞等原因,出现操作风险的概率较高;当业务开展和系统建设逐渐走上正轨时,规章制度会完善起来、人员的操作经验日渐丰富、管理者决策更成熟,这就使得操作风险发生的频率降低;当已有系统开始老化、现有市场环境发生改变时,原有的规章制度与系统已经不适应,人员也因运营环境和熟练的操作而产生麻痹意识,此时操作风险又将重新频繁出现。

在企业融资业务中,选择操作风险控制方法时一定要考虑成本与收益的匹配度。常用的操作风险控制方法有:完善内控体系、提高人员素质、指定标准化操作流程、适时更新产品模式、建立完善的电子化操作平台等,还有建立培训方案、引入保险和外包的分散风险的方法。

1. 独立分工

在授信支持资产的审核与管理中,可以设立独立的授信支持资产管理部门,通过业务线的客户经理和授信支持产品人员的双重审核,来降低人员操作风险。低于循环贷款的产品,还应建立定期的审核制度,定期检查。

2. 提高人员素质

融资过程中,除了要培养工作人员的风险意识和职业道德,也要注重其能力的培养。信用审核中,重点培训授信评审人员评价企业间交易的真实性、正常性的能力,防范存货监控、票据辨别等环节的操作风险。

3. 建立操作指引

由于融资贷前调查比一般授信要复杂,可以建立专业的调查、审查模板和相关指引,有效降低工作人员的专业能力、主观意向对调查结果的影响。建立出账、贷后管理环节的操作指引,明确操作流程、重点关注的风险点和操作的步骤要求,使工作人员有章可循,控制其自由裁量权。

4. 不断完善产品业务流程

作为一项新兴的业务,大宗商品融资发展过程中会不断出现新的问题,相关法律法规也会不断完善。因此,应该定期审核产品设计和流程的缺陷。

5. 引用风险转移技术

主要包括保险和外包两类。目前国内尚不具备广泛推广利用保险的条件,但在物流管理中,可以有相应的应用。国内大宗商品融资实践中,还有银行和企业与第三方物流公司进行战略合作,将物流监管的操作风险转移到物流公司或者仓储公司,这就降低了操作风险的管理成本。

**(六)技术风险控制**

商业银行在开发、运行和维护网上支付系统的全过程中要实施严格管理,并设立专门机构负责实施;明确业务主管部门、技术支持部门和稽查监督部门相互间的制衡;严禁系统设计、软件开发等人员介入实际业务操作,并制定相应的保密制度;对系统的数据资料必须定期备份,有条件的应做到异地双机热备份;完善业务数据报关安全措施,定期开展故障排除、灾难恢复的演练,确保系统的可靠、稳定、安全运行。技术风险控制包括以下几点。

(1)应用系统本身的风险防范和预警。

(2)主要部门之间的权利制约,重要岗位的人员在操作中应杜绝"一手清"。

(3)事后监督部门和其他检查监督部门,通过系统存储记录检查业务发生情况和具体操作过程。

（4）一定授权级别的客户对自己账户发生的历史记录进行查阅。

此外，网上支付业务要实行适当的责任分离制度，如重要空白凭证的保管与使用相分离；信用的受理发放与审查相分离；负责设备维护开发的技术人员与业务经办人员、会计人员相分离；人员与业务办理岗位相分离。

### （七）建立紧急预警机制

供应链是个纵横交错的网状松散团体联盟，在这种结构中，突发事件、重大事件的发生将不可避免。基于供应链的网状结构，风险事件一旦发生，其风险将沿着供应链不断扩散和蔓延，事后再进行控制与挽救，就难以操作。

大宗商品供应链金融相比传统贷款在风险管理方面的优势，在于连续的贷后操作，为银行提供了及时发现受信人经营状况以及行业景气度的丰富的观察窗口。这为债权人的授信预警和突发事件的及时反应创造了必要的条件。

商业银行的大宗商品金融还处于初步发展阶段，对其业务的发现管理也处于探索过程中。大宗商品金融风险的管理作为一项系统工程，它需要在整个信用体系范围内建立一个期末的风险控制体系和相应的管理机构，才能在创新业务模式的基础上有效控制风险，才能使大宗商品金融所面临的风险减弱到最低程度，从而提高银行的经营效率。

## 二、风险管理建议

规范市场交易制度与规则。大宗商品交易市场的交易制度和规则应相应统一规范，在市场组织形式、股东构成、资本金、商品类别和品种、交易形式、交易规则、风险管理制度等方面都应纳入相关管理办法和市场准入的范畴。尤其是交易资金安全和结算制度方面，应统一规定引进银行作为第三方资金托管和资金安全管理机构的制度，斩断市场主办方伸向客户资金的手，确保市场稳定运行。

### （一）尽快建立针对电子货币的监管体系

首先，在制定监管政策时要注意把电子货币与电子进入类产品区别开来。电子进入类产品是传统金融业务的电子化，而电子货币则是信息技术与金融业务整合的结果，并不仅仅是支付或结算手段在电子领域的延续。所以，要单独设立针对电子货币的监管政策。

其次，要适当放松对电子货币发行主体的监管。受信息和通信产业发展水平所限，我国目前还没有能力研发出具有世界领先水平的电子货币，更多的是采用西方发达国家的技术标准。因此，要求多用途电子货币发行主体仅限于银行是目前防范风险的有效措施。但随着我国信息和通信产业的发展，在时机成熟时应考虑语序信息企业与银行合作开发电子货币产品或由非银行机构单独开发，以增强我国电子货币的国际竞争力。对非银行机构发行电子货币，应采用欧洲中央银行的监管办法，使非银行机构接受同银行一样的监管标准。

最后，由于以贷款形式发行的电子货币对货币供给及中央银行资产负债的冲击很大，因此，在我国货币政策传导机制理顺前，应禁止以贷款形式发行电子货币，即使在我国市场经济体制完善后,允许以贷款形式发行电子货币,也要对发行的电子货币实施比出售形式发行的电子货币更为严格的监管。

**(二)加快网络金融业务管理规章的制定**

不仅要注重对技术风险的管理,更要强调对战略风险、操作风险、法律风险的管理;不仅要完善对内监管制度,也要建立对相关外包方和其他第三方的全面检查和监管机制。

**(三)完善线性金融监管政策,补充适用于网络金融业务的相关法律条文**

对现有法律不适应的部分进行修订和补充,同时加快出台新的关于网络金融业务的法律、法规。法律法规的制定不仅要预测未来网络金融创新的发展及可能出现的问题,做到先行立法保护,且还要考虑与国际金融监管政策的兼容性。

# 第三节 金融服务的主要监管机构及职能

大宗商品交易(电子交易)是 B2B 电子商务的一种,对它的监管与对电子商务的监管相一致。目前,在电子商务监管方面的大致情况是:工商部门负责网络经营手续的登记注册;信息产业部门负责电子交易的政策指导、行业监督和协调;公安部门则监督交易安全和打击涉嫌犯罪行为等。

## 一、工商行政管理部门

工商行政管理部门是进行市场监督管理和行政执法的机构,对市场经营主体及其行为进行监督管理。无论是交易市场还是参与交易的各方,均为市场经营主体,因此其本身和市场行为均收到工商行政管理部门的监督管理。

根据《国务院关于机构设置的通知》(国发〔2008〕11号),设立国家工商行政管理总局(正部级),为国务院直属机构。主要职责是:

(1)负责市场监督管理和行政执法的有关工作,起草有关法律法规草案,制定工商行政管理规章和政策。

(2)负责各类企业、农民专业合作社和从事经营活动的单位、个人以及外国(地区)企业常驻代表机构等市场主体的登记注册并监督管理,承担依法查处取缔无照经营的责任。

(3)承担依法规范和维护各类市场经营秩序的责任,负责监督管理市场交易行为和网络商品交易及有关服务的行为。

(4)承担监督管理流通领域商品质量和流通环节食品安全的责任,组织开展有关服务领域消费维权工作,按分工查处假冒伪劣等违法行为,指导消费者咨询、申诉、举报受理、处理和网络体系建设等工作,保护经营者、消费者合法权益。

(5)承担查处违法直销和传销案件的责任,依法监督管理直销企业和直销员及其直销活动。

(6)负责垄断协议、滥用市场支配地位、滥用行政权力排除限制竞争方面的反垄断执法工作(价格垄断行为除外)。依法查处不正当竞争、商业贿赂、走私贩私等经济违法行为。

(7)负责依法监督管理经纪人、经纪机构及经纪活动。

(8)依法实施合同行政监督管理,负责管理动产抵押物登记,组织监督管理拍卖行为,负责依法查处合同欺诈等违法行为。

(9)指导广告业发展,负责广告活动的监督管理工作。

(10)负责商标注册和管理工作,依法保护商标专用权和查处商标侵权行为,处理商标争议事宜,加强驰名商标的认定和保护工作。负责特殊标志、官方标志的登记、备案和保护。

(11)组织指导企业、个体工商户、商品交易市场信用分类管理,研究分析并依法发布市场主体登记注册基础信息、商标注册信息等,为政府决策和社会公众提供信息服务。

(12)负责个体工商户、私营企业经营行为的服务和监督管理。

(13)开展工商行政管理方面的国际合作与交流。

(14)领导全国工商行政管理业务工作。

(15)承办国务院交办的其他事项。

## 二、中国人民银行

中国人民银行,简称央行,是中华人民共和国的中央银行,中华人民共和国国务院组成部门,于1948年12月1日合并组成。中国人民银行为银行机构提供资金转账网络,包括大额实时支付系统、小额批量支付系统、全国支票影像交换系统、同城票据交换系统。作为中央银行,中国人民银行具有维护支持清算系统政策运作的职能,而大宗商品交易的最终结算离不开电子银行清算业务。

为了维护大宗商品交易的支付、清算和结算系统的正常运行,中国人民银行还需履行监督职责。其主要职责还包括负责制定和实施货币政策,评估金融系统风险,制定和维护清算规则,研究实施系统风险的防范和化解,并维护金融体系的稳定。

据2003年12月27日第十届全国人民代表大会常务委员会第六次会议修订后的《中华人民共和国中国人民银行法》规定,中国人民银行应履行下列职责:

(1)发布与履行其职责有关的命令和规章。

(2)依法制定和执行货币政策。

(3)发行人民币,管理人民币流通。

(4)监督管理银行间同业拆借市场和银行间债券市场。

(5)实施外汇管理,监督管理银行间外汇市场。

(6)监督管理黄金市场。

(7)持有、管理、经营国家外汇储备、黄金储备。

(8)经理国库。

(9)维护支付、清算系统的正常运行。

(10)指导、部署金融业反洗钱工作,负责反洗钱的资金监测。

(11)负责金融业的统计、调查、分析和预测。

(12)作为国家的中央银行,从事有关的国际金融活动。

（13）国务院规定的其他职责。

## 三、中国银行业监督管理委员会

中国银行业监督管理委员会（简称中国银监会或银监会）成立于 2003 年 4 月 25 日，是国务院直属正部级事业单位。根据国务院授权，统一监督管理银行、金融资产管理公司、信托投资公司及其他存款类金融机构，维护银行业的合法、稳健运行。2018 年 3 月，根据第十三届全国人民代表大会第一次会议批准的国务院机构改革方案，将中国银行业监督管理委员会和中国保险监督管理委员会的职责整合，组建中国银行保险监督管理委员会；将中国银行业监督管理委员会拟订银行业、保险业重要法律法规草案的职责划入中国人民银行，不再保留中国银行业监督管理委员会。

原银监会的监管工作目的是通过审慎有效的监管，保护广大存款人和消费者的利益；通过审慎有效的监管，增进市场信心；通过宣传教育工作和相关信息披露，增进公众对现代金融的了解；努力减少金融犯罪。

原银监会的主要职责包括：

（1）依照法律、行政法规制定并发布对银行业金融机构及其业务活动监督管理的规章、规则。

（2）依照法律、行政法规规定的条件和程序，审查批准银行业金融机构的设立、变更、终止以及业务范围。

（3）对银行业金融机构的董事和高级管理人员实行任职资格管理。

（4）依照法律、行政法规制定银行业金融机构的审慎经营规则。

（5）对银行业金融机构的业务活动及其风险状况进行非现场监管，建立银行业金融机构监督管理信息系统，分析、评价银行业金融机构的风险状况。

（6）对银行业金融机构的业务活动及其风险状况进行现场检查，制定现场检查程序，规范现场检查行为。

（7）对银行业金融机构实行并表监督管理。

（8）会同有关部门建立银行业突发事件处置制度，制定银行业突发事件处置预案，明确处置机构和人员及其职责、处置措施和处置程序，及时、有效地处置银行业突发事件。

（9）负责统一编制全国银行业金融机构的统计数据、报表，并按照国家有关规定予以公布。

（10）对银行业自律组织的活动进行指导和监督。

（11）开展与银行业监督管理有关的国际交流、合作活动。

（12）对已经或者可能发生信用危机，严重影响存款人和其他客户合法权益的银行业金融机构实行接管或者促成机构重组。

（13）对有违法经营、经营管理不善等情形银行业金融机构予以撤销。

（14）对涉嫌金融违法的银行业金融机构及其工作人员以及关联行为人的账户予以查询，对涉嫌转移或者隐匿违法资金的申请司法机关予以冻结。

（15）对擅自设立银行业金融机构或非法从事银行业金融机构业务活动予以取缔。

（16）负责国有重点银行业金融机构监事会的日常管理工作。

(17)承办国务院交办的其他事项。

### 四、中国证券监督管理委员会

改革开放以来,随着中国证券市场的发展,建立集中统一的市场监管体制势在必行。1992年10月,国务院证券委员会(简称国务院证券委)和中国证券监督管理委员会(简称中国证监会)宣告成立,标志着中国证券市场统一监管体制开始形成。

中国证监会为国务院直属正部级事业单位,依照法律、法规和国务院授权,统一监督管理全国证券期货市场,维护证券期货市场秩序,保障其合法运行。中国证监会设在北京,在省、自治区、直辖市和计划单列市设立36个证券监管局,以及上海、深圳证券监管专员办事处。

中国证监会对证券期货市场实施监督管理的职责包括:

(1)研究和拟订证券期货市场的方针政策、发展规划,起草证券期货市场的有关法律、法规,提出制定和修改的建议,制定有关证券期货市场监管的规章、规则和办法。

(2)垂直领导全国证券期货监管机构,对证券期货市场实行集中统一监管;管理有关证券公司的领导班子和领导成员。

(3)监管股票、可转换债券、证券公司债券和国务院确定由证监会负责的债券及其他证券的发行、上市、交易、托管和结算,监管证券投资基金活动,批准企业债券的上市,监管上市国债和企业债券的交易活动。

(4)监管上市公司及其按法律法规必须履行有关义务的股东的证券市场行为。

(5)监管境内期货合约的上市、交易和结算,按规定监管境内机构从事境外期货业务。

(6)管理证券期货交易所,按规定管理证券期货交易所的高级管理人员,归口管理证券业、期货业协会。

(7)监管证券期货经营机构、证券投资基金管理公司、证券登记结算公司、期货结算机构、证券期货投资咨询机构、证券资信评级机构,审批基金托管机构的资格并监管其基金托管业务,制定有关机构高级管理人员任职资格的管理办法并组织实施,指导中国证券业、期货业协会开展证券期货从业人员资格管理工作。

(8)监管境内企业直接或间接到境外发行股票、上市以及在境外上市的公司到境外发行可转换债券;监管境内证券、期货经营机构到境外设立证券、期货机构;监管境外机构到境内设立证券、期货机构,从事证券、期货业务。

(9)监管证券期货信息传播活动,负责证券期货市场的统计与信息资源管理。

(10)会同有关部门审批会计师事务所、资产评估机构及其成员从事证券期货中介业务的资格,并监管律师事务所、律师及有资格的会计师事务所、资产评估机构及其成员从事证券期货相关业务的活动。

(11)依法对证券期货违法违规行为进行调查、处罚。

(12)归口管理证券期货行业的对外交往和国际合作事务。

(13)承办国务院交办的其他事项。

### 五、中华人民共和国商务部

商务部是主管国内外贸易和国际经济合作的国务院组成部门,根据第十届全国人民代表大会第一次会议批准的国务院机构改革方案和《国务院关于机构设置的通知》(国发 20038 号)组建。

中华人民共和国商务部的主要职责:

(1)拟订国内外贸易和国际经济合作的发展战略、政策,起草国内外贸易、外商投资、对外援助、对外投资和对外经济合作的法律法规草案及制定部门规章,提出我国经济贸易法规之间及其与国际经贸条约、协定之间的衔接意见,研究经济全球化、区域经济合作、现代流通方式的发展趋势和流通体制改革并提出建议。

(2)负责推进流通产业结构调整,指导流通企业改革、商贸服务业和社区商业发展,提出促进商贸中小企业发展的政策建议,推动流通标准化和连锁经营、商业特许经营、物流配送、电子商务等现代流通方式的发展。

(3)拟订国内贸易发展规划,促进城乡市场发展,研究提出引导国内外资金投向市场体系建设的政策,指导大宗产品批发市场规划和城市商业网点规划、商业体系建设工作,推进农村市场体系建设,组织实施农村现代流通网络工程。

(4)承担牵头协调整顿和规范市场经济秩序工作的责任,拟订规范市场运行、流通秩序的政策,推动商务领域信用建设,指导商业信用销售,建立市场诚信公共服务平台,按有关规定对特殊流通行业进行监督管理。

(5)承担组织实施重要消费品市场调控和重要生产资料流通管理的责任,负责建立健全生活必需品市场供应应急管理机制,监测分析市场运行、商品供求状况,调查分析商品价格信息,进行预测预警和信息引导,按分工负责重要消费品储备管理和市场调控工作,按有关规定对成品油流通进行监督管理。

(6)负责制定进出口商品、加工贸易管理办法和进出口管理商品、技术目录,拟订促进外贸增长方式转变的政策措施,组织实施重要工业品、原材料和重要农产品进出口总量计划,会同有关部门协调大宗进出口商品,指导贸易促进活动和外贸促进体系建设。

(7)拟订并执行对外技术贸易、进出口管制以及鼓励技术和成套设备进出口的贸易政策,推进进出口贸易标准化工作,依法监督技术引进、设备进口、国家限制出口技术的工作,依法颁发防扩散等与国家安全相关的进出口许可证件。

(8)牵头拟订服务贸易发展规划并开展相关工作,会同有关部门制定促进服务出口和服务外包发展的规划、政策并组织实施,推动服务外包平台建设。

(9)拟订我国多双边(含区域、自由贸易区)经贸合作战略和政策,牵头负责多双边经贸对外谈判,协调谈判意见并签署和监督执行有关文件,建立多双边政府间经济和贸易联系机制并组织相关工作,处理国别(地区)经贸关系中的重要事务,管理同未建交国家的经贸活动,根据授权代表我国政府处理与世界贸易组织的关系,牵头承担我国在世界贸易组织框架下的谈判和贸易政策审议、争端解决、通报咨询等工作,负责对外经济贸易协调工作。

(10)承担组织协调反倾销、反补贴、保障措施及其他与进出口公平贸易相关工作的责任,建立进出口公平贸易预警机制,依法实施对外贸易调查和产业损害调查,指导协调产业安全应对工作及国外对我国出口商品的反倾销、反补贴、保障措施的应诉工作。

(11)宏观指导全国外商投资工作,拟订外商投资政策和改革方案并组织实施,依法核准外商投资企业的设立及变更事项,依法核准重大外商投资项目的合同章程及法律特别规定的重大变更事项,依法监督检查外商投资企业执行有关法律法规规章、合同章程的情况并协调解决有关问题,指导投资促进及外商投资企业审批工作,规范对外招商引资活动,指导国家级经济技术开发区、苏州工业园区、边境经济合作区的有关工作。

(12)负责对外经济合作工作,拟订并执行对外经济合作政策,依法管理和监督对外承包工程、对外劳务合作等,制定中国公民出境就业管理政策,负责牵头外派劳务和境外就业人员的权益保护工作,拟订境外投资的管理办法和具体政策,依法核准境内企业对外投资开办企业(金融企业除外)。

(13)负责对外援助工作,拟订并执行对外援助政策和方案,推进援外方式改革,编制对外援助计划、确定对外援助项目并组织实施,管理具有政府对外援助性质资金的使用,管理多双边对中国的无偿援助和赠款(不含财政合作项下外国政府及国际金融组织对中国赠款)等发展合作业务。

(14)牵头拟订并执行对香港、澳门特别行政区和台湾地区的经贸规划、政策,与香港、澳门特别行政区有关部门和台湾地区授权机构进行经贸磋商并签署有关文件,负责内地与香港、澳门特别行政区商贸联络机制工作,组织实施对台直接通商工作,处理多双边经贸领域的涉台问题。

(15)依法对经营者集中行为进行反垄断审查,指导企业在国外的反垄断应诉工作,开展多双边竞争政策交流与合作。

(16)指导我国驻世界贸易组织代表团、常驻联合国和有关国际组织经贸代表机构以及驻外经济商务机构的有关工作,负责经贸业务指导、队伍建设、人员选派;联系国际多边经贸组织驻中国机构和外国驻中国官方商务机构。

(17)承办国务院交办的其他事项。

## 六、中华人民共和国工业和信息化部

工业和信息化部,是在 2008 年中国"大部制"改革背景下新成立的中央部委。中央将国家发改委的工业管理有关职责、国防科工委除核电管理以外的职责,以及信息产业部和国务院信息化工作办公室的职责加以整合,并且划入工业和信息化部。

工业和信息化部主要职责为:拟订实施行业规划、产业政策和标准;监测工业行业日常运行;推动重大技术装备发展和自主创新;管理通信业;指导推进信息化建设;协调维护国家信息安全等。

工信部部分具体的职责包括:

(1)工业和信息化部负责网络强国建设相关工作,推动实施宽带发展。

(2)负责互联网行业管理(含移动互联网);协调电信网、互联网、专用通信网的建设,促进网络资源共建共享;组织开展新技术新业务安全评估,加强信息通信业准入管理,拟订相关政策并组织实施。

(3)指导电信和互联网相关行业自律和相关行业组织发展。负责电信网、互联网网络与信息安全技术平台的建设和使用管理。

(4)负责信息通信领域网络与信息安全保障体系建设。

（5）拟定电信网、互联网及工业控制系统网络与信息安全规划、政策、标准并组织实施，加强电信网、互联网及工业控制系统网络安全审查。

（6）拟订电信网、互联网数据安全管理政策、规范、标准并组织实施；负责网络安全防护、应急管理和处置。

（7）加强和改善工业和通信业行业管理，充分发挥市场机制配置资源的决定性作用，强化工业和通信业发展战略规划、政策标准的引导和约束作用。根据职责分工拟订推动传统产业技术改造相关政策并组织实施。加强对促进中小企业发展的宏观指导和综合协调。加快推进信息化和工业化融合发展，大力促进电信、广播电视和计算机网络融合，着力推动军民融合深度发展，寓军于民，促进工业由大变强。

## 七、公安部门

公安部是国务院主管全国公安工作的职能部门。中国公安机关的职责是：预防、制止和侦查违法犯罪活动；防范、打击恐怖活动；维护社会治安秩序，制止危害社会治安秩序的行为；管理交通、消防、危险物品；管理户口、居民身份证、国籍、出入境事务和外国人在中国境内居留、旅行的有关事务；维护国（边）境地区的治安秩序；警卫国家规定的特定人员、守卫重要场所和设施；管理集会、游行和示威活动；监督管理公共信息网络的安全监察工作；指导和监督国家机关、社会团体、企业事业组织和重点建设工程的治安保卫工作，指导治安保卫委员会等群众性治安保卫组织的治安防范工作。

公安部设有办公厅、警务督察、人事训练、宣传、经济犯罪侦查、治安管理、边防管理、刑事侦查、出入境管理、消防、警卫、公共信息网络安全监察、监所管理、交通管理、法制、外事、装备财务、禁毒、科技、反恐怖、信息通信等局级机构，分别承担有关业务工作。

为履行对电子商务的监管职责，中华人民共和国公安部在内设机构中设有公共信息网络安全监察部门，依法履行"监督管理计算机信息系统的安全保护工作"职责，着重查出各种破坏网络安全和扰乱社会秩序的违法犯罪行为。

国务院2011年1月8日正式实行修订的《中华人民共和国计算机信息系统安全保护条例》第六条规定公安部主管全国计算机信息系统安全保护工作。第十七条规定公安机关对计算机信息系统安全保护工作行使下列监督职权：

（1）监督、检查、指导计算机信息系统安全保护工作。

（2）查处危害计算机信息系统安全的违法犯罪案件。

（3）履行计算机信息系统安全保护工作的其他监督职责。

（4）宣传计算机信息系统安全保护法律法规和规章。

（5）检查计算机信息系统安全保护工作。

（6）管理计算机病毒和其他有害数据的防治工作。

（7）监督、检查计算机信息系统安全专用产品销售活动。

（8）查处危害计算机信息系统安全的违法犯罪案件。

（9）依法应当履行的其他职责。

## 八、行业协会

### (一)中国电子商务协会

中国电子商务协会(China Electronic Commerce Association,CECA),是由工业和信息化部申请,经国务院批准,国家民政部核准登记注册的全国性社团组织,其业务活动受信息产业部的指导和国家民政部的监督管理。协会于 2000 年 6 月 21 日在北京成立,是与电子商务有关的企事业单位和个人自愿参加的非营利性的全国性社团组织。中国电子商务协会致力于电子商务的科学发展,其业务活动受工业和信息化部的指导和国家民政部的监督管理,不受地区、部门、行业、所有制限制。

协会的主要业务包括:

(1)辅助政府决策,推动电子商务的发展。

(2)进行与电子商务相关业务的调查和研究,协助政府部门制定相关法律法规和政策。

(3)开展电子商务国际交流与合作,进行电子商务立法研究,推进信用体系建设。宣传、研发、贯彻、组织推广国际国内电子商务标准,支持创新,推广先进技术及应用成果,特别是具有自主知识产权的技术应用成果,举办国际国内技术交流活动及项目洽谈会。

(4)开发信息资源,编辑出版电子商务书刊及影像资料。

(5)为会员提供电子商务相关法律与法规指导。

(6)开展信息化与电子商务人才培训。

(7)组织全国性电子商务相关测评、竞赛活动,强化电子商务人才与企业能力建设,组织专家在电子商务及其相关领域开展咨询服务。

(8)完成业务主管单位和政府有关部门授权委托及会员单位委托的工作事项。

### (二)中国互联网协会

中国互联网协会成立于 2001 年 5 月 25 日,由国内从事互联网行业的网络运营商、服务提供商、设备制造商、系统集成商以及科研、教育机构等 70 多家互联网从业者共同发起成立,是由中国互联网行业及与互联网相关的企事业单位自愿结成的行业性的全国性的非营利性的社会组织。

协会的业务主管单位是工业和信息化部。其宗旨是:团结互联网行业的相关企业、事业单位和学术团体,组织制定行约、行规,维护行业整体利益,保护互联网用户的合法权益,加强企业与政府的交流与合作,促进相关政策与法规的实施,提高互联网应用水平,普及互联网知识,积极参与国际互联网领域的合作、交流,促进中国互联网健康发展。

中国互联网协会的主要任务包括:

(1)团结互联网行业相关企业、事业单位和社会组织,向政府主管部门反映会员和业界的愿望及合理要求,维护会员合法权益,向会员宣传国家相关政策、法律、法规。

(2)制订并实施互联网行业自律规范和公约,协调会员关系,调解会员纠纷,促进会员间的沟通与协作,发挥行业自律作用,维护国家网络与信息安全、行业整体利益和用户权益。

(3)开展互联网行业发展状况、新技术应用以及其他影响行业发展的重大问题研究,发布统计数据和调研报告,向政府有关部门提出政策建议,为业界提供相关信息服务。

(4)开展互联网发展与管理相关的研讨、论坛、年会等活动,促进互联网行业交流与合作,发挥互联网对我国经济、文化、社会以及生态文明建设的积极作用。

(5)经政府主管部门批准、授权或委托,制订互联网行业标准与规范,开展行业信用评价、资质及职业资格审核、奖项评选和申报推荐等工作。

(6)开展国际交流与合作,参与全球互联网政策、规范和标准制订等国际事务。

(7)开展互联网公益活动,引导会员单位增强社会责任,维护行业良好风尚。

(8)开展法规、管理、技术、人才等专业培训,提高会员单位管理及服务能力,提高从业人员业务素质。

(9)开展网络文化活动,引导网民文明上网。根据授权受理网上不良信息及不良行为的投诉和举报,协助相关部门开展不良信息处置工作,净化网络环境。

(10)承担会员单位或政府有关部门委托的其他事项。

## 第四节　大宗商品电子交易金融服务相关法律法规

### 一、国内大宗商品电子交易金融服务的法规支持

■ 拓展资料 7-1

大宗商品电子交易随着电子商务的发展也逐渐发展起来,大宗商品电子交易市场把有效的市场和无效的市场结合起来,成为现在的O2O交易。国际对大宗商品电子交易的管理在逐步完善,相关的法规制度中也明确对金融服务的标准提出了要求,表7-1对国家相关机构颁布的法律、规范、办法做简单的介绍。

表7-1　大宗商品电子交易金融服务相关法律法规

| 序号 | 颁布时间 | 颁布部门 | 相关法律标准 | 领域 |
|---|---|---|---|---|
| 1 | 2000年9月 | 国务院办公厅 | 《互联网信息服务管理办法》 | 信息服务 |
| 2 | 2003年7月 | 国家质检总局 | 《大宗商品电子交易规范》 | 电子交易 |
| 3 | 2004年8月 | 商务部 | 《中华人民共和国电子签名法》 | 电子认证 |
| 4 | 2005年4月 | 中国电子商务协会 | 《网上交易平台服务自律规范》 | 网上交易 |
| 5 | 2005年10月 | 中国人民银行 | 《电子支付指引(第一号)》 | 网上支付 |
| 6 | 2007年3月 | 商务部 | 《关于网上交易的指导意见(暂行)》 | 网上交易 |
| 7 | 2007年12月 | 商务部 | 《关于促进电子商务规范发展的意见》 | 电子商务 |

| 序号 | 颁布时间 | 颁布部门 | 相关法律标准 | 领域 |
|---|---|---|---|---|
| 8 | 2010 年 2 月 | 商务部、公安部、国家工商行政管理总局、法制办、银监会、证监会 | 《中远期交易市场整顿规范工作指导意见》 | 中远期交易 |
| 9 | 2010 年 7 月 | 国家工商行政管理总局 | 《网络商品交易及有关服务行为管理暂行办法》 | 网上交易 |
| 10 | 2011 年 4 月 | 商务部 | 《第三方电子商务交易平台服务规范》 | 第三方平台 |

### (一)《互联网信息服务管理办法》

《互联网信息服务管理办法》已经于 2000 年 9 月 20 日国务院第 31 次常务会议中通过,2000 年 9 月 25 日公布施行。该办法对互联网信息服务进行了定义、分类,并对互联网信息服务运营企业提出了明确的要求。经营互联网信息服务业务,需要遵循互联网信息服务管理办法的相关规定进行备案或者许可证的申请,并按照办法要求组织经营活动。

《互联网信息服务管理办法》是之后多项法律规范的参照和依据,为我国电子商务法律规范的建立和完善奠定了基础。

### (二)《大宗商品电子交易规范》

2003 年 7 月,国家质量监督检验检疫总局发布《大宗商品电子交易规范》(GB/T 18769—2003)改版在前一版《大宗商品电子交易规范》(GB/T 18769—2002)的基础上做了修订。主要包括对适用范围和交易所的资格限定在现货交易领域,修改了电子交易的业务程序,尽可能与现货交易过程相对应,明确提出了对物流配套服务的要求。

《大宗商品电子交易规范》定义结算银行是由电子交易中心统一认定,协助电子交易中心结算、划拨资金的银行,并对交易银行应具备的条件、提供的服务提出了明确的要求;在交易业务程序中规定了货款支付方式、支付过程、结算过程等。

### (三)《中华人民共和国电子签名法》

《中华人民共和国电子签名法》由中华人民共和国第十届全国人民代表大会常务委员会第十一次会议于 2004 年 8 月 28 日通过,自 2005 年 4 月 1 日起施行。当前版本为 2015 年 4 月 24 日第十二届全国人民代表大会常务委员会第十四次会议修正。此法对我国电子商务、电子政务的发展起到及其重要的促进作用。电子签名法共五章三十六条,对数据电文、电子签名与人证、法律责任等做出了明确规定。电子签名具有唯一性和专有性,保证了交易者身份的真实,并且电子签名还具有防篡改性,为电子交易的开展提供保证。

### (四)《网上交易平台服务自律规范》

《网上交易平台服务自律规范》规定了网络交易平台提供商及网络交易各方的网络交易行为规范,包括制度建设要求、运营管理要求、信息监管要求等,并将优化网络交易环境和促进由网络交易服务提供商或其他服务机构提供的安全认证、在线支付、交易保险等服务定义为网络交易辅助服务,对网络交易辅助服务提出了相应的管理要求。

### (五)《电子支付指引(第一号)》

《电子支付指引(第一号)》(以下简称《指引》)由中国人民银行于 2005 年 10 月 26 日制定并公布,旨在规范电子支付业务,防范支付风险,保证资金安全,维护银行及其客户在电子支付活动中的合法权益,促进电子支付业务健康发展。《指引》明确了电子支付的相关定义,对开展电子支付业务的银行提出了要求,并对电子支付业务的开展、安全控制、差错处理等做出了明确规定。

### (六)《关于网上交易的指导意见(暂行)》

商务部发布《关于网上交易的指导意见(暂行)》,其宗旨为:贯彻落实国务院办公厅《关于加快电子商务发展的若干意见》(国办发〔2005〕2 号)文件精神,推动网上交易健康发展,逐步规范网上交易行为,帮助和鼓励网上交易各参与方开展网上交易,警惕和防范交易风险。

《关于网上交易的指导意见(暂行)》主要内容包括:

(1)明确网上交易参与方的主体资格要求。

(2)对网上交易服务提供者进行解释说明,对网上交易服务提供者的地位和基本服务内容进行了原则说明。

(3)明确网上交易的基本原则。

(4)知道网上交易参与方,主要针对网上交易的签约、支付和平台运营等基本环节,尚未对交易过程中设计的信用管理、安全认证、税收、隐私权保护等问题进行引导。

(5)对网上交易的健康发展提出促进措施,提出既要充分发挥地方商务主管部门、行业协会和企事业单位作用,又要尊重其自主性、创造性,鼓励他们积极创新,以促进网上交易健康发展。

### (七)《关于促进电子商务规范发展的意见》

《关于促进电子商务规范发展的意见》由商务部于 2007 年 12 月 13 日发布并生效。该意见共分为七个部分:

(1)充分认识促进电子商务规范发展的重要意义。

(2)规范电子商务信息传播行为,优化网络交易环境。

(3)规范电子商务交易行为,促进网络市场和谐有序。

(4)规范电子支付行为,保障资金流动安全。

(5)规范电子商务商品配送行为,健全物流支撑体系。

(6)促进电子商务规范发展的保障措施。

(7)加强组织领导。

其中第四部分规范电子支付行为,分别对交易方之间的电子支付行为、第三方电子支付行为、对防范电子支付金融风险提出了明确要求。

### (八)《中远期交易市场整顿规范工作指导意见》

由于大宗商品电子交易中,中远期交易具有较高的风险,因此,商务部、公安部、工商总局、法制办、银监会和证监会共同发布了《中远期交易市场整顿规范工作指导意见》。

《意见》的具体内容主要包括：

(1)禁止新设市场和新上品种。

(2)保障资金安全。实行保证金第三方托管和银行监管,防止资金被挪用、侵占。

(3)禁止自然人和无行业背景的企业入市交易。

(4)禁止代理业务。

(5)规范保证金缴纳形式。市场向买方收取的交易保证金必须以现金形式缴纳;卖方以货币资金交纳的部分不少于保证金总额的 50%,以现货仓单冲抵的部分不超过保证金总额的 50%,仓单冲抵保证金的数额按照不超过冲抵日前一交易日该仓单对应品种最近交货月份合同结算价的 80% 计算。

(6)限定每个交易品种和每个交易商的最大订货量。

### (九)《网络商品交易及有关服务行为管理暂行办法》

2018 年 3 月,根据第十三届全国人民代表大会第一次会议批准的国务院机构改革方案,将国家工商行政管理总局的职责整合,组建中华人民共和国国家市场监督管理总局;将国家工商行政管理总局的商标管理职责整合,重新组建中华人民共和国国家知识产权局;不再保留国家工商行政管理总局。

《网络商品交易及有关服务行为管理暂行办法》是由原中华人民共和国国家工商行政管理总局公布的,自 2010 年 7 月 1 日起施行。该办法共六章四十四条,对网络商品经营者和网络服务经营者的义务、提供网络交易平台服务的经营者的义务、网络商品交易及有关服务行为监督管理及相关法律责任等进行了规定。鼓励、支持网络商品经营者和网络服务经营者成立行业协会,建立网络诚信体系,加强行业自律,推动行业信用建设。

### (十)《第三方电子商务交易平台服务规范》

2011 年 4 月 12 日,商务部在 2011 年第三方电子商务交易平台高峰论坛上发布《第三方电子商务交易平台服务规范》。该规范的制定是根据国家相关法律法规,参照中华人民共和国《互联网信息服务管理办法》、商务部《关于网上交易的指导意见(暂行)》和国家工商行政管理总局《网络商品交易及有关服务行为管理暂行办法》的规定,并总结电子商务实际运作经验制定的。

《第三方电子商务交易平台服务规范》指出第三方电子商务交易平台在电子商务服务业发展中具有举足轻重的作用,加强第三方电子商务交易平台服务规范的必要性和重要性;对第三方交易平台的设立与基本行为规范、平台经营者的要求、对消费者的合理保护、经营者如何与相关服务提供者进行协调、如何监督自律等做了明确规定。

## 二、案例

### 昆明泛亚有色金属交易所的骗局

2011 年于云南成立的昆明泛亚有色金属交易所,在四年时间里逐渐成了全球最大的稀有金属交易所,并推出了"日金宝"产品。然而,随着价格的大幅下滑,因铟而起的这场风波笼罩了交易所,随之而来的是各种"恶意做空"或者"庞氏骗局"的猜测与指责。

2015年4月份开始,泛亚交易所"日金宝"(资金受托业务)的投资者陆续反馈自己投入的资金和收益无法取回,昆明泛亚交易所的兑付危机开始显现。所谓"日金宝",在泛亚交易所过往的宣传资料中,被描述成一款"适合普通投资者的专属投资方案",该产品每日可获得3‰～3.75‰的收益(年化收益约11%～14%),按日付息、本金随投随取,"普通投资者几乎没有风险,资金随时可以退出,而且收益较高"。

泛亚交易所官网称,该所目前是全球最大的稀有金属交易所,该平台累计交易量达3200多亿元,客户22万人,为实体经济导入民间资本367亿元。该平台已经上市铟、锗、钴、钨、铋、镓、锑、硒、碲、钒、稀土镝、稀土铽等14个稀有稀土金属品种,其中,铟、锗、钨、铋、镓等品种的交易量、交割量、库存量为全球第一,尤其是稀有金属铟的库存量达到了全球的95%。

背靠全球最大的稀有金属交易所,且泛亚交易所强调投资者可以按日收取委托日金、并且保本保息、资金随进随出,日金宝这一"几乎没有风险"的产品模式,吸引了诸多投资者,该模式的规模目前累积到了400多亿元。

按照泛亚交易所的解释,日金宝是投资者为购货方垫付货款,并代持货物的行为。该运作模式中,投资者为有色金属的购货方垫付货款,购货方交20%的保证金,按日支付5‰的费用(即年化收益18%),扣除相关费用后,投资者可以获得年化11%～14%的固定收益。

4月份,日金宝发生资金取现问题后,部分投资者的交流群迅速更名为维权群,泛亚交易所的兑付危机开始显现。随着投资者维权行动的开展,泛亚交易所7月15日公告证实出现流动性问题,该公告称,委托受托交易商近日出现了资金赎回困难,在委托受托业务合同期限内,部分受托资金出现了集中赎回情况。

泛亚交易所在公告中还公布了几个处理方案,但是从投资者近日的反馈看,部分投资者对这些方案仍存质疑。

7月16日,泛亚交易所代表抵达上海与300多名投资者见面交流,多位投资者当场表示不愿接受泛亚提出的将日金宝资金转入互联网金融平台泛融网的方案;7月20日,数百名投资者又展开了一次大规模的街面维权行动。

对于此次兑付危机产生的原因,泛亚交易所在7月15日发布于官网的公告中直接点名"无锡不锈钢交易中心",称其利用电子盘恶意做空铟价打压中国稀有金属市场。

据悉,早在2014年12月,株洲冶炼集团等16家铟生产和市场参与企业曾在中国有色工业协会铟铋锗分会官网联合发布《关于针对铟价异动的联合声明》,该声明隐晦指责某交易中心铟价异动,并表示反对人为操作、蓄意做空市场的行为,该行为已经严重扰乱了铟市场的正常交易秩序;将采取必要措施,抵制这种恶意的操纵行为,"任何违反市场规律的行为都将被行业和市场抛弃"。

泛亚交易所在公告中还称,"今年以来,一些外国势力纠结国内一些机构恶意做空中国稀有金属市场,甚至在一些贴吧、微博恶意中伤泛亚有色金属交易所非法集资、庞氏骗局、资金链断裂的行为,企图在投资者中造成恐慌从而打倒泛亚,让泛亚四年来替国家收储的稀有金属低价流向市场,以白菜价收购中国稀有金属,低价洗劫中国稀有金属"。

据悉,泛亚交易所的铟为其"明星"品种,这与无锡不锈钢交易中心的铟合约存在重合。两个交易平台的模式不同,泛亚交易所为收储和 T＋D 模式,在 2011 年年底泛亚交易所成立的第一年,其铟库存为 33 吨,截至 2015 年 7 月 17 日,其铟库存为 3609.46 吨,即 4 年内铟库存量增加了 100 多倍。

无锡不锈钢交易中心则为现货远期交易模式,官网数据显示,其 6 月份铟合约的交收量为 5.4 吨,5 月份交收量为 11.4 吨,4 月份交割量达 41.6 吨。另外,国内还有天府商品交易所和南方稀贵金属交易所存在铟合约,四家交易所合约模式和成交量各有不同,天府商品交易所 7 月 22 日盘面数据显示,该交易所铟 1507 合约尚无成交。

针对指责,无锡不锈钢交易中心人士 7 月 20 日对网易财经表示反驳称,"所谓恶意做空,就是通过不正常的手段,违背了市场规律,使盘面价格完全偏离现货价格。而目前铟的价格下跌实际是市场供大于求造成的"。该人士援引上海有色网监测的现货价格数据称,今年以来现货价格跌幅较大,目前铟价在 1850 元/千克,而无锡不锈钢交易中心的盘面价格也在 1800 元/千克左右,"我们和现货价格走势基本吻合"。

"我们一个月平均交割量才 20 吨,泛亚说我们恶意做空?如果说有人做空,市场上他们每家企业收几吨,稳住这点量就可以稳住价格,但是实际上没人买。"无锡不锈钢交易中心人士指出,铟价大幅下跌的原因在于泛亚交易所的高库存带来了市场的恐慌。

上海有色网数据显示,2014 年 10 月底,铟价为 502 万元/吨,即从去年最高点至今,铟价跌幅超过 60％。

无锡不锈钢交易中心人士还指出,泛亚另一个品种铋 2015 年现货价格跌幅超过了 50％,但是因为没有其他交易所做这个品种,所以泛亚没有以阴谋论指责他人。

对于"恶意做空"的指责,无锡不锈钢交易中心在当天也发布了《关于铟的特别公告》称,"我们呼吁行业企业共同面对困难,努力维稳,共同解决问题,以减轻昆明泛亚危机的破坏力,谴责用阴谋论来混淆视听,谴责转移公众视线、掩盖真相"。

无锡不锈钢交易中心在公告中回击称,"对于问题的核心昆明泛亚而言,我衷心希望和支持其直面自身问题,不逃避责任,勇于面对投资者,努力兑现承诺,不推诿不欺骗,只有这样才有可能减轻危机和损失,不会在错误的道路上越走越远"。其援引数据称,2012 年中国铟消费量为 60 吨、2013 年为 70 吨、2014 年为 82 吨,另外去年全国精铟产量在 460 吨左右,即泛亚交易所的 3600 余吨铟库存,这几乎是全国 7～8 年的产量,够国内几十年之用。

## 本章小结

大宗商品交易金融服务的风险可分为外生风险和内生风险两大类。外生风险主要指由于外部经济、金融、社会环境的变化所引起的资金循环迟缓等风险,包括市场风险、政策风险和法律风险;内生风险主要是指由于企业内部信息不对称所引发的道德风险、逆向选择,或者是各相关成员之间不完全协作带来的一系列信用风险,包括核心企业的道德风险、中小企业的信用风险、银行的经营操作风险和企业间信息场地的风险。

对金融服务的风险控制要考虑到以下七方面:(1)市场风险控制;(2)行业周期性风险控制;(3)法律风险控制;(4)信用风险控制;(5)操作风险控制;(6)技术风险控制;(7)建立

紧急预警机制。

金融服务的主要监管机构有工商行政管理部门、中国人民银行、中国银行业监督管理委员会、中国证券监督管理委员会、中华人民共和国商务部、中华人民共和国工业和信息化部、公安部门和相关的行业协会。

最后本章介绍了国内大宗商品电子交易金融服务相关的法律法规。

## 思考与练习

1.大宗商品交易金融服务的风险有哪些？

2.大宗商品交易的金融服务主要有哪些监管机构？

3.与大宗商品交易相关的行业协会有哪些？他们在金融服务监管中主要起到什么作用？

4.我国关于大宗商品电子交易金融服务的法律法规主要有哪些类别？

# 第三篇

# 现代大宗商品金融衍生品的应用

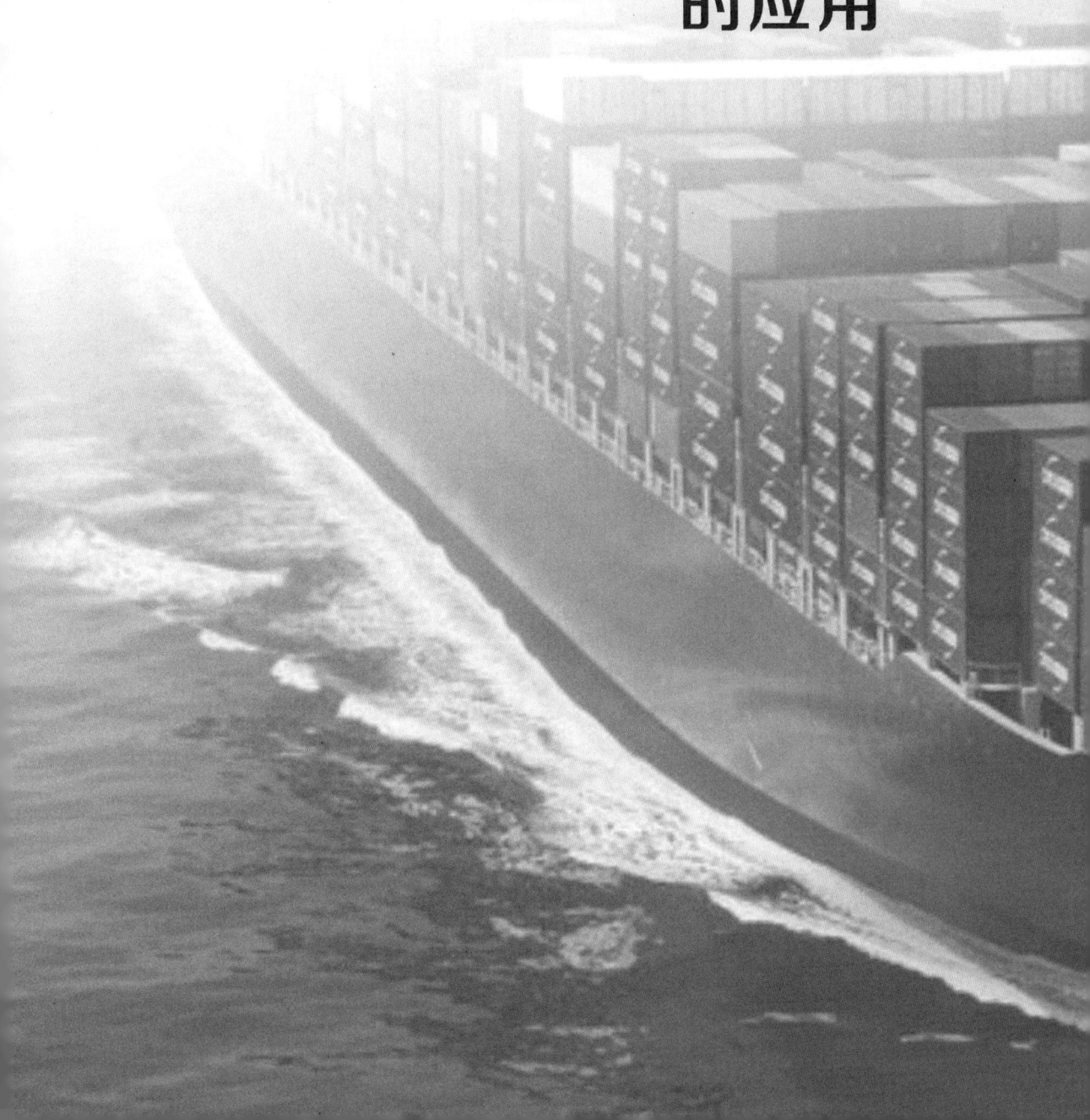

# 第八章 期货市场

农民马有才只种植小麦,收入都来源于出售小麦。在收割前的3个月,马有才估计今年的小麦会大丰收,喜悦之情溢于言表,但他同时也担心"谷贱伤农",不由得喜忧参半。他该怎么办呢?而地宝公司附属粮油加工厂的财务总监王先生所关心的问题正好与马有才相反。他们旗下一家全资控股的粮油加工厂每年要收购大量的

小麦和油菜籽,加工厂在送上来的财务预测报告中因为难以预测小麦在收割时的收购价格,所以加工厂的利润也是不确定的。加工厂又该怎么办呢?解决马有才和地宝公司附属粮油加工厂问题的方法,就是本章主要进行探讨的对象——期货合约。

## 第一节 期货市场的功能与作用

期货市场自产生以来,之所以不断发展壮大并成为现代市场体系中不可或缺的重要组成部分,是因为期货市场具有难以替代的功能和作用。正确认识期货市场的功能和作用,可以进一步加深对期货市场的理解。

### 一、期货市场的功能

#### (一)规避风险的功能

在市场经济中,供求因素的变化、市场竞争的日趋激烈,使商品生产经营活动不可避免地会遇到各种各样的风险,如信用风险、经营风险、价格风险等,其中经常面临的风险就是价格风险。对于价格风险,商品生产经营者与商品投机者的态度是截然不同的。对于商品的生产经营者来说,活动的主要目的是通过各种要素的投入,生产出产品并通过销售获取持续稳定的利润。而投机者是通过预期价格走势图以低价买入高价卖出的方式来获利,投机者是"风险的偏好者"。与投机者相对比,商品的生产经营者应属于"风险厌恶者",他们希望尽可能避免价格的波动来获得预期的稳定利润。在市场经济条件下,商品价格会随供求变化而变化,在供求矛盾比较尖锐时,可能会出现价格的大幅度波动,不利的价格变化很可能导致收益减少或成本上升,严重情况下,可能导致亏损甚至破产。期货市场规避风险的功能,为生产经营者回避、转移或者分散价格风险提供了良好途径,这也是期货市场得以发展的主要原因。

1.早期期货市场的避险功能

早期的期货市场实质上是进行远期交易的场所,远期交易可以起到稳定产销关系、固定未来商品交易价格的作用。与现货交易相比,远期交易虽然起到了一定的规避价格风险的作用,但是远期交易也存在较大的局限。交易双方通过签订远期合同确定了未来某一期间交易的商品的价格,也就是说,在规定的交割时间,交易双方必须按照约定价格进行实物交割。如果在签订合同到进行实物交割期间,商品价格发生较大的变动,例如,价格大幅上升或者下降,可能会出现现货价格远远高于或低于合同约定价格的情况,这将使商品的卖方或买方蒙受较大的损失。具体来讲,对商品卖方而言,合同价格固定,而现货价格大幅上涨,使卖方失去了以更高价格出售产品的机会;对商品买方而言,现货价格大幅下降,使买方失去了以更便宜的价格购买商品的机会。因此,对于签订远期合同的买卖双方而言,是否能从交易中获得收益,主要取决于对未来现货市场价格走势的判断,如果判断错误,仍将承担较大的现货市场价格变动的风险。

2.现代期货市场上套期保值在规避价格风险方面的优势

现代期货市场上,规避价格风险采取了与远期交易完全不同的方式——套期保值。套期保值是指在期货市场上买进或卖出与现货数量相等但交易方向相反的商品期货,在未来某一时间通过卖出或买进期货合约进行对冲平仓,从而在期货市场和现货市场之间建立一种盈亏对冲的机制。与远期交易相比,利用套期保值方式规避价格风险的优势在于:套期保值是在期货市场和现货市场之间建立一种风险对冲机制,可能是用期货市场的盈利来弥补现货市场的亏损,也可能是用现货市场的盈利来弥补期货市场的亏损。但盈亏数值并不一定完全相等,可能是盈亏相抵后还有盈利,也可能是盈亏相抵后还有亏损,甚至是盈亏完全相抵,最终效果要取决于期货价格与现货价格的价差(称为基差)在期货市场建仓时和平仓时的变化。远期交易承担的是对现货价格能否准确预期的风险,是单一的现货市场价格变动的风险,而套期保值效果的好坏则取决于基差变动的风险,很显然基差量的变化要比单一价格的变化小得多。

以大豆期货交易为例来说明大豆种植者如何通过期货市场规避价格风险。在我国东北地区,大豆每年4月份开始播种,到10月份收获,有半年多的生长期。大豆价格受市场供求变化影响经常发生波动,价格下跌给生产者带来损失的可能性是客观存在的。如果大豆生产者预计在收获期大豆价格可能会下降,为了规避价格风险,他可以在播种时就在期货市场卖出交割月份在11月份的与预计大豆产量相近的大豆期货合约。如果大豆价格在10月份时出现下跌,尽管他在现货市场上以低价出售承担了一定的损失,但他可以在期货市场上将原来卖出的合约进行对冲平仓来获得相应收益,从而弥补现货市场的亏损。如果生产者判断错误,10月份现货价格不仅未跌反而上涨,那么对生产者来说,套期保值的结果是用现货市场上的盈利去弥补期货市场上的亏损。总之,不管是用期货市场上的盈利来弥补现货市场上的亏损,或是用现货市场上的盈利来弥补期货市场上的亏损,套期保值都可以在这两个市场之间建立盈亏冲抵机制。如果生产者根据预期进行远期交易,在预测正确时,毫无疑问,获得的收益要高于套期保值,但是一旦预测错误,则要承担较大的风险。商品生产经营者作为"风险厌恶者",使套期保值成为现代市场经济条件下的回避风险的有力工具。

3.在期货市场上通过套期保值规避风险的原理

期货市场是如何通过套期保值来实现规避风险功能的呢？其基本原理在于：对于同一种商品来说，在现货市场和期货市场同时存在的情况下，在同一时空内会受到相同的经济因素的影响和制约，因而一般情况下两个市场的价格变动趋势相同，并且随着期货合约临近交割，现货价格与期货价格趋于一致。套期保值就是利用两个市场的这种关系，在期货市场上采取与现货市场上交易数量相同但交易方向相反的交易（如在现货市场卖出的同时在期货市场买进，或者相反），从而在两个市场上建立一种相互冲抵的机制。无论价格怎样变动，都能取得在一个市场亏损的同时在另一个市场盈利的结果。最终，亏损额与盈利额大致相等，两相冲抵，从而将价格变动的风险大部分转移出去。

4.投机者的参与是套期保值实现的条件

生产经营者通过套期保值来规避风险，但套期保值并不是消灭风险，而是将风险转移，转移的风险需要有相应的承担者，期货投机者正是期货市场的风险承担者。在市场经济条件下，商品供给和需求在总量、结构、时间、空间上的矛盾是普遍、客观存在的，因而，价格的波动及由此带来的风险是不可避免的，客观上说生产经营者存在规避价格风险的需求。在期货市场上，由于期货合约受供求等多种因素影响而处于频繁波动的状态，并且期货交易所特有的对冲机制、保证金制度等交易制度，吸引了大量的投机者加入。从客观上看，投机者的加入为生产经营者参与套期保值提供了很大便利。因为，套期保值者要想在期货市场进行买卖合约的交易，每笔交易的达成，必须有相应的交易对手，即愿意卖出或买入合约的人，如果没有投机者的参与，而完全依赖其他套期保值者的参与来保证每笔交易的达成，那么成交的可能性是微乎其微的。例如，当商品生产者想在期货市场卖出期货合约进行保值时，客观上必须有一个或多个其他交易者恰巧在同一时间希望在期货市场上买入期货合约进行保值，并且交易数量、交割月份等细节应完全匹配。可以想象，在只有套期保值者参与的期货市场上，流动性是非常差的，反过来也会影响套期保值者参与的积极性。因此，从这个角度看，投机者虽然在主观上是出于获取投机利润的目的而参与期货交易，但在客观上，却为套期保值的实现创造了条件。在为了获取投机利润的同时，投机者也承担了相应的价格波动的风险，是期货市场的风险承担者。

**（二）价格发现的功能**

1.发现价格的过程

（1）价格信号是企业经营决策的依据。在市场经济中，价格机制是调节资源配置的重要手段。价格是在市场中通过买卖双方的交易活动而形成的，价格反映了产品的供求关系。与此同时，价格变化又影响供求的变动。例如，当产品市场供给大于需求时，产品价格将下降，而价格的下降又会引起需求的增加，利益供给的减少，最终通过价格的上升使产品的供求重新达到均衡。在市场经济中，企业具有自主的经营决策权，为了实现利润最大化，需要时刻关注相关商品的价格信息，以此来调整产品结构、数量以及营销策略。例如，当产品价格出现上涨时，说明该产品的供给量相对于需求来说是不足的，企业可以增加该商品的生产；当产品价格下降时，说明该产品的供给量出现相对过剩，企业应相应减少该产品的生产，调整产品结构或增加该产品的营销力度。应该说，价格信息是生产经营者进行正确决策的主要依据。如果企业收集到的价格信息失真或者不全面,则容易决策失误,利润下降,使其市场竞争力降低。

(2)现货市场中的价格信号是分散的、短暂的,不利于企业的正确决策。既然价格信号如此重要,那么企业应该从哪里收集价格信号呢? 在没有期货市场之前,价格信息只能从现货市场收集。但是现货市场的交易大多是分散的,其价格是由买卖双方私下达成的。企业决策者所能收集到的价格信息不仅十分零散,而且其准确程度也比较低。更为重要的是,现货价格只反映在某个时间点上的供求状况,不能反映未来供求变化及价格走势,因此可预测能力差。自期货交易产生以来,情况大为改观。许多国家期货价格已成为现货生产企业经营决策的主要依据,随着期货交易的不断发展和期货市场的不断完善,期货市场发现价格的功能也逐渐被人们所重视。

(3)预期价格正在有组织的规范市场中形成。发现价格功能是指期货市场通过公开、公正、高效、竞争的期货交易运行机制,形成具有真实性、预期性、连续性和权威性价格的过程。期货市场形成的价格之所以为公众所认可,是因为期货市场是一个有组织的规范化的市场。期货价格是在专门的期货交易所内形成的。期货交易所聚集了众多的买方和卖方,把自己所掌握的对某种商品的供求关系及其变动趋势的信息集中到交易场内或电子交易平台。同时,按期货交易所的规定,所有期货合约买卖都必须在交易所的交易场内通过公开喊价的方式进行,不允许场外交易,这就使得所有买方和卖方都能获得平等的买卖机会,也都能表达自己的真实意愿,从而使期货市场成为一个公开的竞争充分的市场。通过期货交易所把众多影响某种商品价格的供求因素集中反映到期货市场内,这样形成的期货价格就能够比较准确地反映出真实的供求状况及其价格变动趋势。

**2. 价格发现的原因和特点**

(1)价格发现的原因。期货交易之所以具有发现价格的功能,主要是因为以下几点。

①期货交易的参与者众多,除了会员以外,还有他们所代表的众多的商品生产者、销售者、加工者、进出口商以及投机者等。这些成千上万的买家和卖家聚集在一起进行竞争,可以代表供求双方的力量,有助于公平价格的形成。

②期货交易中的交易人士大都熟悉某种商品行情,有丰富的商品知识和广泛的信息渠道以及一套科学的分析、预测方法。他们把各自的信息、经验和方法带到市场上去,结合自己的生产成本、预期利润,对商品供需和价格走势进行判断、分析和预测,报出自己的理想价格,与众多对手竞争。这样形成的期货价格实际上反映了大多数人的预测,基本上能反映出供求变动趋势。

③期货交易的透明度高,竞争公开化、公平化,有助于形成公正的价格。期货市场是集中化的交易场所,自由报价,公开竞争,避免了现货交易中一对一的交易方式容易产生的欺诈和垄断行为,因此,期货交易发现的价格具有较高的权威性。

(2)通过期货交易形成的价格具有以下特点。

①预期性。期货价格具有对未来供求关系及其价格变化趋势进行预期的功能。期货交易者大都熟悉某种现货行情,有丰富的经营知识和广泛的信息渠道以及科学的分析、预测方法。他们综合自己的生产成本、预期利润对现货供求和价格走势进行分析和判断,报

出自己的理想价格,与众多的对手竞争,这样形成的期货价格实际上反映了大多数人的预期,因而能够反映供求变动趋势。

②连续性。期货价格是连续不断地反映供求关系及其变化趋势的一种价格。这是因为期货交易是一种买卖期货合约的交易,而不是实物商品交易。实物交易一旦达成一个价格,如果买入实物的一方不再卖出该商品或不马上卖出该商品,新的商品交易就不会再产生或不会马上产生,从而就不可能有一个连续不断的价格。而期货交易则不然,它是买卖期货合约的交易,实物交割的比例非常小,交易者买卖期货合约的本意大多不是为了实物交割,而是利用期货合约做套期保值交易或投机交易。因而,交易在买进或卖出期货合约后,必须再卖出或买进相同数量的期货合约。同时,由于期货合约是标准化的,转手极为便利,买卖非常频繁,这样就能不断地产生期货价格。

③公开性。期货价格是集中在交易所内通过公开竞争达成的,依据期货市场的信息披露制度,所有在期货交易所达成的交易及其价格都必须及时向会员报告并公之于众。通过传播媒介,交易者能够及时了解期货市场的交易情况和价格变化,并迅速传递到现货市场。

④权威性。因为期货价格真实地反映供求及价格变动趋势,具有较强的预期性、连续性和公开性,所以在期货交易发达的国家,期货价格被视为一种权威价格,成为现货交易的重要参考依据,也是国际贸易者研究世界市场行情的依据。

随着期货交易和期货市场的不断发展完善,尤其是随着期货市场国际联网的出现,期货市场的发现价格功能越来越完善,期货价格在更大范围内综合反映更多的供求影响因素,能更准确地预测未来价格变化的趋势。正是由于期货价格的上述特点,使得现货市场参与者纷纷将期货价格作为制定现货价格的重要参考,采取"期货价格+升贴水+运费"的方式确定现货价格,这就让期货市场从价格发现逐渐具备了定价的功能。

**(三)资产配置的功能**

随着金融期货的迅猛发展以及大宗商品交易金融化程度的提高,期货也被越来越多的机构和个人作为资产配置的重要组成部分,期货市场也相应地具备了资产配置的功能。

1.资产配置的原因

投资者将期货作为资产配置的组成部分主要基于以下两个原因:首先,借助期货能够为其他资产进行风险对冲。进入21世纪以来,全球经济不稳定因素增多,市场波动加大,特别是2008年爆发于美国的金融危机更是严重破坏了市场秩序,给投资者带来了严重损失。在这样的背景下,越来越多的投资者开始重视期货市场,并借助套期保值来为持有的资产进行保护。其次,期货市场的杠杆机制、保证金制度使得投资期货更加便捷和灵活,虽然风险较大但同时也能获取高额的收益。借助商品交易顾问(CTA)等专业投资机构,普通投资者也能够较为安全地参与期货市场。因此,越来越多的投资者开始以直接或间接的方式参与期货投资。

2.资产配置的原理

期货作为资产配置工具,不同品种有各自的优势。首先,商品期货能够以套期保值的方式为现货资产对冲风险,从而起到稳定收益、降低风险的作用。其次,商品期货是良好的保值工具。经济危机以后,各国为刺激经济纷纷放松银根,造成流动性过剩,通货膨胀压力增大。而期货合约的背后是现货资产,期货价格也会随着投资者的通货膨胀的预期而水涨船高。因此,持有期货合约能够在一定程度上抵消通货膨胀的影响。特别是贵金属期货,能够以比投资现货低得多的成本来为投资者实现资产保值。最后,将期货纳入投资组合能够实现更好的风险-收益组合。期货的交易方式更加灵活,能够借助金融工程的方法与其他资产创造出更为灵活的投资组合,从而满足不同风险偏好的投资者的需求。

## 二、期货市场的作用

期货市场的作用是期货市场基本功能的外在表现,其发挥的程度依赖于社会、经济、政治等外部条件的完善程度。我国正在进行市场经济体制改革,综合来看,期货市场的作用是多元的、综合的,可分为宏观和微观两个层面。

### (一)期货市场在宏观经济中的作用

#### 1. 提供分散、转移价格风险的工具,有助于稳定国民经济

期货品种涉及农产品、金属、能源、金融等行业,而这些行业在国民经济中都占据举足轻重的地位。期货交易为这些行业提供了分散、转移价格风险的工具,有利于减缓价格波动对行业发展的不利影响,有助于稳定国民经济。例如,以芝加哥期货交易所(CBOT)为代表的农产品期货市场促进了美国农业产业结构的调整,保证了农产品价格的基本稳定;美国芝加哥商业交易所(CME)和芝加哥期权交易所(CBOE)为国债和股市投资者提供了避险的工具,促进了债市和股市的平稳运行。

#### 2. 为政府制定宏观经济政策提供参考依据

为了促进和引导国民经济的快速增长与协调发展,政府需要制定一系列的宏观经济政策。关系国家民生的重要商品物资的供求状况及价格趋势是政府制定宏观经济政策所重点关注的。由于现货市场的价格信息具有短期性的特点,仅反映一个时点的供求状况,以此为依据而参考制定的政策具有滞后性。通过现时的市场价格指导未来的生产或者进行产业结构调整,经常造成下一阶段市场供求失衡,容易导致社会生产盲目扩张或收缩,造成社会资源的极大浪费。而期货交易是通过对大量信息进行加工,进而对远期价格进行预测的一种竞争性经济行为。它所形成的未来价格信号能反映多种生产主要素在未来一定时期的变化趋势,具有超前性。政府可以依据期货市场的价格信号确定和调整宏观经济政策,引导工商企业调整生产经营规模和方向,使其符合国家宏观经济发展的需要。例如,上海期货交易所的铜、铝、锌等期货报价已经为国家所认可,成为资源定价的依据,并在国际上产生了影响,充分体现了期货市场的价格发现功能。

#### 3. 促进本国经济的国际化

随着现代科学技术的发展和社会生产力的提高,许多市场经济国家都在努力寻找现货市场所带来的地域分割和相关贸易政策限制的方法。标准化的期货合约交易,为期货交易成为全球无差别性的交易方式提供了条件。同时,期货交易具有公开、公平、公正的特点,市场透明度高,形成的价格是国际贸易中的基准价格,使期货市场成为各个国家合

理配置资源的基础。利用期货市场能够把国际、国内两个市场联系起来,促进本国经济的国际化发展。

4. 有助于市场经济体系的建立与完善

现代市场体系是相互关联、有机结合的市场群体,不仅包括消费资料和生产资料等商品市场,也包括劳务、技术、信息、房地产等生产要素市场以及证券、期货市场在内的金融市场。其中,期货市场是市场经济发展到一定历史阶段的产物,是市场体系中的高级形式。市场体系在现代的发展和创新主要表现为期货市场的发展和创新。从 20 世纪 70 年代的金融期货创新到 80 年代的期权交易的广泛开展,都表现出期货市场发展和创新的强劲势头。从另一个角度讲,现货市场和期货市场是现代市场体系的两个重要组成部分,建立由现货市场和期货市场共同构成的现代市场体系,能够真正发挥市场机构的全面性、基础性的调节作用。同时,期货市场的形成和高效安全运行大大增加了金融市场与商品市场的关联度,提高了市场体系的运行效率,降低了市场交易成本,提高了市场机制优化经济资源配置的能力。因此,期货市场有助于现代市场经济体系的建立和完善。

**(二)期货市场在微观经济中的作用**

1. 锁定生产成本,实现预期利润

利用期货市场进行套期保值,可以帮助生产经营者规避现货市场的价格风险,达到锁定生产成本、实现预期利润的目的,避免企业生产活动受到价格波动的干扰,保证生产活动的平稳进行。在美国,大多数农场主通过直接或间接方式进入期货市场进行套期保值交易。在我国,尽管期货市场建立的时间不长,但随着市场经济体制的逐步确立,企业面临的市场风险增大,许多企业开始利用期货市场进行套期保值交易。中粮集团、五矿集团、中纺集团、黑龙江农垦、江西铜业、西部矿业等大型国有企业多年利用期货市场开展套期保值业务,取得了很好的经济效益。

2. 利用期货价格信号,组织安排现货生产

期货市场具有价格发现的功能,对现货商品的未来价格走势有一定的预期性,利用期货市场的价格信号,有助于生产经营者调整相关产品的生产计划,避免生产的盲目性。例如,目前我国大连商品交易所大豆期货价格对东北大豆生产区的生产以及大豆产业都起到了重要指导作用,成为全国大豆市场的主导价格,黑龙江等大豆主产区自 1997 年开始参考大连商品交易所大豆期货价格安排大豆生产,确定大豆种植面积。上海期货交易所的铜、铝、锌等期货价格已经成为有色金属行业的定价基准。郑州商品交易所的白糖、棉花、小麦等期货价格的权威性也日益显现。

3. 期货市场拓宽现货销售和采购渠道

现货市场交易存在的最大问题之一,就是合同兑现率不高,信用风险大。原因主要是交易双方单个、分散签约,缺乏履约的约束力,往往是一方违约,不仅给对方造成损失,而且会形成债务链。期货交易集中竞价,市场组织化和规范化程度高,进场交易的必须是交易所的正式会员,这些会员都经过严格的信用审查,并缴纳一定的履约保证金,加之交易所也负有履约担保的责任,因而使合约的履约有了切实的保证。在现货市场发展不完善的情况下,持有或需要现货的生产经营者利用期货市场进行实物交割,可

以弥补现货市场流通功能的不足。企业通过期货市场销售和采购现货的最大好处是严格履约,资金安全,质量保证,还可以降低库存,节约采购费用。

4.期货市场促使企业关注产品质量问题

在市场经济中,提高产品质量、树立企业信誉是企业生存之本。在期货市场中,期货交易品种的交割等级是标准化的,其质量、规格等都有严格规定,通过对不同交割品级升贴水的确定,体现了优质优价的市场法则,这为生产企业提高其产品质量起到了促进作用。例如,江西钢业公司的"贵冶"牌电解铜在上海期货市场一度被评为贴水级,该公司通过一系列改进措施使产品质量大大提高,其产品不但在国内期货市场成为升水交割品,而且也成为我国第一个在伦敦金属交易所注册的交割品牌。沈阳冶炼厂的"矿工"牌电解铜一度因质量问题被交易所取消注册交割品资格,为此该厂经过狠抓产品质量,健全质量管理体系,终于使自己的产品重返上海期货交易所。

# 第二节　期货合约

## 一、期货合约的概念

期货合约是指由期货交易所统一制定的、规定在将来某一特定时间和地点交割一定数量和质量标的物的标准化合约。期货合约是期货交易的对象,期货交易参与者正是通过在期货交易所买卖期货合约,转移价格风险,获取风险收益。期货合约的标准化便利了期货合约的连续买卖,使之具有很强的市场流动性,极大地简化了交易过程,降低了交易成本,提高了交易效率。

## 二、期货合约标的选择

现货市场中的商品和金融工具不计其数,但并非都适合作为期货合约的标的。交易所为了保证期货合约上市后能有效地发挥其功能,在选择标的时,一般需要考虑以下条件。

### (一)规格或质量易于量化和评级

期货合约的标准化条款之一是交割等级,这要求标的物的规格或质量能够进行量化和评级。这一点对金融工具和大宗初级产品,如小麦、大豆、金属等很容易做到,但对于工业制成品等来说,则很难,因为这类产品加工程度高,品质、属性等方面存在诸多差异,甚至不同的人对完全相同的产品可以有完全不同甚至相反的评价。如时装这类产品就不适宜作为期货合约的标的。

### (二)价格波动幅度大且频繁

期货交易者分为套期保值者和投机者。套期保值者利用期货交易规避价格风险;投机者则利用价格波动赚取利润。没有价格波动,就没有价格风险,从而套期保值者就失去了规避价格风险的需要,对投机者而言也就失去了参与期货交易的动力。所以价格频繁波动既迫使套期保值者又刺激投机者投身于期货市场,否则期货市场将不能生存发展。

### (三)供应量较大,不易为少数人控制和垄断

在现货市场上,能够作为期货品种的标的必须具有较大的供应量,否则,其价格很容易被操纵,即通过垄断现货市场然后在期货市场进行买空交易,一直持仓到交割月,使交易对手无法获得现货进行交割,只能按高价平仓了结。如果价格过高,交易对手可能会发生巨额亏损,由此会引发违约风险,增加期货市场的不稳定性。

## 三、期货合约的主要条款及设计依据

期货合约各项条款的设计对期货交易有关各方的利益及期货交易活跃进行至关重要。

### (一)合约名称

合约名称注明了该合约的品种名称及其上市交易所的名称。以上海期货交易所铜合约为例,合约名称为"上海期货交易所阴极铜期货合约"。

### (二)交易单位/合约价值

交易单位是指在期货交易所交易的每手期货合约代表的标的物的数量。合约价值是指每手期货合约代表的标的物的价值。如大连商品交易所豆粕期货合约的交易单位为"10 元/吨",而沪深 300 指数期货的合约价值为"300 元×沪深 300 指数"(其中"300 元"为沪深 300 指数期货的合约乘数)。在进行期货交易时,只能以交易单位(合约价值)的整数倍进行买卖。

对于商品期货来说,确定期货合约交易单位的大小,主要应当考虑合约标的物的市场规模、交易者的资金规模、期货交易所的会员结构以及该品种现货的交易习惯等因素。一般来说,某种商品的市场规模较大,交易者的资金规模较大,期货交易所中愿意参与该期货交易的会员单位也会较多,则该合约的交易单位就可以设计得大一些;反之则小一些。

### (三)报价单位

报价单位是指在公开竞价过程中对期货合约报价所使用的单位,即每计量单位的货币价格。例如,国内阴极铜、铝、小麦、大豆等期货合约的报价单位以元(人民币)/吨表示。

### (四)最小变动价位

最小变动价位是指在期货交易所的公开竞价过程中,对合约每计量单位报价的最小变动数值。在期货交易中,每次报价的最小变动数值必须是最小变动价位的整数倍。最小变动价位乘以交易单位,就是该合约价值的最小变动数值。例如,上海期货交易所锌期货合约的最小变动价位是 5 元/吨,即每手合约的最小变动数值是 5 元/吨×5 吨=25 元。

商品期货合约最小变动价位的确定,通常取决于该合约标的物的种类、性质、市场价格波动情况和商业规范等。

设置最小变动价位是为了保证市场有适度的流动性。一般而言,较小的最小变动价位有利于市场流动性的增加,但过小的最小变动价位将会增加交易协商成本;较大的最小变动价位,一般会减少交易量,影响市场的活跃程度,不利于交易者进行交易。

### (五)每日价格最大波动限制

每日价格最大波动限制规定了期货合约在一个交易日中的交易价格波动不得高于或者低于规定的涨跌幅度。每日价格最大波动限制一般是以合约上一交易日的结算价为基准确定的。期货合约上一交易日的结算价加上允许的最大涨幅构成当日价格上涨的上限,称为涨停板,而该合约上一交易日的结算价减去允许的最大跌幅则构成当日价格下跌的下限,称为跌停板。在我国期货市场,每日价格最大波动限制设定为合约上一交易日结算价的一定百分比。

每日价格最大波动限制的确定主要取决于该种标的物市场价格波动的频繁程度和波幅大小。一般来说,标的物价格波动越频繁、越剧烈,该商品期货合约允许的每日价格最大波动幅度就应设置得越大一些。

---

**小贴士:期货合约涨停板和跌停板价格的计算**

商品期货合约每日价格波动的上限和下限分别为:

当日价格波动上限=前一交易日的结算价×(1 + 每日价格最大波动限制比例)

当日价格波动下限=前一交易日的结算价×(1-每日价格最大波动限制比例)

如:上海期货交易所的 cu1301(2013 年 1 月交割的铜期货合约)在 2012 年 10 月 17 日的结算价格为 58710 元/吨,此时交易所规定的铜合约的每日价格最大波动限制为不超过上一交易日结算价的±6%,那么 cu1301 合约在 2012 年 10 月 18 日的价格波动上下限分别为:

58710 ×(1+6%)=62232.6(元/吨)

58710 ×(1-6%)=55187.4(元/吨)

由于铜期货合约的最小变动价位为 10 元/吨,因此 cu1301 在 2012 年 10 月 18 日的有效报价范围应在 55190 元/吨到 62230 元/吨之间(含两数),即涨、跌停板价格分别为 62230 元/吨和 55190 元/吨。

---

### (六)合约交割月份

合约交割月份是指某种期货合约到期交割的月份。

商品期货合约交割月份的确定一般受该合约标的商品的生产、使用、储藏、流通等方面特点的影响。例如,许多农产品期货的生产与消费具有很强的季节性,因而其交割月份的规定也具有季节性特点。

### (七)交易时间

期货合约的交易时间由交易所统一规定。交易者只能在规定的交易时间内进行交易。期货交易所一般每周营业 5 天,周六、周日及国家法定节假日休息。

### (八)最后交易日

最后交易日是指某种期货合约在合约交割月份中进行交易的最后一个交易日,过了这个期限的未平仓期货合约,必须按规定进行实物交割或现金交割。期货交易所根据不同期货合约标的物的现货交易特点等因素确定其最后交易日。

### (九)交割日期

交割日期是指合约标的物所有权进行转移,以实物交割或现金交割方式了结未平仓合约的时间。

### (十)交割等级

交割等级是指由期货交易所统一规定的、准许在交易所上市交易的合约标的物的质量等级。在进行期货交易时,交易双方无须对标的物的质量等级进行协商,发生实物交割时按交易所期货合约规定的质量等级进行交割。

对于商品期货来说,期货交易所在制定合约标的物的质量等级时,常常采用国内或国际贸易中最通用和交易盘较大的标准品的质量等级为标准交割等级。

一般来说,为了保证期货交易顺利进行,许多期货交易所都允许在实物交割时,实际交割的标的物的质量等级与期货合约规定的标准交割等级有所差别,即允许用与标准品有一定等级差别的商品作替代交割品。期货交易所统一规定替代品的质量等级和品种。交货人用期货交易所认可的替代品代替标准品进行实物交割时,收货人不能拒收。用替代品进行实物交割时,价格需要升贴水。交易所根据市场情况统一规定和适时调整替代品与标准品之间的升贴水标准。

### (十一)交割地点

交割地点是由期货交易所统一规定的进行实物交割的指定地点。

商品期货交易大多涉及大宗实物商品的买卖,因此,统一指定交割仓库可以保证卖方交付的商品符合期货合约规定的数量与质量等级,保证买方收到符合期货合约规定的商品。期货交易所在指定交割仓库时主要考虑的因素是:指定交割仓库所在地区的生产或消费集中程度,指定交割仓库的储存条件、运输条件和质检条件等。

金融期货交易不需要指定交割仓库,但交易所会指定交割银行。负责金融期货交割的指定银行,必须具有良好的金融资信、较强的进行大额资金结算的业务能力,以及先进、高效的结算手段和设备。

### (十二)交易手续费

交易手续费是期货交易所按成交合约金额的一定比例或按成交合约手续收取的费用。交易手续费的高低对市场流动性有一定影响。交易手续费过高会增加期货市场的交易成本,扩大无套利区间,降低市场的交易量,不利于市场的活跃,但也可起到抑制过度投机的作用。

### (十三)交割方式

期货交易的交割方式分为实物交割和现金交割两种。商品期货、股票期货、外汇期货、中长期利率期货通常采取实物交割方式,股票指数期货和短期利率期货通常采用现金交割方式。

### (十四)交易代码

为了便于交易,交易所对每一期货品种都设定了交易代码。

除了上述条款外,期货合约中还规定了最低交易保证金这一重要条款,将在第三节期货市场基本制度中专门介绍。

拓展资料 8-2

# 第三节　期货市场基本制度

为了维护期货交易的"三公"原则与期货市场的高效运行,对期货市场实施有效的风险管理,期货交易所制定了相关制度与规则。

本节重点介绍保证金制度、当日无负债结算制度、涨跌停板制度、持仓限额及大户报告制度、强行平仓制度、风险警示制度、信息披露制度等基本制度。

## 一、保证金制度

### (一)保证金制度的含义及特点

期货交易实行保证金制度。在期货交易中,期货买方和卖方必须按照其所买卖期货合约价值的一定比率(通常为 5％～15％)缴纳保证金,用于结算和保证履约。

在国际期货市场上,保证金制度的实施一般有如下特点。

第一,对交易者的保证金要求与其面临的风险相对应。一般来说,交易者面临的风险越大,对其要求的保证金也越多。比如,在美国期货市场,对投机者要求的保证金要大于对套期保值者和套利者要求的保证金。

第二,交易所根据合约特点设定最低保证金标准,并可根据市场风险状况等调节保证金水平。比如,价格波动越大的合约,其投资者交易面临的风险也越大,设定的最低保证金标准也越高;当投机过度时,交易所可提高保证金,增大交易者入市成本,抑制投机行为,控制市场风险。

第三,保证金的收取是分级进行的。一般而言,交易所或结算机构只向其会员收取保证金,作为会员的期货公司则向其客户收取保证金。两者分别称为会员保证金和客户保证金。保证金的分级收取与管理,对于期货市场的风险分层次分组与管理具有重要意义。

**小贴士**

《上海期货交易所风险控制管理办法》(自 2015 年 4 月 7 日收盘结算时开始实施)规定,在某一期货合约的交易过程中,当出现下列情况时,交易所可以根据市场风险调整其交易保证金水平:

(一)持仓量达到一定水平时;

(二)临近交割期时;

(三)连续数个交易日的累计涨跌幅度达到一定水平时;

(四)连续出现涨跌停板时;

(五)遇国家法定节假日时;

(六)交易所认为市场风险明显增大时;

(七)交易所认为必要的其他情况。

### (二)我国期货交易保证金制度的特点

我国期货交易的保证金制度除了采用国际通行的一些做法外,在施行中,还形成了自身的特点。

我国期货交易所对商品期货交易保证金比率的规定呈现如下特点。

第一,对期货合约上市运行的不同阶段规定不同的交易保证金比率。一般来说,距交割月份越近,交易者面临到期交割的可能性就越大,为了防止实物交割中可能出现的违约风险,促使不愿进行实物交割的交易者尽快平仓了结,交易保证金比率随着交割临近而提高。

**小贴士**

《郑州商品交易所风险控制管理办法》(自 2015 年 6 月 10 日开始实施)规定,各品种的期货合约最低要求保证金为 5%,期货合约的交易保证金标准按照该期货合约上市交易的时间段依次管理,各期间交易保证金标准见表 8-1。

表 8-1 各期间交易保证金标准

| 交易时间段 | 交易保证金 |
| --- | --- |
| 交易保证金标准自合约挂牌至交割月前一个月第 15 个日历日期间的交易日 | 5% |
| 交割月前一个月第 16 个日历日至交割月前一个月最后一个日历日期间的交易日 | 10% |
| 交割月份 | 20% |

第二,随着合约持仓量的增大,交易所将逐步提高该合约的交易保证金比例。一般来说,随着合约持仓量的增加,尤其是持仓合约所代表的期货商品的数量远远超过相关商品现货数量时,往往表明期货市场投机交易过多,蕴含较大的风险。因此,随着合约持仓量的增大,交易所将逐步提高该合约的交易保证金比例,以控制市场风险。

---

**小贴士**

《大连商品交易所风险控制管理办法》(自 2012 年 8 月 17 日起实施)规定,随着合约持仓量的增大,交易所将逐步提高该合约的交易保证金比例。其中,黄大豆 1 号、豆粕、聚氯乙烯合约持仓量变化时交易保证金的收取标准见表 8-2。

表 8-2 交易保证金收取标准

| 合约月份双边持仓总量(N) | 交易保证金(元/手) |
| --- | --- |
| N≤100 万手 | 合约价值的 5% |
| 100 万手<N≤150 万手 | 合约价值的 8% |
| 150 万手<N≤200 万手 | 合约价值的 9% |
| 200 万手<N | 合约价值的 10% |

---

第三,当某期货合约出现连续涨跌停板的情况时,交易保证金比率相应提高。

第四,当某品种某月份合约按结算价计算的价格变化,连续若干个交易日的累积涨跌幅达到一定程度时,交易所有权根据市场情况,对部分或全部会员单边或双边、同比例或不同比例提高交易保证金,限制部分会员或全部会员出金,暂停部分会员或全部会员开新仓,调整涨跌停板幅度,限期平仓,强行平仓等,以控制风险。

---

**小贴士**

《上海期货交易所风险控制管理办法》(自 2015 年 4 月 7 日收盘结算时开始实施)规定,当某期货合约在某一交易日(该交易日称为 D1 交易日,以下几个交易日分别称为 D2、D3、D4、D5、D6 交易日,D0 交易日为 D1 交易日前一交易日)出现单边市,则该期货合约 D2 交易日涨跌停板幅度按下述方法调整:铜、铝、锌、铅、镍、锡、螺纹钢、线材、热轧卷板、黄金、白银、天然橡胶、燃料油和石油沥青期货合约的涨跌停板幅度为在 D1 交易日涨跌停板幅度的基础上增加 3%。D1 交易日结算时,该期货合约交易保证金比例按下述方法调整:铜、铝、锌、铅、镍、锡、螺纹钢、线材、热轧卷板、黄金、白银、天然橡胶、燃料油和石油沥青期货合约的交易保证金比例为在 D2 交易日涨跌停板幅度的基础上增加 2%。如果该期货合约调整后的交易保证金比例低于 D0 交易日结算时的交易保证金比例,则按 D0 交易日结算时该期货合约的交易保证金比例收取。

---

第五,当某期货合约交易出现异常情况时,交易所可按规定的程序调整交易保证金的比例。

在我国,期货交易者交纳的保证金可以是资金,也可以是价值稳定、流动性强的标准仓单或者国债等有价证券。

## 二、当日无负债结算制度

当日无负债结算制度是指在每个交易日结束后,由期货结算机构对期货交易保证金账户当天的盈亏状况进行结算,并根据结算结果进行资金划转。当交易发生亏损,进而导致保证金账户资金不足时,则要求必须在结算机构规定的时间内向账户中追加保证金,以做到"当日无负债"。

当日无负债结算制度的实施为及时调整账户资金、控制风险提供了依据。对于控制期货市场风险、维护期货市场的正常运行具有重要作用。

当日无负债结算制度的实施呈现如下特点:

第一,对所有账户的交易及头寸按不同品种、不同月份的合约分别进行结算,在此基础上汇总,使每一交易账户的盈亏都能得到及时的、具体的、真实的反映。

第二,在对交易盈亏进行结算时,不仅对平仓头寸的盈亏要进行结算,而且对未平仓合约产生的浮动盈亏也要进行结算。

第三,对交易头寸所占用的保证金进行逐日结算。

第四,当日无负债结算制度是通过期货交易分级结算体系实施的。由交易所(结算所)对会员进行结算,期货公司根据期货交易所(结算所)的结算结果对客户进行结算。当期货交易所会员(客户)的保证金不足时,会被要求及时追加保证金或者自行平仓;否则,其合约将会被强行平仓。

## 三、涨跌停板制度

### (一)涨跌停板制度的含义

涨跌停板制度又称每日价格最大波动限制制度,即指期货合约在一个交易日中的交易价格波动不得高于或者低于规定的涨跌幅度,超过该涨跌幅度的报价将被视为无效报价,不能成交。

涨跌停板制度的实施,能够有效地减缓、抑制一些突发性事件和过度投机行为对期货价格的冲击而造成的狂涨暴跌,减小交易当日的价格波动幅度,会员和客户的当日损失也被控制在相对较小的范围内。涨跌停板制度能够锁定会员和客户每一交易日所持有合约的最大盈亏因而为保证金制度和当日结算无负债制度的实施创造了有利条件。因为向会员和客户收取的保证金数额只要大于在涨跌幅度内可能发生的亏损金额,就能够保证当日期货价格波动达到涨停板或跌停板时也不会出现透支情况。

### (二)我国期货涨跌停板制度的特点

在我国期货市场,每日价格最大波动限制设定为合约上一交易日结算价的一定百分比。一般而言,期货价格波动幅度较大的品种及合约,设定的涨跌停板幅度也相应大些。

交易所可以根据市场风险状况进行调整。对涨跌停板的调整,一般具有以下特点:

第一,新上市的品种和期货合约,其涨跌停板幅度一般为合约规定的涨跌停板幅度的两倍或三倍。如合约有成交则于下一交易日恢复到合约规定的涨跌停板幅度;如合约无成交,则下一交易日继续执行前一交易日的涨跌停板幅度。

---

**小贴士**

《中国金融期货交易所风险控制管理办法》(自 2016 年 1 月 1 日开始实施)规定,交易所实行熔断制度和涨跌停板制度。熔断幅度和涨跌停板幅度由交易所设定,交易所可以根据市场风险状况调整熔断幅度和涨跌停板幅度。

---

第二,在某一期货合约的交易过程中,当合约价格同方向连续涨跌停板、遇国家法定节假日,或交易所认为市场风险明显变化时,交易所可以根据市场风险调整其涨跌停板幅度。

第三,对同时适用交易所规定的两种或两种以上涨跌停板情形的,其涨跌停板按照规定涨跌停板中的最高值确定。

在出现涨跌停板情形时,交易所一般将采取如下措施控制风险:

第一,当某期货合约以涨跌停板价格成交时,成交撮合实行平仓优先和时间优先的原则,但平仓当日新开仓位不适用平仓优先的原则。

第二,在某合约连续出现涨跌停板单边无连续报价时,实行强制减仓。当合约出现连续涨跌停板的情形时,空头(多头)交易者会因为无法平仓而出现大规模、大面积亏损,并可能因此引发整个市场的风险,实行强制减仓正是为了避免此类现象的发生。实行强制减仓时,交易所将当日以涨跌停板价格申报的未成交平仓报单,以当日涨跌停板价格与该合约净持仓盈利客户按照持仓比例自动撮合成交。

---

**小贴士**

涨跌停板单边无连续报价也称为单边市,一般是指某一期货合约在某一交易日收盘前 5 分钟内出现只有停板价位的买入(卖出)申报、没有停板价位的卖出(买入)申报,或者一有卖出(买入)申报就成交但未打开停板价位的情况。

---

### 四、持仓限额及大户报告制度

#### (一)持仓限额及大户报告制度的含义及特点

持仓限额制度是指交易所规定会员或客户可以持有按单边计算的某一合约投机头寸的最大数额。大户报告制度是指当交易所会员或客户某品种某合约持仓达到交易所规定的持仓报告标准时,会员或客户应向交易所报告。

通过实施持仓限额及大户报告制度,可以使交易所对持仓量较大的会员或客户进行重点监控,了解其持仓动向、意图,有效防范操纵市场价格的行为;同时,也可以防范期货市场风险过度集中于少数投资者。

在国际期货市场,持仓限额及大户报告制度的实施呈现如下特点:

第一,交易所可以根据不同期货品种及合约的具体情况和市场风险状况制订和调整持仓限额和持仓报告标准。

第二,通常来说,一般月份合约的持仓限额及持仓报告标准高;临近交割时,持仓限额及持仓报告标准低。

第三,持仓限额通常只针对一般投机头寸,套期保值头寸、风险管理头寸及套利头寸可以向交易所申请豁免。

### (二)我国期货持仓限额及大户报告制度的特点

我国大连商品交易所、郑州商品交易所和上海期货交易所,对持仓限额及大户报告标准的设定一般有如下规定:

第一,交易所可以根据不同期货品种的具体情况,分别确定每一品种每一月份的限仓数额及大户报告标准。

第二,当会员或客户某品种持仓合约的投机头寸达到交易所对其规定的投机头寸持仓限量的80%以上(含本数)时,会员或客户应向交易所报告其资金情况、头寸情况等,客户须通过期货公司会员报告。

第三,市场总持仓量不同,适用的持仓限额及持仓报告标准也不同。当某合约市场总持仓量大时,持仓限额及持仓报告标准设置得高一些;反之,当某合约市场总持仓量小时,持仓限额及持仓报告标准设置得低一些。

---

**小贴士**

《大连商品交易所风险控制管理办法》(自2012年8月17日起实施)规定,当棕榈油一般月份合约单边持仓大于5万手时,期货公司会员该合约的持仓限额不得大于单边持仓的25%,非期货公司会员该合约的持仓限额不得大于单边持仓的20%,客户该合约的持仓限额不得大于单边持仓的10%。

当棕榈油一般月份合约单边持仓小于等于5万手时,期货公司会员该合约的持仓限额为12500手,非期货公司会员该合约的持仓限额为10000手,客户该合约的持仓限额为5000手。

---

第四,一般按照各合约在交易全过程中所处的不同时期,分别确定不同的限仓数额。比如,一般月份合约的持仓限额及持仓报告标准设置得高;临近交割时,持仓限额及持仓报告标准设置得低。

第五,期货公司会员、非期货公司会员、一般客户分别适用不同的持仓限额及持仓报告标准。

拓展资料 8-3

在具体实施中,我国还有如下规定:采用限制会员持仓和限制客户持仓相结合的办法控制市场风险;各交易所对套期保值交易头寸实行审批制,其持仓不受限制,而在中国金融期货交易所,套期保值和套利交易的持仓均不受限制;同一客户在

不同期货公司会员处开仓交易,其某一合约的持仓合计不得超出该客户的持仓限额;会员、客户持仓达到或者超过持仓限额的,不得同方向开仓交易。

## 五、强行平仓制度

### (一)强行平仓制度的内涵

强行平仓是指按照有关规定对会员或客户的持仓实行平仓的一种强制措施,其目的是控制期货交易风险。强行平仓分为两种情况:一是交易所对会员持仓实行的强行平仓;二是期货公司对客户持仓实行的强行平仓。

强行平仓制度适用的情形一般包括:

第一,因账户交易保证金不足而实行强行平仓。这是最常见的情形。

当价格发生不利变动,当日结算后出现保证金账户资金不足以维持现有头寸的情况,而会员(客户)又未能按照期货交易所(期货公司)通知及时追加保证金或者主动减仓,且市场行情仍朝其持仓不利的方向发展时,期货交易所(期货公司)强行平掉会员(客户)部分或者全部头寸,将所得资金填补保证金缺口。强行平仓制度的实施,有利于避免账户损失扩大,通过控制个别账户的风险,从而有力地防止风险扩散,是种行之有效的风险控制措施。

第二,因会员(客户)违反持仓限额制度而实行强行平仓。即超过了规定的持仓限额,且并未在期货交易所(期货公司)规定的期限自行减仓,其超出持仓限额的部分头寸将会被强行平仓。强行平仓成为持仓限额制度的有力补充。

### (二)我国期货强行平仓制度的规定

我国期货交易所规定,当会员、客户出现下列情形之一时,交易所、期货公司有权对其持仓进行强行平仓:

(1)会员结算准备金余额小于零,并未能在规定时限内补足的。

(2)客户、从事自营业务的交易会员持仓量超出其限仓规定的。

(3)因违规受到交易所强行平仓处罚的。

(4)根据交易所的紧急措施应予强行平仓的。

(5)其他应予强行平仓的。

强行平仓的执行过程如下:

(1)通知。交易所以"强行平仓通知书"(以下简称通知书)的形式向有关会员下达强行平仓要求。

(2)执行及确认。

①开市后,有关会员必须先自行平仓,直至达到平仓要求,执行结果由交易所审核。

②超过会员自行平仓时限而未执行完毕的,剩余部分由交易所直接执行强行平仓。

③强行平仓执行完毕后,由交易所记录执行结果并存档。

④强行平仓结果发送。

在我国,期货公司有专门的风险控制人员实时监督客户的持仓风险,当客户除保证金外的可用资金为负值时,期货公司会通知客户追加保证金或自行平仓。如果客户没有自己处理,而价格又朝不利于持仓的方向继续变化,各期货公司会根据具体的强行平仓标准,对客户进行强行平仓。

## 六、风险警示制度

风险警示制度是指交易所认为有必要分别或同时采取要求报告情况、谈话提醒、书面警示、发布书面警示、公告等措施中的一种或多种,以警示或化解风险。

## 七、信息披露制度

信息披露制度是指期货交易所按有关规定公布期货交易有关信息的制度。

我国《期货交易管理条例》规定,期货交易所应当及时公布上市品种合约的成交量、成交价、持仓量、最高价与最低价、开盘价与收盘价和其他应当公布的即时行情,并保证即时行情的真实、准确。期货交易所不得发布价格预测信息。未经期货交易所许可,任何单位和个人不得发布期货交易即时行情。

《期货交易所管理办法》规定,期货交易所应当以适当方式发布下列信息:(1)即时行情;(2)持仓量、成交量排名情况;(3)期货交易所交易规则及其实施细则规定的其他信息。期货交易涉及商品实物交割的,期货交易所还应当发布标准仓单数量和可用库容情况。期货交易所应当编制交易情况周报表、月报表和年报表,并及时公布。期货交易所对期货交易、结算、交割资料的保存期限应当不少于20年。

---

**小贴士:美国交易者持仓报告(commitments of trade reports,COT Report)**

美国交易者持仓报告是由美国商品期货交易委员会(CFTC)于美国东部时间每周五15:30公布的当周二的持仓报告,其中披露了20个以上(包括20个)超过美国商品期货交易委员会持仓报告标准的交易者的市场持仓数据。持仓报告有"简短"(short format)和"详细"(long format)两种。其中"简短"格式将未平仓合约分为"须报告头寸"(reportable position)和"不须报告头寸"(nonreportable positions)两类。其中"须报告头寸"是指达到或超过CFTC规定的持仓报告标准的头寸。对于这类头寸,另外提供了关于"商业"(commercial)和"非商业"(noncommercial)持有情况、套利、与前次报告相比的增减变化、各类持仓所占百分比、交易商数量的数据。其中商业性交易者是指以规避风险为目的的交易者,如大跨国公司、大进出口公司等;非商业性交易者主要是指进行投机的基金等。不须报告头寸多数是一些比较小的交易者的头寸。

"详细"格式在前者基础上增加了按作物年度分类的数据、4个和8个最大交易商的头寸集中程度。商业持仓主要是指套期保值的头寸,而非报告头寸是指"不值得报告"的头寸,即分散的小规模投机者。

补充报告披露了选出的12个农产品期货中,商业性交易者、非商业性交易者及指数交易者的期货和期权头寸总量。

美国交易者持仓报告可以免费在以下网址查阅:http://www.cftc.gov/MarketReports/CommitmentsofTraders/index.htm。

---

## 本章小结

期货合约是期货交易所统一制定的、规定在将来某一特定的时间和地点交割一定数量标的物的标准化合约。期货合约包括商品期货合约和金融期货合约及其他期货合约。

期货交易的特征：合约标准化、场内交易、保证金交易、双向交易、对冲了结和当日无负债结算。

期货具有规避风险、价格发现、资产配置的功能。

期货市场的主要制度：保证金制度、当日无负债结算制度、涨跌停板制度、持仓限额及大户报告制度、强行平仓制度、风险警示制度、信息披露制度等基本制度。

## 思考与练习

1.请说明期货交易与现货交易的区别。

2.请说明期货交易与远期交易的联系。

3.请举例说明期货的功能。

4.期货合约在选择时要考虑哪些条件？

5.期货市场的主要制度有哪些？

6.有人说，利用期货合约可以进行套期保值，因此降低了投资者的交易风险；但也有人说，期货是盯市操作，通过保证金交易"以小博大"，从而放大了投资者风险。你认为哪种说法正确？为什么？

# 第九章 套期保值

规避风险是期货市场的基本功能之一,它是通过套期保值操作来实现的。本章将着重介绍套期保值的定义、种类和应用,解释影响套期保值效果的因素以及套期保值操作的注意事项。同时,根据套期保值实践的发展,本章对套期保值操作的一些扩展也进行介绍。

## 第一节 套期保值的概述

### 一、套期保值的定义

企业经营中面临各种风险,如价格风险、政治风险、法律风险、操作风险、信用风险等。面对风险,企业可以选择消极躲避风险、预防风险、分散风险、转移风险等多种手段管理风险。其中,转移风险是指一些企业或个人为避免承担风险损失,而有意识地将损失或与损失有关的财务后果转移给另一些企业或个人去承担的一种风险管理方式,比较典型的就是保险。

套期保值本质上也是一种转移风险的方式,是由企业通过买卖衍生工具,将风险转移给其他交易者。套期保值活动主要转移的是价格风险和信用风险。价格风险主要包括商品价格风险、利率风险、汇率风险和股票价格风险等,是企业经营中最常见的风险。在本章中,我们将重点讨论套期保值是如何转移价格风险的。

套期保值(hedging),又称避险、对冲等。广义上的套期保值是指企业在一个或一个以上的工具上进行交易,预期全部或部分对冲其生产经营中所面临的价格风险的方式。在该定义中,套期保值交易选取的工具是比较广的,主要有期货、期权、远期、互换等衍生工具,以及其他可能的非衍生工具。

本书主要讨论期货的套期保值(futures hedging)。它是指企业通过持有与其现货市场头寸相反的期货合约,或将期货合约作为其现货市场未来要进行的交易替代物,以期对冲价格风险的方式。企业通过套期保值,可以降低价格风险对企业经营活动的影响,实现稳健经营。

### 二、套期保值的实现条件

套期保值的核心是"风险对冲",也就是将期货工具的盈亏与被套期保值项目的盈亏形成一个相互冲抵的关系,从而规避因价格变动带来的风险。利用期货工具进行套期保值操作,要实现"风险对冲",必须具备以下条件。

第一,期货品种及合约数量的确定应保证期货与现货头寸的价值变动大体相当。由于受相近的供求等关系的影响,同一品种的期货价格和现货价格之间通常具有较高的相关性,期货价格与现货价格变动趋势通常相同且变动幅度相近。这为实现套期保值提供了前提条件。

如果存在与被套期保值的商品或资产相同的期货品种,并且期货价格和现货价格满足趋势相同且变动幅度相近的要求,企业可选择与其现货数量相当的期货合约数量进行套期保值。此时,套期保值比率(hedge ratio)(即套期保值中期货合约所代表的数量与被套期保值的现货数量之间的比率)为1。

如果不存在与被套期保值的商品或资产相同的期货合约,企业可以选择其他的相关期货合约进行套期保值,选择的期货合约头寸的价值变动应与实际的、预期的现货头寸的价值变动大体上相当。这种选择与被套期保值商品或资产不相同但相关的期货合约进行的套期保值,称为交叉套期保值(cross hedging)。一般来说,选择作为替代物的期货品种最好是该现货商品或资产的替代品,相互替代性越强,交叉套期保值交易的效果就越好。

第二,期货头寸应与现货头寸相反,或作为现货市场未来要进行的交易替代物。现货头寸可以分为多头和空头两种情况。当企业持有实物商品或资产,或者已按固定价格约定在未来购买某商品或资产时,该企业处于现货的多头。例如,榨油厂持有豆油库存或券商持有的股票组合,属于现货多头的情形。还有,某建筑企业已与某钢材贸易商签订购买钢材的合同,确立了价格,但尚未实现交收的情形也属于现货的多头。当企业已按某固定价格约定在未来出售某商品或资产,但尚未持有实物商品或资产时,该企业处于现货的空头。例如,某钢材贸易商与某房地产商签订合同约定在三个月后按某价格提供若干吨钢材,但手头尚未有钢材的现货,该钢材贸易商就是处于现货的空头。

当企业处于现货多头时,企业在套期保值时要在期货市场建立空头头寸,即卖空。当处于现货空头情形时,企业要在期货市场建立多头头寸进行套期保值。

不过,有时企业在现货市场既不是多头,也不是空头,而是计划在未来买入或卖出某商品或资产。这种情形也可以进行套期保值,在期货市场建立的头寸是作为现货市场未来要进行的交易替代物。此时,期货市场建立的头寸方向与未来要进行的现货交易的方向是相同的。例如,某榨油厂预计下个季度将生产豆油6000吨,为了规避豆油价格下跌的风险,对这批未来要出售的豆油进行套期保值,卖出豆油期货合约。其在期货市场建立的空头头寸是现货市场未来出售的豆油的替代物。

第三,期货头寸持有的时间段要与现货市场承担风险的时间段对应起来。当企业不再面临现货价格波动风险时,应该将套期保值的期货头寸进行平仓,或者通过到期交割的方式同时将现货头寸和期货头寸进行了结。例如,某钢材贸易商持有一批钢材现货,然后通过在期货市场卖空进行套期保值。一旦该贸易商出售了该批钢材,便不再承担该批钢材价格变动的风险,此时企业应同时将期货空头头寸平仓。该贸易商也可以持有期货合约到期进行交割,以实物交收的方式将持有的钢材在期货市场卖出,同时了结现货和期货头寸。

如果企业的现货头寸已经了结,但仍保留着期货头寸,那么其持有的期货头寸就变成了投机性头寸;如果将期货头寸提前平仓,那么企业的现货头寸将处于风险暴露状态。

具备以上三个条件,意味着期货市场盈亏与现货市场盈亏之间构成了冲抵关系,可以降低企业面临的价格风险,商品或资产价格波动对企业的生产经营活动的影响将会减小。例如,某粮商对其持有的小麦库存进行套期保值,卖出与小麦现货数量相当的小麦期货合约。当小麦价格下跌时,期货头寸盈利,现货头寸亏损,两者冲抵,从而起到风险对冲作用。如果小麦价格上涨,期货头寸亏损,现货头寸盈利,两者仍构成冲抵关系,同样起到风险对冲作用。

### 三、套期保值者

套期保值者(hedger)是指通过持有与其现货市场头寸相反的期货合约,或将期货合约作为其现货市场未来要进行的交易的替代物,以期对冲现货市场价格风险的机构和个人。他们可以是生产者、加工者、贸易商和消费者,也可以是银行、券商、保险公司等金融机构。

一般来说,套期保值者具有的特点是:(1)生产、经营或投资活动面临较大的价格风险,直接影响其收益或利润的稳定性。(2)避险意识强,希望利用期货市场规避风险,而不是像投机者那样通过承担价格风险获取收益。(3)生产、经营或投资规模通常较大,且具有一定的资金实力和操作经验,一般来说规模较大的机构和个人比较适合做套期保值。(4)套期保值在操作上,所持有的期货合约头寸方向比较稳定,且保留时间长。

### 四、套期保值的种类

套期保值的目的是回避价格波动风险,而价格的变化无非是下跌和上涨两种情形。与之对应,套期保值分为两种:一种是用来回避未来某种商品或资产价格下跌的风险,称为卖出套期保值;另一种是用来回避未来某种商品或资产价格上涨的风险,称为买入套期保值。

卖出套期保值(selling hedging),又称空头套期保值(short hedging),是指套期保值者通过在期货市场建立空头头寸,预期对冲其目前持有的或者未来将卖出的商品或资产的价格下跌风险的操作。

买入套期保值(buying hedging),又称多头套期保值(long hedging),是指套期保值者通过在期货市场建立多头头寸,预期对冲其现货商品或资产空头,或者未来将买入的商品或资产的价格上涨风险的操作。

卖出套期保值与买入套期保值的区别如表 9-1 所示。

表 9-1　卖出套期保值与买入套期保值的区别

| 套期保值种类 | 现货市场 | 期货市场 | 目的 |
| --- | --- | --- | --- |
| 卖出套期保值 | 现货多头或未来要卖出现货 | 期货空头 | 防范现货市场价格下跌风险 |
| 买入套期保值 | 现货空头或未来要买入现货 | 期货多头 | 防范现货市场价格上涨风险 |

## 第二节　套期保值的应用

本节将通过具体案例进一步阐释卖出套期保值和买入套期保值的应用。需说明的是,虽然套期保值是在期货市场和现货市场建立风险对冲关系,但在实际操作中,两个市场涨跌的幅度并不完全相同,因而不一定能保证盈亏完全冲抵。但为了理解套期保值的实质,对本节的案例进行了简化处理,即假设两个市场价格变动幅度完全相同。对于价格变动幅度不同的情形,将在下节作进一步讨论。

另外,无论对于商品还是金融资产来说,套期保值基本原理都是适用的。关于金融期货的套期保值在后面章节中将做讲解,因此,本节均以商品期货为例。

### 一、卖出套期保值的应用

卖出套期保值的操作主要适用于以下情形:

第一,持有某种商品或资产(此时持有现货多头头寸),担心市场价格下跌,使其持有的商品或资产市场价值下降,或者其销售收益下降。

第二,已经按固定价格买入未来交收的商品或资产(此时持有现货多头头寸),担心市场价格下跌,使其商品或资产市场价值下降或其销售收益下降。

第三,预计在未来要销售某种商品或资产,但销售价格尚未确定,担心市场价格下跌,使其销售收益下降。

[例1]　某地玉米10月初现货价格为1710元/吨。当地某农场预计年产玉米5000吨。该农场对当前价格比较满意,但担心待新玉米上市后,销售价格可能会下跌,该农场决定进行套期保值交易。当日卖出500手(每手10吨)第二年1月份交割的玉米期货合约进行套期保值,成交价格为1680元/吨。到了11月初,随着新玉米的大量上市,以及养殖业对玉米需求疲软,玉米价格开始大量下滑。该农场将收获的5000吨玉米进行销售,平均价格为1450元/吨,与此同时将期货合约买入平仓,平仓价格为1420元/吨,见表9-2。

表9-2　卖出套期保值案例(价格下跌情形)

| 时间 | 现货市场 | 期货市场 |
| --- | --- | --- |
| 10月5日 | 市场价格1710元/吨 | 卖出第二年1月份玉米期货合约,1680元/吨 |
| 11月5日 | 平均售价1450元/吨 | 买入平仓玉米期货合约,1420元/吨 |
| 盈亏 | 亏损260元/吨 | 盈利260元/吨 |

在该例子中,该农场通过在期货市场建立一个替代性的头寸,即空头头寸,进行卖出套期保值操作,来规避价格下跌风险。由于现货玉米价格下跌,该农场在玉米收获时,每吨玉米少赚260元,可视为现货市场亏损260元/吨。而期货空头头寸因价格下跌获利260元/吨,现货市场的亏损完全被期货市场的盈利对冲。通过套期保值操作,该农场玉

米的实际售价相当于是 1450＋260＝1710 元/吨,即与 10 月初计划进行套期保值操作时的现货价格相等。套期保值使农场不再受未来价格变动不确定性的影响,保持了经营的稳定性。如果该农场不进行套期保值,价格下跌将导致收益减少 260 元/吨,也将减少农场的利润,甚至会导致亏损。

[例 2]  上例中我们还可以考虑市场朝着相反的方向变化,即价格出现上涨的情形。假设经过一个月后,现货价格涨至 1950 元/吨,期货价格涨至 1920 元/吨,见表 9-3。

表 9-3  卖出套期保值案例(价格上涨情形)

| 时间 | 现货市场 | 期货市场 |
| --- | --- | --- |
| 10 月 5 日 | 市场价格 1710 元/吨 | 卖出第二年 1 月份玉米期货合约,1680 元/吨 |
| 11 月 5 日 | 平均售价 1950 元/吨 | 买入平仓玉米期货合约,1920 元/吨 |
| 盈亏 | 盈利 240 元/吨 | 亏损 240 元/吨 |

在这种情形下,因价格上涨该农场玉米现货销售收益增加 240 元/吨,但这部分现货的盈利被期货市场的亏损所对冲。通过套期保值,该农场玉米的实际售价仍为 1950－240＝1710 元/吨,与最初计划套期保值时的现货价格相等。在案例中,该农场似乎不进行套期保值操作会更好些,因为可以实现投机性的收益 240 元/吨。但需要注意的是,农场参与套期保值操作的目的是规避价格不利变化的风险,而非获取投机性收益。事实上,套期保值操作在规避风险的同时,也放弃了获取投机性收益的机会。如果农场不进行套期保值,虽然可以在价格有利变化时获取投机性收益,但也要承担价格不利变化时的风险,这将增加其经营结果的不确定性。

## 二、买入套期保值的应用

买入套期保值的操作,主要适用于以下情形:

第一,预计在未来要购买某种商品或资产,购买价格尚未确定时,担心市场价格上涨,使其购入成本提高。

第二,目前尚未持有某种商品或资产,但已按固定价格将该商品或资产卖出(此时处于现货空头头寸),担心市场价格上涨,影响其销售收益或者采购成本。例如,某商品的生产企业,已按固定价格将商品进行销售,那么待商品生产出来后,其销售收益就不能随市场价格上涨而增加。再如,某商品的经销商,已按固定价格将商品进行销售,待其采购该商品时,价格上涨会使其采购成本提高。这都会使企业面临风险。

第三,按固定价格销售某商品的产成品及其副产品,但尚未购买该商品进行生产(此时处于现货空头头寸),担心市场价格上涨,购入成本提高。例如,某服装厂已签订销售合同,按某价格卖出一批棉质服装,但尚未开始生产。若之后棉花上涨,其要遭受成本上升的风险。

[例 3]  某铝型材厂的主要原料是铝锭,某年 3 月初铝锭的现货价格为 16430 元/吨。该厂计划 5 月份使用 600 吨铝锭。由于目前库存已满且能满足当前生产使用,如果现在购入,要承担仓储费和资金占用成本,而如果等到 5 月份购买可能面临价格上涨风险。于

是该厂决定进行铝的买入套期保值。3月初,该厂以17310元/吨的价格买入120手(每手5吨)6月份到期的铝期货合约。到了5月初,现货市场铝锭价格上涨至17030元/吨,期货价格涨至17910元/吨。此时,该铝型材厂按照当前的现货价格购入600吨铝锭,同时将期货多头头寸对冲平仓,结束套期保值,见表9-4。

表9-4 买入套期保值案例(价格上涨情形)

| 时间 | 现货市场 | 期货市场 |
|------|----------|----------|
| 3月初 | 市场价格16430元/吨 | 买入6月份铝期货合约,17310元/吨 |
| 5月初 | 平均售价17030元/吨 | 卖出平仓铝期货合约,17910元/吨 |
| 盈亏 | 亏损600元/吨 | 盈利600元/吨 |

在该案例中,该铝型材厂在过了2个月后以17030元/吨的价格购进铝锭,与3月初的16430元/吨的价格相比高出600元/吨,相当于亏损600元/吨。但在期货交易中盈利600元/吨,同时与现货市场的亏损相对冲。通过套期保值,该铝型材厂实际购买铝锭的成本为17030－600＝16430元/吨,与3月初现货价格水平完全一致,相当于将5月初要购买的铝锭价格锁定在3月初的水平,完全回避了铝锭价格上涨的风险。如果不进行套期保值,该企业将遭受每吨铝锭成本上涨600元的损失,影响其生产利润。

[例4] 假如5月初铝锭的价格不涨反跌,现货、期货都下跌了600元/吨,则该铝型材厂的套期保值结果见表9-5。

表9-5 买入套期保值案例(价格下跌情形)

| 时间 | 现货市场 | 期货市场 |
|------|----------|----------|
| 3月初 | 市场价格16430元/吨 | 买入6月份铝期货合约,17310元/吨 |
| 5月初 | 平均售价15830元/吨 | 卖出平仓铝期货合约,16710元/吨 |
| 盈亏 | 盈利600元/吨 | 亏损600元/吨 |

在这种情形下,因价格下跌该铝型材厂铝锭购入成本下降了600元/吨,但这部分现货的盈利被期货市场的亏损所对冲。通过套期保值,该铝型材厂铝锭实际的采购价为15830＋600＝16430元/吨,与3月初计划套期保值时的现货价格相等。同样的在该例子中,铝型材厂似乎不进行套期保值操作会更好些,因为可以实现投机性的收益600元/吨。但需要注意的是,铝型材厂参与套期保值操作的目的是规避价格不利变化的风险,而非获取投机性收益。事实上,套期保值操作在规避风险的同时,也放弃了获取投机性收益的机会。如果铝型材厂不进行套期保值,虽然可以在价格有利变化时获取投机性收益,但也要承担价格不利变化时的风险,这将增加其经营结果的不确定性。

# 第三节 基差与套期保值效果

## 一、完全套期保值与不完全套期保值

在第二节中，我们所举的卖出和买入套期保值的例子，均是假设在套期保值操作过程中，期货头寸盈（亏）与现货头寸亏（盈）幅度是完全相同的，两个市场的盈亏是完全冲抵的，这种套期保值被称为完全套期保值或理想套期保值（perfect hedging）。

事实上，盈亏完全冲抵是一种理想化的情形，现实中套期保值操作的效果更可能是不完全套期保值，也就是非理想套期保值（imperfect hedging），即两个市场盈亏只是在一定程度上相抵，而非刚好完全相抵。导致不完全套期保值的原因主要有以下四方面。

第一，期货价格与现货价格变动幅度并不完全一致。在相同或相近的价格变动影响因素作用下，同一商品在期货市场和现货市场的价格走势整体是趋向的，但受到季节等各种因素的影响，两个市场价格变动程度可能存在不一致。例如，农产品在收获季节即将来临时，期货价格受预期供给大量增加的因素影响，其价格下跌幅度往往会大于现货市场价格下跌幅度，或者其价格上涨幅度往往会小于现货价格上涨幅度，从而导致两个市场价格虽整体趋同，但变动程度存在差异。如果做卖出套期保值，可能出现现货市场亏损小于期货市场盈利，或者现货市场盈利大于期货市场亏损的情形，盈亏冲抵之后还存在一定的净盈利。

第二，由于期货合约标的物可能与套期保值者在现货市场上交易的商品等级存在差异，当不同等级的商品在供求关系上出现差异时，虽然两个市场价格变动趋势相近，但在变动程度上会出现差异性。

第三，期货市场建立的头寸数量与被套期保值的现货数量之间存在差异时，即使两个市场价格变动幅度完全一致，也会出现两个市场盈亏不一致的情况。这主要是由于每张期货合约代表一定数量的商品，例如 5 吨或 10 吨，交易时必须是其整数倍。而现货市场涉及的头寸有可能不是期货合约交易单位的整数倍，这就导致两个市场在数量上的差异，从而影响两个市场盈亏相抵的程度。

第四，因缺少对应的期货品种，一些加工企业无法直接对其所加工的产成品进行套期保值，只能利用其使用的初级产品的期货品种进行套期保值。由于初级产品和产成品之间在价格变化上存在一定的差异性，从而导致不完全套期保值。例如，电线电缆企业若想对电线、电缆等产成品套期保值，只能利用其生产所使用的初级产品——阴极铜期货来实现。初级产品价格是其产成品价格的主要构成因素，两者之间存在一定的同方向变化的关系，套期保值操作可以起到对冲风险的作用。但是，影响产成品价格构成的还有其他因素，如人工成本、水电成本等，这会导致两者的价格在变动程度上存在一定的差异性，从而影响套期保值的效果。

## 二、基差概述

在导致不完全套期保值的原因中,现货市场和期货市场价格变动幅度的不完全一致是最常见的情形。在此,我们将引入基差(basis)的概念,来详细分析两个市场价格变动制度不完全一致与套期保值效果之间的关系。

### (一)基差的概念

基差是某一特定地点某种商品或资产的现货价格与相同商品或资产的某一特定期货合约价格间的价差。用公式可表示为:基差=现货价格-期货价格。例如,11月24日,美国2号小麦离岸价(free on board,FOB,即指定港船上交货价格)对美国芝加哥期货交易所(CBOT)12月份小麦期货价格的基差为"+55美分/蒲式耳",这意味着品质为2号的小麦在美国交货的价格要比CBOT 12月份小麦期货价格高出55美分/蒲式耳。

不同的交易者,由于关注的商品品质不同,参考的期货合约月份不同,以及现货地点不同,所关注的基差也会不同。例如,某小麦交易商因为在5月份的CBOT小麦期货合约上进行了套期保值交易,所以他关心的基差就是相对于5月份的CBOT小麦期货合约的基差。

### (二)影响基差的因素

基差的大小主要受到以下因素的影响:

第一,时间差价。距期货合约到期时间长短,会影响持仓费的高低,进而影响基差值的大小。持仓费(carrying charge),又称为持仓成本(cost of carry),是指为拥有或保留某种商品、资产等而支付的仓储费、保险费和利息等费用的总和。持仓费高低与距期货合约到期时间长短有关,距交割时间越近,持仓费越低。理论上,当期货合约到期时,持仓费会减小到零,基差也将变为零。

第二,品质差价。由于期货价格反映的是标准品级的商品价格,如果现货实际交易的品质与交易所规定的期货合约的品级不一致,则该基差的大小就会反映这种品质差价。

第三,地区差价。如果现货所在地与交易所指定交割地点不一致,则该基差的大小就会反映两地间的运费差价。

### (三)基差与正反向市场

在不存在品质差价和地区差价的情况下,期货价格高于现货价格或者远期期货合约大于近期期货合约时,这种市场状态称为正向市场(normal market或contango)。此时基差为负值。当现货价格高于期货价格或者近期期货合约大于远期期货合约时,这种市场状态称为反向市场,或者逆转市场(inverted market)、现货溢价(backwardation)。此时基差为正值。

正向市场主要反映了持仓费。持仓费与期货价格、现货价格之间的关系可通过下面的例子来说明:假定某企业在未来3个月后需要购买某种商品,他可以有两种选择,一是立即买入3个月后交割的该商品的期货合约,一直持有并在合约到期时交割;二是立即买入该种商品的现货,将其储存3个月后再使用。买入期货合约本身除要缴纳保证金而产生资金占用成本外,不需要更多的成本。而买入现货意味着必须支付从购入商品到使用商品期间的仓储费、保险费以及资金占用的利息成本。如果期货价格与现货价格相同,很显然企业都会选择在期货市场而不愿意在现货市场买入商品,这会造成买入期货合约的需求增加,现货市场的需求减少,从而使期货价格上升现货价格下降,直至期货合约的价格高出现货价格的部分与持仓费相同,这时企业选择在期货市场还是在现货市场买入商品是没有区别的。因此,在正向市场中,期货价格高出现货价格的部分与持仓费的高低有关,持仓费体现的是期货价格形成中的时间价值。持仓费的高低与持有商品的时间长短有关,一般来说,距离交割的期限越近,持有商品的成本就越低,期货价格高出现货价格的部分就越少。当交割月到来时,持仓费将降至零,期货价格和现货价格将趋同。

反向市场的出现主要有两个原因:一是近期对某种商品或资产需求非常迫切,远大于近期产量及库存量,使现货价格大幅度增减,高于期货价格;二是预计将来该商品的供给会大幅度增加,导致期货价格大幅度下降,低于现货价格。反向市场的价格关系并非意味着现货持有者没有持仓费的支出,只要持有现货并储存到未来某一时期,仓储费、保险费、利息成本的支出就是必不可少的。只不过在反向市场,由于市场对现货及近期月份合约需求迫切,购买者愿意承担全部持仓费来持有现货而已。在反向市场上,随着时间的推进,现货价格与期货价格如同在正向市场上一样,会逐步趋同,到交割期趋向一致。

### (四)基差的变动

由于受到相近的供求因素的影响,期货价格和现货价格表现出相同趋势。但由于供求因素对现货市场、期货市场的影响程度不同以及持仓费等因素,两者的变动幅度不尽相同,因而计算出来的基差也在不断地变化,我们常用"走强"或"走弱"来评价基差的变化。

基差变大,称为"走强"(stronger)。基差走强常见的情形有:现货价格涨幅超过期货价格涨幅,以及现货价格跌幅小于期货价格跌幅。这意味着,相对于期货价格表现而言,现货价格走势相对较强。例如,1月10日,小麦期货价格为800美分/蒲式耳,现货价格为790美分/蒲式耳,此时基差为-10美分/蒲式耳。至1月15日,小麦期货价格上涨100美分/蒲式耳至900美分/蒲式耳,现货价格上涨105美分/蒲式耳至895美分/蒲式耳,此时基差为-5美分/蒲式耳。该期间基差的变化就属于走强的情形。如果基差从-2美分/蒲式耳变为+4美分/蒲式耳,或者从+5美分/蒲式耳变为+10美分/蒲式耳均属于走强的情形。三种基差走强的情形见图9-1。

基差变小,称为"走弱"(weaker)。基差走弱常见的情形有:现货价格涨幅小于期货价格涨幅,以及现货价格跌幅超过期货价格跌幅。这意味着,相对于期货价格表现而言,现货价格走势相对较弱。例如,1月10日小麦期货价格为800美分/蒲式耳,现货价格为795美分/蒲式耳,此时基差为-5美分/蒲式耳;至1月15日,小麦期货价格下跌100美分/蒲式耳至700美分/蒲式耳,现货价格下跌105美分/蒲式耳至690美分/蒲式耳,此时基差为-10美分/蒲式耳。该期间基差的变化就属于走弱的情形。如果基差从+10美分/蒲式耳变为+5美分/蒲式耳,或者从+4美分/蒲式耳变为-2美分/蒲式耳,均属于走弱的情形。三种基差走弱的情形见图9-2。

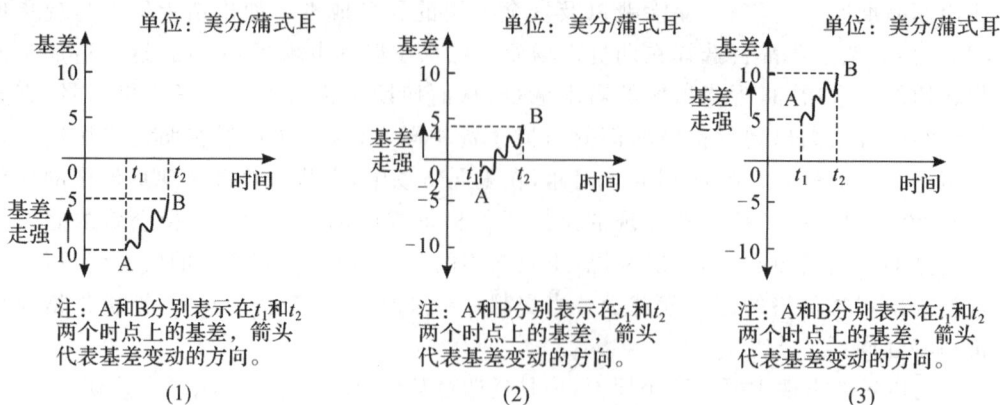

注：A和B分别表示在$t_1$和$t_2$两个时点上的基差，箭头代表基差变动的方向。

(1)　　　　　　　　(2)　　　　　　　　(3)

图 9-1　基差走强的情形

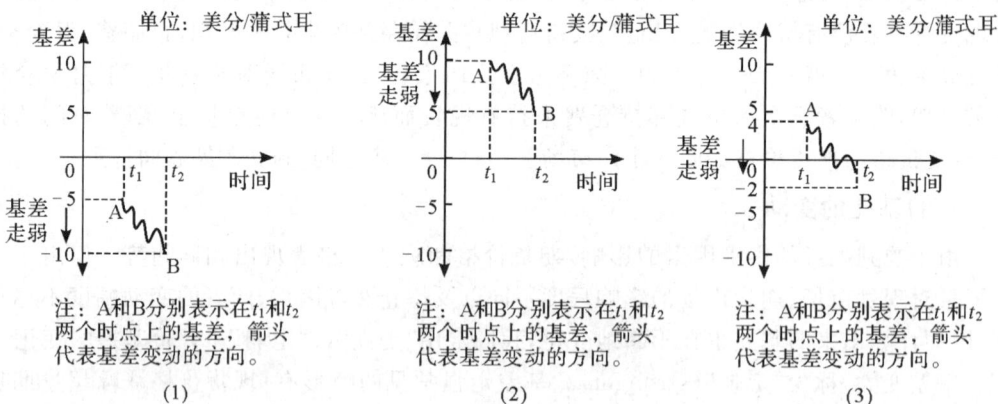

注：A和B分别表示在$t_1$和$t_2$两个时点上的基差，箭头代表基差变动的方向。

(1)　　　　　　　　(2)　　　　　　　　(3)

图 9-2　基差走弱的情形

## 三、基差变动与套期保值效果

期货价格与现货价格趋同的走势并非每时每刻都保持完全一致，标的物现货价格与期货价格之间的价差（即基差）也呈波动性，因此在一定程度上会使套期保值效果存在不确定性。但与单一的现货价格波动幅度相比，基差的波动相对较小，并且基差的变动可通过对持仓费、季节等因素进行分析，易于预测。套期保值的实质是用较小的基差风险代替较大的现货价格风险。

下面我们将通过卖出套期保值和买入套期保值的案例来说明基差变动与套期保值效果之间的关系。

### （一）基差变动与卖出套期保值

[例5]　5月初某糖厂与饮料厂签订销售合同，约定将在8月初销售100吨白糖，价格按交易时的市价计算。目前白糖现货价格为5500元/吨。该糖厂担心未来糖价会下跌，于是卖出10手（每手10吨）的9月份白糖期货合约，成交价格为5800元/吨。至8月初交易时，现货价跌至5000元/吨，与此同时，期货价格跌至5200元/吨。该糖厂按照现货价格出售100吨白糖，同时按照期货价格将9月份白糖期货合约对冲平仓，见表9-6。

表9-6 卖出套期保值案例(基差走强情形)

| 时间 | 现货市场 | 期货市场 | 基差 |
|---|---|---|---|
| 5月初 | 市场价格5500元/吨 | 卖出9月份白糖期货合约,5800元/吨 | -300元/吨 |
| 8月初 | 卖出价格5000元/吨 | 买入平仓白糖期货合约,5200元/吨 | -200元/吨 |
| 盈亏 | 亏损500元/吨 | 盈利600元/吨 | 走强100元/吨 |

在该案例中,由于现货价格下跌幅度小于期货价格下跌幅度,基差走强100元/吨。期货市场盈利600元/吨,现货市场亏损500元/吨,两者相抵后存在净盈利100元/吨。通过套期保值,该糖厂白糖的实际售价相当于:现货市场实际销售价格+期货市场每吨盈利=5000+600=5600元。该价格要比5月初的5500元/吨的现货价格还要高100元/吨。而这100元/吨,正是基差走强的变化值。这表明,进行卖出套期保值,如果基差走强,两个市场盈亏相抵后存在净盈利100元/吨,它可以使套期保值者获得一个更为理想的价格。

[例6] 5月初某地钢材价格为4380元/吨。某经销商目前持有5000吨钢材存货尚未出售。为了防范钢材价格下跌风险,该经销商卖出500手(每手10吨)11月份螺纹钢期货合约进行套期保值,成交价格为4800元/吨。到了8月初,钢材价格出现上涨,该经销商按4850元/吨的价格将该批现货出售,与此同时将期货合约对冲平仓,成交价格为5330元/吨,见表9-7。

表9-7 卖出套期保值案例(基差走弱情形)

| 时间 | 现货市场 | 期货市场 | 基差 |
|---|---|---|---|
| 5月初 | 市场价格4380元/吨 | 卖出11月份螺纹钢期货合约,4800元/吨 | -420元/吨 |
| 8月初 | 卖出价格4850元/吨 | 买入平仓螺纹钢期货合约,5330元/吨 | -480元/吨 |
| 盈亏 | 盈利470元/吨 | 亏损530元/吨 | 走弱60元/吨 |

在该案例中,由于现货价格上涨幅度小于期货价格上涨幅度,基差走弱60元/吨。期货市场亏损530元/吨,现货市场盈利470元/吨,两者相抵后存在净亏损60元/吨。通过套期保值,该经销商的钢材的实际售价相当于是:现货市场实际销售价格-期货市场每吨亏损=4850-530=4320元/吨。该价格要比5月初的4380元/吨的现货价格低60元/吨。而这60元/吨,正是基差走弱的变化值。这表明,进行卖出套期保值,如果基差走弱,两个市场盈亏相抵后存在净亏损,它将使套期保值者承担基差变动不利的风险,其价格与其预期价格相比要略差一些。

### (二)基差变动与买入套期保值

[例7] 5月初某饲料公司预计三个月后需要购入3000吨豆粕。为了防止豆粕价格上涨,该饲料公司买入9月份豆粕期货合约300手(每手10吨),成交价格为2910元/吨。当时现货市场豆粕价格为3160元/吨。至8月份,豆粕现货价格上涨至3600元/吨,该饲料公司按此价格采购3000吨豆粕,与此同时,将豆粕期货合约对冲平仓,成交价格为3280元/吨,见表9-8。

表 9-8　买入套期保值案例(基差走强情形)

| 时间 | 现货市场 | 期货市场 | 基差 |
|---|---|---|---|
| 5 月初 | 市场价格 3160 元/吨 | 买入 9 月份豆粕期货合约,2910 元/吨 | 250 元/吨 |
| 8 月初 | 卖出价格 3600 元/吨 | 卖出平仓豆粕期货合约,3280 元/吨 | 320 元/吨 |
| 盈亏 | 亏损 440 元/吨 | 盈利 370 元/吨 | 走强 70 元/吨 |

在该案例中,由于现货价格上涨幅度小于期货价格上涨幅度,基差走强 70 元/吨。期货市场盈利 370 元/吨,现货市场亏损 440 元/吨,两者相抵后存在净亏损 70 元/吨。通过套期保值,该饲料公司的豆粕的实际购入价相当于:现货市场实际采购价－期货市场每吨盈利＝3600－370＝3230 元/吨。该价格要比 5 月初的 3160 元/吨的现货价格高 70 元/吨。而这 70 元/吨,正是基差走强的变化值。这表明,进行买入套期保值,如果基差走强,两个市场盈亏相抵后存在亏损,它将使套期保值者承担基差变动不利的风险,其价格与其预期价格相比要略差一些。

[例 8]　3 月初,某轮胎企业为了防止天然橡胶原料价格进一步上涨,于是买入 7 月份天然橡胶期货合约 200 手(每手 5 吨),成交价格为 24000 元/吨,对其未来生产所需要的 1000 吨天然橡胶进行套期保值。当时现货市场天然橡胶价格为 23000 元/吨,之后天然橡胶价格未涨反跌,至 6 月初,天然橡胶现货价格跌至 20000 元/吨。该企业按此价格购入天然橡胶现货 1000 吨。与此同时,将天然橡胶期货合约对冲平仓,成交价格为 21200 元/吨,见表 9-9。

表 9-9　买入套期保值案例(基差走弱情形)

| 时间 | 现货市场 | 期货市场 | 基差 |
|---|---|---|---|
| 3 月初 | 市场价格 23000 元/吨 | 买入 7 月份天然橡胶期货合约,24000 元/吨 | －1000 元/吨 |
| 6 月初 | 买入价格 20000 元/吨 | 卖出平仓天然橡胶期货合约,21200 元/吨 | －1200 元/吨 |
| 盈亏 | 盈利 3000 元/吨 | 亏损 2800 元/吨 | 走弱 200 元/吨 |

在该案例中,由于现货价格下跌幅度大于期货价格下跌幅度,基差走弱 200 元/吨。期货市场亏损 2800 元/吨,现货市场盈利 3000 元/吨,两者相抵后存在净盈利 200 元/吨。通过套期保值,该轮胎企业的天然橡胶的实际购入价相当于:现货市场实际采购价＋期货市场每吨亏损＝20000＋2800＝22800 元/吨。该价格要比 3 月初的 23000 元/吨的现货价格低 200 元/吨。而这 200 元/吨,正是基差走弱的变化值。这表明,进行买入套期保值,如果基差走弱,两个市场盈亏相抵后存在净盈利,它将使套期保值者获得的价格比其预期价格还要理想。

### (三)基差变动与套期保值效果关系的总结

根据以上分析,我们可以将买入套期保值和卖出套期保值在基差不同变化情形下的效果进行概括,见表 9-10。

表 9 – 10　基差效果概括

| | 基差变化 | 套期保值效果 |
|---|---|---|
| 卖出套期保值 | 基差不变 | 完全套期保值,两个市场盈亏刚好完全相抵 |
| | 基差走强 | 不完全套期保值,两个市场盈亏相抵后存在净盈利 |
| | 基差走弱 | 不完全套期保值,两个市场盈亏相抵后存在净亏损 |
| 买入套期保值 | 基差不变 | 完全套期保值,两个市场盈亏刚好完全相抵 |
| | 基差走强 | 不完全套期保值,两个市场盈亏相抵后存在净亏损 |
| | 基差走弱 | 不完全套期保值,两个市场盈亏相抵后存在净盈利 |

### 四、套期保值有效性的衡量

套期保值有效性是衡量风险对冲程度的指标,可以用来评价套期保值效果。通常采取的方法是比率分析法,即用期货合约价值变动抵消被套期保值的现货价值变动的比率来衡量。在采取"1∶1"的套期保值比率情况下,套期保值有效性可简化为:套期保值有效性＝期货价格变动值/现货价格变动值。

该数值越接近100%,代表套期保值有效性就越高。我国 2006 年《会计准则》规定,当套期保值有效性在80%～125%的范围内,该套期保值被认定为高度有效。

例如,某套期保值企业对其生产的豆油进行卖出套期保值操作,且卖出期货合约的数量与现货被套期保值的数量相同。在整个套期保值期间,期货价格上涨 400 元/吨,现货价格上涨 500 元/吨,这意味着该套期保值者在期货市场亏损 400 元/吨,在现货市场盈利 500 元/吨。两者的比值为 80%,即套期保值有效性为 80%,可以视为有效地实现了套期保值。如果在整个套期保值期间,期货价格下跌 400 元/吨,现货价格下跌 500 元/吨,这意味着该套期保值者在期货市场盈利 400 元/吨,在现货市场亏损 500 元/吨,套期保值有效性仍为 80%。

由此可见,套期保值有效性的评价不是以单个的期货或现货市场的盈亏来判定的,而是根据套期保值的"风险对冲"的实质,以两个市场盈亏抵消的程度来评价的。

拓展资料 9-1

### 本章小结

套期保值是指企业通过持有与其现货市场头寸相反的期货合约,或将期货合约作为其现货市场未来要进行的交易的替代物,以期对冲价格风险的方式。企业通过套期保值,可以降低价格风险对企业经营活动的影响,实现稳健经营。套期保值本质上也是一种转移风险的方式,由企业通过买卖衍生工具,将风险转移给其他交易者。套期保值活动主要转移的是价格风险和信用风险。套期保值分为两种:一种是用来回避未来某种商品或资产价格下跌的风险,称为卖出套期保值;另一种是用来回避未来某种商品或资产价格上涨的风险,称为买入套期保值。

套期保值有效性是度量风险对冲程度的指标,可以用来评价套期保值效果。套期保值有效性=期货价格变动值/现货价格变动值。该数值越接近100%,代表套期保值有效性就越高。

## 思考与练习

1. 什么是套期保值? 要实现套期保值必须具备哪些条件?

2. 套期保值一般应用于什么样的情形?

3. 为什么会出现不完全套期保值?

4. 合约月份的选择受哪些因素的影响?

# 第十章　投机和套利交易

期货市场的参与者一般有两类：一类是套期保值者，他们参与期货市场进行套期保值交易的主要目的是规避现货价格波动的风险；另一类是期货投机者和套利者，这类交易主体参与市场的目的主要是利用期货价格的波动或者相关期货合约之间的价格波动赚取价差收益。

## 第一节　期货投机交易

### 一、期货投机的概念

#### (一)期货投机的定义

期货投机是指交易者通过预测期货合约未来价格的变化，以在期货市场上获取价差收益为目的的期货交易行为。期货投机由于实行保证金杠杆交易、双向交易、当日无负债结算和强行平仓等特殊的交易制度，因此具有高风险、高收益的特征。

#### (二)期货投机交易与套期保值交易的区别

(1)从交易目的来看，期货投机交易以赚取价差收益为目的；而套期保值交易的目的是利用期货市场规避现货价格波动的风险。

(2)从交易方式来看，期货投机交易是在期货市场上进行买空卖空，从而获得价差收益；而套期保值交易则是在现货市场与期货市场上同时操作，以期达到对冲现货市场价格风险的目的。

(3)从交易风险来看，投机者在交易中通常是为博取价差收益而承担相应的价格风险；而套期保值者则是通过期货市场转移现货市场的价格风险。从这个意义上来说，投机者是风险偏好者，套期保值者是风险厌恶者。

#### (三)期货投机与股票投机的区别

期货投机和股票投机本质上都属于投机交易，以获取价差为主要交易目的，但由于期货合约和交易制度本身所具有的特殊性，使得期货投机与股票投机也存在着明显的区别（见表 10－1）。

表 10 - 1　期货投机与股票投机的区别

|  | 期货投机 | 股票投机 |
|---|---|---|
| 保证金规定 | 5%～15%的保证金交易 | 足额交易 |
| 交易规定 | 双向 | 单向 |
| 结算制度 | 当日无负债结算 | 不实行每日结算 |
| 特定到期日 | 有特定到期日 | 无特定到期日 |

### (四)期货投机者的类型

根据不同的划分标准,期货投机者大致可分为以下几种类型。

(1)按交易主体的不同来划分,可分为机构投机者和个人投机者。机构投机者是指用自有资金或者从分散的公众手中筹集的资金专门进行期货投机活动的机构,主要包括各类基金、金融机构,工商企业等。个人投机者则是指以自然人身份从事期货投机交易的投机者。

(2)按持有头寸方向来划分,可分为多头投机者和空头投机者。在交易中,投机者根据对未来价格变动的预测确定其交易头寸。投机者买进期货合约,持有多头头寸,被称为多头投机者。投机者卖出期货合约,持有空头头寸,则被称为空头投机者。

(3)按持仓时间来划分,可分为长线交易者、短线交易者、当日交易者和抢帽子者。长线交易者通常将合约持有几天、几周甚至几个月。短线交易者一般是当天下单,在一日或几日内了结所持有合约。当日交易者通常只进行当日的买卖,一般不会持仓过夜。抢帽子者是对日内交易者的俗称,通常是指当日交易者中频繁买卖期货合约的投机者。

## 二、期货投机的作用

期货投机交易是期货市场不可缺少的重要组成部分,发挥着特有的作用,主要体现在以下几个方面。

### (一)承担价格风险

期货市场的一个主要经济功能是为生产、加工和经营者提供现货价格风险的转移工具。期货投机者在博取风险收益的同时,承担了相应的价格风险。如果期货市场上只有套期保值者,没有这些风险承担者参与交易,那么只有在买入套期保值者和卖出套期保值者的交易数量完全相符时,交易才能实现,风险才能得以转移。但从实际来看,买入套期保值者和卖出套期保值者之间的不平衡是经常发生的现象,期货投机者的加入恰好能抵消这种不平衡,从而使套期保值交易得以顺利实现。由此可见,如果没有投机者的加入,套期保值交易活动就难以进行,期货市场风险规避的功能也就难以发挥。因而可以说,正是期货投机者承担了期货价格风险,才使得套期保值者能够有效规避现货价格波动的风险,也使其现货经营平稳运行。

### (二)促进价格发现

期货市场汇集了几乎所有关于期货合约商品的供求信息。期货投机者的交易目的不是实物交割,而是利用价格波动获取价差和利润,这就要求投机者必须利用各种手段收集整理有关价格变动的信息,分析市场行情。同时,期货市场把投机者的不同交易指令集中在交易所内进行公开竞价,由于买卖双方彼此竞价所产生的互动作用使得价格趋于合理。期货市场的价格发现功能正是由所有市场参与者对未来市场价格走向预测的综合反映体现的。交易所每天向全世界发布市场交易行情和信息,使那些置身于期货市场之外的企业也能充分利用期货价格作为其制定经营战略的重要参考依据。

### (三)减缓价格波动

适度的投机能够减缓期货市场的价格波动。投机者进行期货交易,总是力图通过对未来价格的正确判断和预测赚取价差利润。当期货市场供大于求时,市场价将低于均衡价格,投机者低价买进期货合约,从而增加了市场需求,使期货价格上涨,供求重新趋于平衡;反之,当期货市场供不应求时,市场价格则高于均衡价格,投机者会高价卖出期货合约,从而增加了市场供给,使期货价格下跌,也能使供求重新趋于平衡。可见,期货投机对于缩小期货价格波动发挥了很大作用。

当然,减缓价格波动作用的实现是有前提的:一是投机者要理性化操作。违背期货市场运作规律进行操作的投机者最终会被市场所淘汰;二是适度投机。操纵市场等过度投机行为不仅不能减缓价格波动,而且会人为拉大供求缺口,破坏供求关系,加剧价格波动,加大市场风险。因此,遏制过度投机,打击市场操纵行为是各国期货市场监管机构的一项重要任务。

### (四)提高市场流动性

市场流动性即市场交易的活跃程度。一般来说,在流动性较强的市场上,交易者众多,交易也较为活跃。反之,如果市场流动性较弱,则交易较为平淡。可以说,期货交易是否成功,在很大程度上取决于市场流动性的大小,而流动性又取决于投机者的多寡和交易频率。期货市场上的投机者,就像润滑剂一样,为套期保值者提供了更多的交易机会。投机者通过对价格的不同预测,有人看涨,有人看跌,交投积极,这实际上扩大了交易量,使套期保值者无论是买进还是卖出都能很容易地找到交易对手,自由地进出期货市场,从而在客观上提高了市场的流动性。

## 三、期货投机的操作方法

### (一)开仓阶段

1. 入市时机的选择

首先,可以通过基本分析法,仔细研究市场是处于牛市还是熊市。如果是牛市,可分析升势有多大,持续时间有多长;如果是熊市,可分析跌势有多大,持续时间有多长。此时,技术分析法是一个比较合适的分析工具。

其次,权衡风险和获利前景。合理的做法是:只有在判断获利的概率较大时,才能入市。所以,投机者在入市时,要充分考虑自身承担风险的能力。

最后,确定入市的具体时间。因为期货价格变化很快,入市时间的确定尤其重要。

■ 拓展资料 10-1

即使对市场发展趋势的分析准确无误,如果入市时间不当,在预测趋势尚未出现时即已买卖合约,仍会使投机者蒙受惨重损失。技术分析法对选择入市时间有一定作用。投机者通过基本分析,认为从长期来看期货价格将上涨(下跌),如果当时的市场行情却持续下滑(上升),这时可能是投机者的分析出现了偏差,过高地估计了某些供求因素,也可能是一些短期因素对行情具有决定性的影响,使价格变动方向与长期趋势出现了暂时的背离。建仓时应该注意,只有在市场趋势已明确上涨时,才买入期货合约;在市场趋势已明确下跌时,才卖出期货合约。如果趋势不明朗或不能判定市场发展趋势,就不要匆忙建仓。

2. 金字塔式买入卖出

如果建仓后市场行情与预料相同并已经使投机者获利,则可以增加持仓。增仓应遵循以下两个原则:(1)只有在现有持仓已经盈利的情况下,才能增仓。(2)持仓的增加应渐次递减。

例如,某投机者预测 9 月份大豆期货合约价格将上升,故买入 7 手(10 吨/手),成交价格为 4310 元/吨。此后,合约价格迅速上升到 4350 元/吨,首次买入的 7 手合约已经为他带来浮动盈利 $10 \times 7 \times (4350-4310) = 2800$ 元。为了进一步利用该价位的有利变动,该投机者再次买入 5 手 9 月份合约,持仓总数增加到 12 手,12 手合约的平均买入价为 $(4310 \times 70 + 4350 \times 50)/120 = 4326.7$ 元/吨。当市场价格再次上升到 4385 元/吨时,又买入 3 手合约,持仓总计 15 手,所持仓的平均价格为 4338.3 元/吨。当市价上升到 4405 元/吨时,再买入 2 手,所持有合约总数为 17 手,平均买入价 4346.2 元/吨。当市价上升到 4425 元/吨时,再买入 1 手,所持有合约总数为 18 手,平均买入价为 4350.6 元/吨。操作过程见图 10-1。

| 价格(元/吨) | 待仓数(手) | 平均价(元/吨) |
|---|---|---|
| 4425 | × | 4350.6 |
| 4405 | ×× | 4346.2 |
| 4385 | ××× | 4338.3 |
| 4350 | ××××× | 4326.7 |
| 4310 | ××××××× | 4310 |

图 10-1　金字塔式买入

这是金字塔式的持仓方式和建仓策略。在上例中,采取金字塔式买入合约时持仓的平均价虽然有所上升,但升幅远小于合约市场价格的升幅,市场价格回落时,持仓不至于受到严重威胁,投机者可以有充足的时间卖出合约并取得相当的利润。例如,如果市场价格上升到 4425 元/吨后开始回落,跌到 4370 元/吨,该价格仍然高于平均价 4350.6 元/吨,立即卖出 18 手合约仍可获利 $(4370-4350.6) \times 18 \times 10 = 3492$ 元。

金字塔式卖出的做法可以照此类推。

如果建仓后,市场价格变动有利,投机者增加仓位不按原则行事,每次买入或卖出的合约份数总是大于前次买入或卖出的合约份数,买入或卖出合约的平均价就会和最近的成交价相差无几,只要价格稍有下跌或上升,便会吞食所有利润,甚至亏本,因而倒金字塔式买入或卖出不应提倡。

3.合约交割月份的选择

建仓时除了要决定买卖何种合约及何时买卖外,还必须确定合约的交割月份。

投机者在选择合约的交割月份时,通常要关注以下两个方面的问题:其一是合约的流动性;其二是远期月份合约价格与近期月份合约价格之间的关系。

根据合约流动性的不同,可将期货合约分为活跃月份合约和不活跃月份合约两种。一般来说,期货投机者在选择合约月份时,应选择交易活跃的合约月份,避开不活跃的合约月份。因为活跃的合约月份具有较高的市场流动性,方便投机者在合适的价位对所持头寸进行平仓,而不活跃的合约月份,投机者若想平仓,经常需较长的时间或接受不理想的价差。

根据现货价格与期货价格之间的关系,可将期货市场划分为正向市场和反向市场。其实,根据期货市场远期月份合约价格和近期月份合约价格之间的关系,也可将市场分为正向市场和反向市场。当远期月份合约的价格高于近期月份合约的价格时,市场处于正向;当远期月份合约的价格低于近期月份合约的价格时,市场处于反向。

在正向市场中,一般来说,对商品期货而言,当市场行情上涨且远期月份合约价格相对偏高时,若远期月份合约价格上升,则近期月份合约的价格也会上升,以保持两合约月份间正常的持仓费用关系,此时,近期月份合约的价格可能上升更多;当市场行情下滑时,远期月份合约的跌幅不会小于近期月份合约,因为远期月份合约对近期月份合约的升水通常不可能大于与近期月份合约间相差的持仓费。所以,做多头的投机者应买入近期月份合约;做空头的投机者应卖出远期月份合约。

在反向市场中,一般来说,对商品期货而言,当市场行情上涨且远期月份合约价格相对偏低时,若近期月份合约价格上升,则远期月份合约的价格也会上升,此时,远期月份合约价格上升可能更多;如果市场行情下滑,则近期月份合约受的影响较大,跌幅很可能大于远期月份合约。所以,做多头的投机者宜买入交割月份较远的远期月份合约,行情看涨时可以获得较多的利润;而做空头的投机者宜卖出交割月份较近的近期月份合约,行情下跌时可以获得较多的利润。

### (二)平仓阶段

投机者建仓后应该密切注视市场行情的变动,适时平仓。行情变动有利时,通过平仓获取投机利润;行情变动不利时,通过平仓可以限制损失。

1.限制损失、滚动利润

这一方法主要是投机者在交易中出现损失,并且损失已经达到事先确定的数额时,立即对冲了结,认输离场。否则过分的赌博心理,只会造成更大的损失。在行情变动有利时,不必急于平仓获利,而应尽量延长持仓时间,充分获取市场有利变动产生的利润。投机者即使投资经验非常丰富,也不可能每次投资都会获利。损失出现并不可怕,怕的是不能及时止损,酿成大祸。

2.灵活运用止损指令

止损指令是实现限制损失、滚动利润方法的有力工具。只要止损单运用得当,就可以为投机者提供必要的保护。不过,投机者应该注意,止损单中的价格不能太接近于当时的市场价格,以免价格稍有波动就不得不平仓。但也不能离市场价格太远,否则,又易遭受不必要的损失。止损单中价格的选择,可以利用技术分析法来确定。

例如,某投机者决定做小麦期货合约的投机交易,并确定其最大损失额为 50 元/吨。在以 2550 元/吨买入 20 手合约后,又下达了一个卖出的止损指令,价格定于 2500 元/吨。如果市价下跌,一旦达到 2500 元/吨,止损指令即被触发执行。通过该指令,该投机者的投资可能失败,但损失额仅限于 50 元/吨左右。

如果市场价格按照预测的趋势朝有利的方向发展,投机者就可以继续持有自己多头或空头的仓单,直至投机者分析认为,市场优势已经出现逆转为止。

例如,某投机者决定做小麦期货合约的投机交易,以 2550 元/吨买入 20 手合约。成交后市价上涨到 2610 元/吨。因预测价格仍将上涨,投机者决定继续持有该合约。为了防止市价下跌侵蚀已经到手的利润,遂下达一份止损单,价格定于 2590 元/吨。如果市价下跌,一旦达到 2590 元/吨,场内的出市代表立即按在交易大厅可以得到的最好价格将其合约卖出。通过该指令,该投机者的投机利润虽有减少,但仍然有 40 元/吨左右的利润。如果价格继续上升,该指令自动失效,投机者可以进一步获取利润。

以上做法,既可以限制损失,又可以滚动利润,充分利用市场价格的有利变动。

例如,将前两例综合起来。某投机者决定做小麦期货合约的投机交易,以 2550 元/吨买入 20 手合约。成交后立即下达一份止损单,价格定于 2500 元/吨。此后若市价下跌,可以将损失限制到每吨 50 元左右。若价格上升,在价格上升到 2610 元/吨时,投机者可取消原来的止损指令,下达一份新的止损指令,价格定于 2590 元/吨。若市价回落,可以保证获得 40 元/吨左右的利润。若市价继续上升,当上升到 2630 元/吨,则可再取消前一止损指令;重新下达一份止损指令,价格定于 2600 元/吨。即使价格下跌,也可保证 50 元/吨的利润。依此类推。

同样,如果投机者做空头交易,卖出合约后可以下达买入合约的止损指令,并在市场行情有利时不断调整指令价格,下达新的指令,可以达到限制损失,滚动利润的目的。可见,止损指令是期货投机中广泛运用的工具。

# 第二节　期货套利概述

## 一、期货套利的概念

期货套利(spread)是指利用相关市场或相关合约之间的价差变化,在相关市场或相关合约上进行方向相反的交易,以期价差发生有利变化时,同时将持有头寸平仓而获利的交易行为。通常,套利被视为投机交易中的一种特殊的交易方式。

对于是否将套利交易看作投机交易的一种形式,在国外却有着不同的观点。在早期,理论界一般也将套利交易归入投机的范畴,把套利交易看成投机的一种形式。但后来有些专家、学者开始将套利视为与投机交易不同的一种交易方式,在期货市场中具有独立的性质,并发挥着特定的作用。美国著名期货专家、金融期货的创始人利奥·梅拉梅德曾经指出:"期货市场套利者与其他交易主体大不一样,套利者利用同一商品在两个或更多合约月份之间的差价,而不是任何一个合约的价格进行交易。因此,他们的潜在利润不是基于商品价格的上涨或下跌,而是基于不同合约月份之间价差的扩大或缩小,依此构成其套利的头寸。"可见,在他看来,套利者是一个与投机者或套期保值者都不同的独立群体。

## 二、期货套利的分类

一般来说,期货套利交易主要是指期货价差套利。所谓价差套利,是指利用期货市场上不同合约之间的价差进行的套利行为。价差套利也可称为价差交易、套期图利。价差套利根据所选择的期货合约的不同,又可分为跨期套利、跨品种套利和跨市套利。

(1)跨期套利是指在同一市场(即同一交易所)同时买入、卖出同种商品、不同交割月份的期货合约,以期在有利时机将这些期货合约对冲平仓获利。

(2)跨品种套利是指利用两种或三种不同的但相互关联的商品之间的期货合约价格差异进行套利,即同时买入或卖出某一交割月份的相互关联的商品期货合约,以期在有利时机同时将这些合约平仓获利。

(3)跨市套利是指在某个交易所买入(或卖出)某一交割月份的某种商品合约的同时,在另一个交易所卖出(或买入)同一交割月份的同种商品合约,以期在有利时机分别在两个交易所同时平仓在手的合约而获利。

## 三、期货套利与期货投机的区别

期货套利是与期货投机交易不同的一种交易方式,在期货市场中发挥着特殊的作用。期货套利与期货投机交易的区别主要体现在以下四个方面。

(1)期货投机交易只是利用单一期货合约绝对价格的波动赚取利润,而套利是从相关市场或相关合约之间的相对价格差异变动套取利润。期货投机者关心和研究的是单一合约的涨跌,而套利者关心和研究的则是两个或多个合约相对价差的变化。

(2)期货投机交易在一段时间内只做买或卖,而套利则是在同一时间买入和卖出相关期货合约,或者同一时间在相关市场进行反向交易,同时扮演多头和空头的双重角色。

(3)期货套利交易赚取的是价差变动的收益。通常情况下,由于相关市场或相关合约价格变化方向大体一致,所以价差的变化幅度小,因而承担的风险也较小,而普通期货投机赚取的是单一的期货合约价格有利变动的收益。与价差的变化相比,单一价格变化幅度要大,因而承担的风险也较大。

(4)期货套利交易成本一般要低于投机交易成本。一方面,由于套利的风险较小,因此,在保证金的收取上要小于普通期货投机,从而大大节省了资金的占用。另一方面,通常进行相关期货合约的套利交易至少同时涉及两个合约的买卖。在国外,为了鼓励套利交易,一般规定套利交易的佣金费用比单笔交易的佣金费用要高,但比单独做两笔交易的佣金费用之和要低,所以说,套利交易的成本较低。

## 四、期货套利的作用

套利在本质上是期货市场上的一种投机,但与普通期货投机交易相比,风险较低。

因为套利正是利用期货市场中有关价格失真的机会,并预测该价格失真会最终消失,从而获取套利利润。套利交易在客观上有助于使扭曲的期货市场价格重新恢复到正常水平,因此,它的存在对期货市场的健康发展起到了非常重要的作用。主要表现在以下两个方面。

(1)套利行为有助于期货价格与现货价格、不同期货合约价格之间的合理价差关系的形成。套利交易的获利来自于对不合理价差的发现和利用,套利者会时刻注意市场动向,如果发现价差存在异常,则会通过套利交易以获取利润。而他们的套利行为,客观上会对相关价格产生影响,促使价差趋于合理。

(2)套利行为有助于市场流动性的提高。套利行为的存在增大了期货市场的交易量,承担了价格变动的风险,提高了期货交易的活跃程度,有助于交易者的正常进出和套期保值操作的顺利实现,有效地降低了市场风险,促进交易的流畅化和价格的理性化,因而起到了市场润滑剂和减震器的作用。

# 第三节 期货套利交易策略

## 一、期货套利交易

### (一)期货价差的定义

期货价差是指期货市场上两个不同月份或不同品种期货合约之间的价格差。与投机交易不同,在价差交易中,交易者不关注某一个期货合约的价格向哪个方向变动,而是关注相关期货合约之间的价差是否在合理的区间范围。如果价差不合理,交易者可以利用这种不合理的价差对相关期货合约进行方向相反的交易,等价差趋于合理时再同时将两个合约平仓来获取收益。因而,价差是套利交易中非常重要的概念,而"spread"一词本身也有价差的含义。

在价差交易中,交易者主要同时在相关合约上进行方向相反的交易,也就是说要同时建立一个多头头寸和一个空头头寸,这是套利交易的基本原则。如果缺少了多头头寸或空头头寸,就像一个人缺了一条腿一样无法正常行走,因此,套利交易中建立的多头和空头头寸被形象地称为套利的"腿"(legs,也可称为"边"或"方面")。

大多数套利活动都是由买入和卖出两个相关期货合约构成的,因而套利交易通常具有两条"腿"。但也有例外的情况,如在跨品种套利中,如果涉及的相关商品不止两种,比如在大豆、豆粕和豆油三个期货合约间进行的套利活动,可能包含了一个多头、两个空头或者一个空头、两个多头,在这种情况下,套利交易可能会有三条"腿"。

计算建仓时的价差,应用价格较高的一"边"减去价格较低的一"边"。例如,某套利者买入5月份铝期货合约的同时卖出6月份的铝期货合约,价格分别为15730元/吨和15830元/吨,因为6月份价格高于5月份价格,因此价差为6月份价格减去5月份价格,即100元/吨。

在计算平仓时的价差时,为了保持计算上的一致性,也主要用建仓时较高价格合约的平仓价格减去建仓时较低价格合约的平仓价格。例如,在前面的例子中,套利者建仓之后,5月份铝期货价格上涨至16010元/吨,6月份涨幅相对较小,为15870元/吨,如果套利者按照此价格同时将两个合约对冲了结该套利交易,则在平仓时的价差仍应该用6月份的价格减去5月份的价格,即−140元/吨(而不应该用5月份价格减去6月份的价格,即140元/吨)。因为只有计算方法一致,才能恰当地比较价差的变化。

### (二)价差的扩大与缩小

由于套利交易是利用相关期货合约间不合理的价差来进行的,价差能否在套利建仓之后"回归"正常,会直接影响到套利交易的盈亏和套利的风险。具体来说,如果套利者认为目前某两个相关期货合约的价差过大时,他会希望在套利建仓后价差能够缩小(narrow);同样地,如果套利者认为目前某两个相关期货合约的价差过小时,他会希望套利建仓后价差能够扩大(widen)。

如果当前(或平仓时)价差大于建仓时价差,则价差是扩大的;反之,则价差是缩小的。我们可以通过下面的例子来说明。

例如,某套利者在8月1日买入9月份白糖期货合约的同时卖出11月份白糖期货合约,价格分别为5720元/吨和5820元/吨,到了8月15日,9月份和11月份白糖期货价格分别变为5990元/吨和6050元/吨,价差变化为:

8月1日建仓时的价差:5820−5720=100元/吨;

8月15日的价差:6050−5990=60元/吨。

由此可以判断出:8月15日的价差相对于建仓时缩小了,即价差缩小40元/吨。

### (三)价差套利的盈亏计算

在计算套利交易的盈亏时,可分别计算每个期货合约的盈亏,然后进行加总,可以得到整个套利交易的盈亏。

例如,某套利者以4326元/吨的价格买入1月份的螺纹钢期货,同时以4570元/吨的价格卖出5月份的螺纹钢期货。持有一段时间后,该套利者以4316元/吨的价格将1月份合约卖出平仓,同时以4553元/吨的价格将5月份合约买入平仓。该套利交易的盈亏计算如下:

1月份的螺纹钢期货合约:亏损=4326−4316=10元/吨;

5月份的螺纹钢期货合约:盈利=4570−4553=17元/吨;

套利结果=−10+17=7元/吨。

按照这种计算方法,可以算出该套利交易后每吨螺纹钢盈利为7元。

### (四)套利交易指令

在套利交易实施中,多数交易所为了给套利交易提供便利,往往会设计套利指令,套利者可使用套利指令来完成套利操作。套利指令通常不需要标明买卖各个期货合约的具体价格,只要标注两个合约价差即可,非常便利,而且在有些国家(如美国)的交易所,套利交易还可以享受佣金、保证金方面的优惠待遇。

在指令种类上,套利者可以选择市价指令或限价指令,如果要撤销前一笔套利交易的指令,则可以使用取消指令。

1.套利市价指令的使用

如果套利者希望以当前的价差水平尽快成交,则可以选择使用市价指令。套利市价指令是指交易将按照市场当前可能获得的最好的价差成交的一种指令。在使用这种指令时,套利者不需注明价差的大小,只要注明买入和卖出期货合约的种类和月份即可,具体成交的价差如何,则取决于指令执行时点上市场行情的变化情况。该指令的优点是成交速度快,但也存在缺点,即在市场行情发生较大变化时,成交的价差可能与交易者最初的意图有较大差距。

例如,某交易者看到当前大连商品交易所 1 月份和 5 月份棕榈油期货的市场价格分别为 8300 元/吨和 8480 元/吨,价差为 180 元/吨,该交易者认为此价差过大,有套利机会存在,并希望尽快入市买入 1 月份、卖出 5 月份棕榈油期货合约进行套利。该交易者发出以下指令:

买入 1 月份棕榈油期货合约

卖出 5 月份棕榈油期货合约

市价指令

在上述指令中,虽然交易者没有明确标明套利的价差,但却表明了套利者希望以当前的 180 元/吨的价差水平即刻成交。在这个指令的下达过程中,实际成交的价差并不一定是 180 元/吨,因为从指令下达到执行有一个很短的时间间隔,这期间棕榈油期货价格可能会发生变化,价差也会随之变化。如果 1 月份和 5 月份棕榈油期货在指令下达到交易系统时的价格分别为 8290 元/吨和 8460 元/吨,则将会以 170 元/吨的价差成交。一般情况下,如果市场行情没有发生突然变化,采用市价指令可以使套利者迅速以大约 180 元/吨的价差建仓。

2.套利限价指令的使用

如果套利者希望以一个理想的价差成交,可以选择使用套利限价指令。套利限价指令是指当价格达到指定价位时,指令将以指定的或更优的价差来成交。套利限价指令可以保证交易能够以指定的甚至更好的价位来成交。在使用限价指令进行套利时,需要注明具体的价差和买入、卖出期货合约的种类和月份。该指令的优点在于可以保证交易者以理想的价差进行套利,但是由于限价指令只有在价差达到设定值时才可以成交,因此,使用该指令不能保证能够立刻成交。

例如,某交易者 9 月 3 日看到郑州商品交易所 11 月份和次年 1 月份 PTA 期货的市场的价格分别为 8582 元/吨和 8708 元/吨,价差为 126 元/吨。某交易者认为价差偏小,想买入 1 月份、卖出 11 月份 PTA 期货合约进行套利,但他根据市场的走势判断,目前的价差可能还会进一步缩小,希望能够以 120 元/吨的价差建仓,以期获得更多的利润,于是该交易者发出如下限价指令:

买入次年 1 月份 PTA 期货合约

卖出 11 月份 PTA 期货合约

次年 1 月份 PTA 期货合约高于 11 月份 PTA 期货合约价格 120 元/吨

使用该限价指令意味着只有当次年 1 月份与 11 月份 PTA 期货价格的价差小于或等于 120 元/吨时,该指令才能够被执行。由此可以看出,套利者并不关注买入和卖出 PTA

期货合约的价格,而是关注相关合约之间的价差。理论上说,使用限价指令可能得到的成交结果有多种,现任意列举如下三种情况。

(1)两合约价格同时上涨。11 月份和次年 1 月份 PTA 期货价格分别涨至 8589 元/吨和 8709 元/吨,价差变为 120 元/吨,指令立即以该价差被执行。这种情况表明交易按指定价差成交。

(2)两合约价格同时下跌。11 月份和次年 1 月份 PTA 期货价格分别跌至 8563 元/吨和 8683 元/吨,价差变为 120 元/吨,指令立即以该价差被执行。这种情况表明交易按指定价差成交。

(3)两合约价格上涨,11 月份和次年 1 月份 PTA 期货价格分别涨至 8596 元/吨和 8716 元/吨,价差变为 120 元/吨,但当指令下达至交易系统时,两合约价格发生小幅变化,最终以 117 元/吨的价差成交。在这种情形下,交易按照比指定条件更理想的价差成交。

## 二、跨期套利

跨期套利是在同一市场、同种商品的不同交割月份期货合约上进行的买卖操作。根据套利者对不同合约月份中价格较高的一边的买卖方向不同,可将跨期套利分为买入套利和卖出套利两种。根据套利者对不同合约月份中近月合约与远月合约买卖方向的不同,可将跨期套利分为牛布套利、熊市套利和蝶式套利三种。

■ 拓展资料 10-2

### (一)买入套利

如果套利者预期两个或两个以上期货合约的价差将扩大(widen),则套利者将买入其中价格较高的合约,同时卖出价格较低的合约,我们称这种套利为买入套利(buy spread)。如果价差变动方向与套利者的预期相同,则套利者就会通过同时将两份合约平仓来获利。

[例1] 某套利者以 350 元/克卖出 4 月份黄金期货,同时以 361 元/克买入 9 月份黄金期货。假设经过一段时间之后,4 月份价格变为 355 元/克,同时 9 月份价格变为 372 元/克,该套利者同时将两合约对冲平仓,套利结果可用两种方法来分析。

(1)可以分别对两合约的盈亏进行计算,然后加总来计算净盈亏。

计算结果如下:

4 月份的黄金期货合约:亏损＝355－350＝5 元/克;

9 月份的黄金期货合约:盈利＝372－361＝11 元/克;

套利结果＝－5＋11＝6 元/克,即该套利可以获取净盈利 6 元/克。

(2)可以使用价差的概念来计算盈亏。

从套利操作上,该套利者买入的 9 月份黄金的期货价格要高于 4 月份,可以判断是买入套利。价差从建仓的 11 元/克变为平仓的 17 元/克,扩大了 6 元/克,因此,可以判断该套利者的净盈利为 6 元/克。交易结果见表 10-2。

表 10 - 2  买入套利实例

| | | 1月1日 | 2月1日 | 方法一 |
|---|---|---|---|---|
| 合约月份 | 4月 | 卖:350 元/克 | 买:355 元/克 | 亏损:350-355=-5 元/克 |
| | 9月 | 买:361 元/克 | 卖:372 元/克 | 盈利:372-361=11 元/克 |
| 总盈亏 | | 　-5+11=6 元/克 | | |
| 方法二 | 套利方式 | 建仓价格:9月份>4月份 | 建仓买入9月份 | 买入套利 |
| | 价差变化 | 361-350=11 元/克 | 372-355=17 元/克 | 价差扩大 |
| 总盈亏 | | 17-11=6 元/克 | | |

### (二)卖出套利

如果套利者预期两个或两个以上相关期货合约的价差将缩小,套利者可通过卖出其中价格较高的合约,同时买入价格较低的合约来进行套利,我们称这种套利为卖出套利(sell spread)。例如,如果套利者以 350 元/克买入 4 月份黄金期货,同时以 361 元/克卖出 9 月份黄金期货,这种套利就是卖出套利。

[例2]  某套利者以 361 元/克卖出 4 月份黄金期货,同时以 350 元/克买入 9 月份黄金期货。假设经过一段时间之后,4 月份价格变为 364 元/克,同时 9 月份价格变为 357 元/克时,该套利者同时将两合约对冲平仓,套利结果可用两种方法来分析。

(1)可以分别对两合约的盈亏进行计算,然后加总来计算净盈亏。

计算结果如下:

4 月份的黄金期货合约:亏损=364-361=3 元/克;

9 月份的黄金期货合约:盈利=357-350=7 元/克;

套利结果=-3+7=4 元/克,即该套利可以获取净盈利 4 元/克。

(2)可以使用价差的概念来计算盈亏。

从套利操作上,我们可以看到该套利者卖出的 4 月份黄金的期货价格要高于买入的 9 月份价格,因而是卖出套利。价差从建仓的 11 元/克变为平仓的 7 元/克,缩小了 4 元/克,因此,可以判断出该套利者的净盈利为 4 元/克。交易结果见表 10 - 3。

表 10 - 3  卖出套利实例

| | | 1月1日 | 2月1日 | 方法一 |
|---|---|---|---|---|
| 合约月份 | 4月 | 卖:361 元/克 | 买:364 元/克 | 亏损:361-364=-3 元/克 |
| | 9月 | 买:350 元/克 | 卖:357 元/克 | 盈利:357-350=7 元/克 |
| 总盈亏 | | 　-3+7=4 元/克 | | |

| | | 1月1日 | 2月1日 | 方法一 |
|---|---|---|---|---|
| 方法二 | 套利方式 | 建仓价格:4月份＞9月份 | 建仓卖出4月份 | 卖出套利 |
| | 价差变化 | 361－350＝11元/克 | 364－357＝7元/克 | 价差扩大 |
| 总盈亏 | | 11－7＝4元/克 | | |

## 三、跨品种套利

跨品种套利可分为两种情况,一是相关商品间的套利,二是原料与成品间的套利。

### (一)相关商品间的套利

一般来说,商品的价格总是围绕着内在价值上下波动,而不同的商品因其内在的某种联系,如需求替代品、需求互补品、生产替代品或生产互补品等,使得他们的价格存在着某种稳定合理的比值关系。但由于受市场、季节、政策等因素的影响,这些有关联的商品之间的比值关系又经常偏离合理的区间,表现出一种商品被高估,另一种被低估,或相反。从而为跨品种套利带来了可能。在此情况下,交易者可以通过期货市场卖出被高估的商品合约,买入被低估的商品合约进行套利,等有利时机出现后分别平仓,从中获利。例如,铜和铝都可以作为电线的生产原材料,两者之间具有较强的可替代性,铜的价格上升会引起铝的需求量上升,从而导致铝的价格上涨。因此,当铜和铝的价格关系脱离了正常水平时,就可以用这两个品种进行跨品种套利。具体做法是:买入(或卖出)一定数量的铜期货合约,同时卖出(或买入)与铜期货合约交割月份相同,价值量相当的铝期货合约,待将来价差发生有利变化时再分别平仓了结,以期获得价差变化的收益。

[例8] 6月1日,次年3月份上海期货交易所铜期货合约价格为54390元/吨,而铝期货合约价格为15700元/吨,前一合约价格比后者高38690元/吨。套利者根据两种商品合约间的价差分析,认为价差小于合理的水平,如果市场机制运行正常,这两者之间的价差会恢复正常,于是套利者决定在买入30手次年3月份铜合约的同时卖出30手次年3月份铝合约,以期未来某个有利时机同时平仓获取利润。6月28日,该套利者以54020元/吨卖出30手次年3月份铜合约的同时,以15265元/吨的价格买入30手次年3月份铝合约。交易情况见表10-4。

**表10-4 沪铜/铝套利实例**

| 6月1日 | 买入30手次年3月份铜合约,价格为54390元/吨 | 卖出30手次年3月份铝合约,价格为15700元/吨 | 价差38690元/吨 |
|---|---|---|---|
| 6月28日 | 卖出30手次年3月份铜合约,价格为54020元/吨 | 买入30手次年3月份铝合约,价格为15265元/吨 | 价差38755元/吨 |

续 表

| 套利结果 | 亏损 370 元/吨 | 盈利 435 元/吨 | 价差扩大 65 元/吨 |
|---|---|---|---|
| 净盈亏 | 净盈利＝(－370＋435)元/吨×30 手×5 吨/手＝9750 元 | | |

注:1 手＝5 吨。

#### (二)原料与成品间的套利

原料与成品间的套利是指利用原材料商品和它的制成品之间的价格关系进行套利。最典型的是大豆与其两种制成品——豆油和豆粕之间的套利。在我国,大豆与豆油、豆粕之间一般存在着"100％大豆＝18％ 豆油＋78.5％豆粕＋3.5％ 损耗"的关系(注:出油率的高低和损耗率的高低要受大豆的品质和提取技术的影响,因而比例关系也处在变化之中)。因而,也就存在"100％ 大豆×购进价格＋加工费用＋利润＝18％的豆油×销售价格＋78.5％ 豆粕×销售价格"的平衡关系。三种商品之间的套利有两种做法:大豆提油套利和反向大豆提油套利。

##### 1.大豆提油套利

大豆提油套利是大豆加工商在市场价格关系基本正常时进行的,目的是防止大豆价格突然上涨或豆油、豆粕价格突然下跌,从而避免产生亏损或使已产生的亏损降至最低。由于大豆的购买和产品的销售不能够同时进行,因而存在着一定的价格变动风险。

大豆提油套利的做法是:购买大豆期货合约的同时卖出豆油和豆粕的期货合约,当在现货市场上购入大豆或将豆成品最终销售时再将期货合约对冲平仓。这样,大豆加工商就可以锁定产成品和原料间的价差,防止市场价格波动带来的损失。

##### 2.反向大豆提油套利

反向大豆提油套利是大豆加工商在市场价格反常时采用的套利。当大豆价格受某些因素的影响出现大幅上涨时,大豆可能与其产品出现价格倒挂,大豆加工商将会采取反向大豆提油套利的做法,卖出大豆期货合约,买进豆油和豆粕的期货合约,同时缩减生产,减少豆粕和豆油的供给量,三者之间的价格将会趋于正常,大豆加工商在期货市场中的盈利将有助于弥补现货市场中的亏损。

### 四、跨市套利

在期货市场上,许多交易所都交易相同或相似的期货商品,如芝加哥期货交易所、大连商品交易所、东京谷物交易所都进行玉米、大豆期货交易,伦敦金属交易所、上海期货交易所、纽约商业交易所都进行铜、铝等有色金属交易。一般来说,这些品种在各交易所间的价格会有一个稳定的差额,一旦这一差额发生短期的变化,交易者就可以在这两个市场间进行套利,购买价格相对较低的合约,卖出价格相对较高的合约,以期望在期货价格趋于正常时平仓,赚取低风险利润。

[例9]　7月1日,堪萨斯期货交易所12月份小麦期货合约价格为730美分/蒲式耳,同日,芝加哥期货交易所12月份小麦期货合约价格为740美分/蒲式耳。套利者认为,虽然堪萨斯期货交易所的合约价格较低,但和正常情况相比仍稍高,预测两交易所12月份合约的价差将扩大。据此分析,套利者决定卖出20手堪萨斯期货交易所12月份小

麦合约,同时买入 20 手芝加哥期货交易所 12 月份小麦合约,以期在未来某个有利时机同时平仓获取利润。交易情况见表 10 - 5。

表 10 - 5　跨市套利实例

| 7月1日 | 卖出 20 手堪所 12 月份小麦合约,价格为 730 美分/蒲式耳 | 买入 20 手芝所 12 月份小麦合约,价格为 740 美分/蒲式耳 | 价差 10 美分/蒲式耳 |
|---|---|---|---|
| 7月10日 | 买入 20 手堪所 12 月份小麦合约,价格为 720 美分/蒲式耳 | 卖出 20 手芝所 12 月份小麦合约,价格为 735 美分/蒲式耳 | 价差 15 美分/蒲式耳 |
| 套利结果 | 获利 10 美分/蒲式耳 | 亏损 5 美分/蒲式耳 | 价差扩大 5 美分/蒲式耳 |
| 净盈亏 | 净盈利=(0.1-0.05)美元/蒲式耳×20 手×5000 蒲式耳/手=5000 美元 | | |

注:1 手=5000 蒲式耳,堪所即堪萨斯期货交易所,芝所即芝加哥期货交易所。

### 五、期货套利操作的注意要点

为使期货套利者最大限度地规避可能产生的风险,提高获利的机会,期货套利交易者在实际操作过程中应该注意一些基本要点。

#### (一)套利必须坚持同时进出

进行套利时,必须坚持同时进出,也就是开仓时同时买入卖出,平仓时也要同时卖出买入。在实际操作中,套利者在进行套利开仓时,通常是同时买入和卖出的。但是在准备平仓的时候,许多套利者自以为是,先了结价格有利的那笔交易。这样他在套利中只剩下一只脚跛行,换句话说,也就是将套利交易做成了投机交易。假如市场真如他所愿,当然可以获利,但是一旦价格对其不利,将遭受更大的损失,结果不仅会逐渐将卖盘的获利消耗掉,而且会出现亏损,所以必须坚持同时进出。

#### (二)下单报价时明确指出价格差

根据国外交易所的规定,在套利交易中,无论是开仓还是平仓,下达交易指令时,要明确写明买入合约与卖出合约之间的价格差。套利的关键在于合约间的价格差,与价格的特定水平没有关系。以价格差代替具体价格,更加灵活,只要价差符合,可以按任何价格成交。

#### (三)不要在陌生的市场做套利交易

这实际上是一个常识性问题。由于套利者一般通过合约之间的价差赚取利润,而对具体的商品并无需求,因此,套利者通常关心的是合约之间的价差,而对交易的期货品种并没有浓厚的兴趣。但是在农产品期货市场的跨期套利和跨市套利中,套利者就必须了解该农产品何时收获上市、年景如何、仓储运输条件怎样。在进行套利前,必须具备这些基本知识,否则应该远离这个市场。

### (四)不能因为低风险和低额保证金而做超额套利

套利确实有降低风险的作用,而且在国外交易所为了鼓励套利,套利的保证金数额比一般的投机交易低 25%～75%。可是不要以为这样就可以把交易数量盲目扩大,因为这样一来,如果价差并不向预期的方向发展,这时投资者面临的亏损额与他的合约数量是成正比的,无形中增加了风险。此外,超额套利后,佣金也随套利量的增加而增加,套利的优势也无法正常地发挥出来。

### (五)不要用锁单来保护已亏损的单盘交易

锁单不是套利交易,锁单无法把握不同合约间的价差收益。在期货市场上进行交易,输赢是正常的,在出现亏损时就应该忍痛了结,不肯服输的投资者有时可能会出现更大的损失。但是在实际交易过程中,有的投资者买入一份期货合约后,价格出现节节下跌,本来应该迅速平仓出场,可他仍寄希望于奇迹发生,即价格出现反弹,于是继续留在市场中观望。为了避免更糟的情况发生,他又卖出同一种期货合约以形成套利的模式。其理由是:如果价格继续下跌,卖出的这份合约将可以补偿当初买入合约的一部分损失。但事实上后来卖出的期货合约只能起到已有损失不再扩大的作用,先前买入的期货合约的亏损已经客观存在,采用锁单的方法是无法将损失挽回的。

### (六)注意套利的佣金支出

一般来说,套利是同时做两笔交易,期货经纪商总是想从投资者的套利中收取双份的佣金。在如何征收套利的佣金上,各方看法不一,各个交易所的规定也不同。按国外的惯例,套利的佣金支出比一个单盘交易的佣金费用要高,但又不及一个单盘交易的两倍。当投资者下达套利指令时,应明确表示这是一笔套利。如果投资者不能做到将进行套利的两笔交易同时进场和出场,则期货经纪商和交易所是不会承认这是一笔套利交易的,佣金仍要按两笔单盘交易收取。虽然佣金费用占交易额的比例较小,但如果交易额巨大时,也是一笔不小的支出。

另外,在跨市套利的操作中,还应特别注意以下几方面的因素:第一,运输费用。运输费用是决定同一品种在不同交易所间价差的主要因素。一般来说,离产地较近的交易所期货价格较低,离产地较远的期货交易所期货价格较高,两者之间的正常差价为两地间的运费。投资者在进行跨市套利时,应着重考虑两地间的运输费用差价的关系。第二,交割品级的差异。跨市套利虽然是在同一品种间进行,但不同交易所对交割品的品质级别和替代品升贴水有不同的规定,这在一定程度上造成了各交易所间价格的差别。投资者在进行跨市套利时,对此应有充分的了解。第三,交易单位和报价体系。投资者在进行跨市套利时,可能会遇到交易单位和报价体系不一致的问题,应将不同交易所的价格按相同计量单位进行折算,这样才能进行价格比较。第四,汇率波动。如果在不同国家的市场进行套利,还要承担汇率波动的风险。投资者在进行套利前,应对可能出现的损失进行全面估量。第五,保证金和佣金成本。跨市套利需要投资者在两个市场缴纳保证金和佣金,保证金的占用成本和佣金费用要计入投资者的成本之中。只有交易者预计的套利收益高于上述成本时,才可以进行跨市套利。

应当指出的是,套利尽管从总体上来说风险较小,但期货市场是复杂多变的,理论上风险较小不等于实践中风险就一定小,当套利遇到诸如现货交割月、市场供求状况急剧变化以及其他破坏正常价格关系的情况时,仍然具有相当大的风险性。对此,交易者应对自己的交易策略和模型进行认真的设计,反复验证,以确保成功率。

## 本章小结

期货投机是指交易者通过预测期货合约未来价格的变化,以在期货市场上获取价差收益为目的的期货交易行为,具有高风险、高收益的特征。

期货投机交易是期货市场不可缺少的重要组成部分,发挥了承担价格风险、促进价格发现、减缓价格波动和提高市场流动性等作用。

期货套利是指利用相关市场或相关合约之间的价差变化,在相关市场或相关合约上进行方向相反的交易,以期价差发生有利变化时,同时将持有头寸平仓而获利的交易行为。通常,套利被视为投机交易中的一种特殊的交易方式。

所谓价差套利,是指利用期货市场上不同合约之间的价差进行的套利行为。价差套利也可称为价差交易、套期图利。价差套利根据所选择的期货合约的不同,又可分为跨期套利、跨品种套利和跨市套利。

跨期套利是在同一市场、同种商品的不同交割月份期货合约上进行的买卖操作。根据套利者对不同合约月份中价格较高的一边的买卖方向不同,跨期套利可分为买入套利和卖出套利。根据套利者对不同合约月份中近月合约与远月合约买卖方向的不同,跨期套利可分为牛市套利、熊市套利和蝶式套利。

跨品种套利可分为两种情况,一是相关商品间的套利,二是原料与成品间的套利。

## 思考与练习

1. 期货投机与套期保值有何区别?
2. 期货投机与股票投机有何区别?
3. 期货投机者有哪些类型?
4. 期货投机交易有什么作用?
5. 期货套利与投机的区别是什么?
6. 期货套利有什么作用?

# 第十一章  期  权

期权作为一种独特的金融工具,在投资、规避风险,以及资产管理等业务领域中发挥着重要作用。本章主要介绍期权的含义、特点及期权市场的概况、期权的主要类型、期权要素和期权合约的主要条款,研究并分析期权价格的构成及影响因素,期权交易指令、头寸建立和了结方式、履约、结算及保证金交付等相关规则,期权交易的基本策略及应用等内容。

## 第一节  期权概述

本节主要介绍期权的产生和发展历程、期权的含义和特点、期权的构成要素和期权合约的主要条款、期权交易所和场外期权的特点等内容。

拓展资料 11-1

### 一、期权的含义和特点

#### (一)期权的含义

期权(option),也称为选择权,是指期权的买方有权在约定的期限内,按照事先确定的价格,买入或卖出一定数量某种特定商品或金融工具的权利。

期权交易是一种权利的买卖,期权的买方在买入期权后,便取得了买入或卖出标的资产的权利。该权利为选择权,买方在约定的期限内既可以行使买入或卖出标的资产的权利,也可以放弃行使权利,当买方选择行权时,卖方必须履约。如果在到期日之后买方没有行权,则期权作废,买卖双方权利义务随之解除。

#### (二)期权的主要特点

与其他交易相比,期权交易的最大特点是买卖双方权利、义务、收益和风险均不对等,且损益状态为非线性,具体分析如下。

(1)权利不对等,期权合约中约定的买入或卖出标的物的选择权归属买方。

(2)义务不对等,期权卖方负有必须履约的义务。

(3)收益和风险不对等。当标的物市场价格向有利于买方方向变动时,买方可能获得巨大收益,卖方则会遭受巨大损失;当标的物市场价格向不利于买方方向变动时,如看涨期权标的物市场价格下跌或看跌期权标的物市场价格上涨,买方会放弃行权,如果期权作废的话,买方会损失购买期权的全部费用,即权利金。但买方可在到期前将期权卖出平仓,虽然期权价格下跌也会带来部分损失,但不会造成全部权利金的损失。所以,买方最大损失为购买期权的权利金,这也是卖方的最大收益。

通常情况下,期权费远远低于标的物的市场价格。期权买方,特别是购买虚值期权的损失远低于标的资产不利变动给持有者带来的损失。与买方收益和风险相对应,期权卖方在收到买方支付的权利金后,便拥有了必须履约的义务,如果买方要求行权,则被结算机构指定履约的卖方,必须以执行价格(低于标的资产的市场价格)将标的资产卖给看涨期权买方,或以执行价格(高于标的资产的市场价格)从看跌期权买方处购买标的资产;如果期权买方放弃行权,卖方可获得权利金收入,期权卖方也可以通过买进与所卖出的同类期权、执行价格也相同的期权进行对冲平仓,但买卖价差的收益(如果有的话)会低于权利金收入。所以,在期权交易中,买方的最大损失为权利金,潜在收益巨大;卖方的最大收益为权利金,潜在损失巨大。

(4)保证金缴纳情况不同。因为卖方面临较大风险,所以必须缴纳保证金作为履约担保;而买方的最大风险仅限于已经支付的期权费,所以无须缴纳保证金。

(5)独特的非线性损益结构。期权交易的非线性盈亏状态与证券交易、期货交易等线性的盈亏状态有本质的区别。

以看涨期权买方损益状态为例:当标的物市场价格小于执行价格时,看涨期权买方处于亏损状态,但最大损失为权利金(不考虑交易费用,本章所介绍的损益分析均为不考虑交易费用的情形),并不随标的物市场价格的下跌而增加;当标的物市场价格上涨至执行价格以上时,期权买方开始盈利,其盈利随着标的物市场价格的上涨而增加。以上情况表明,期权交易者的损益变化与标的物市场价格的线性变化是不一样的,其最大损益状态是折线而不是一条直线,即在执行价格的位置发生转折。

正是期权的非线性损益结构,使其在风险管理、组合投资等方面具有明显的优势。通过不同期权、期权与其他投资工具的组合,投资者可以构造出不同风险和损益状况的组合策略。

## 二、期权的基本类型

期权可以从不同角度进行分类,常见的期权分类方式有以下两种。

### (一)美式期权和欧式期权

按照对买方行权时间规定的不同,可以将期权分为美式期权和欧式期权。

1. 美式期权(American options)

美式期权是指期权买方在期权到期日前(含到期日)的任何交易日都可以行使权利的期权。

2. 欧式期权(European options)

欧式期权是指期权买方只能在期权到期日行使权利的期权。

无论是欧式期权还是美式期权,在期权到期日之后买卖双方权利义务均消除。

美式期权与欧式期权的划分并无地域上的区别,市场上交易最多的是美式期权,欧式期权多用于现金结算的期权。

按照对买方行权时间规定的不同,比较常见的期权还有百慕大期权。

百慕大期权(Bermuda options)是一种可以在到期日前所规定的一系列时间内行权的期权。介于欧式期权与美式期权之间,百慕大期权允许持有人在期权有效期内某几个特定日期执行期权。比如,期权可以有 3 年的到期时间,期权买方可以在 3 年中每一年的最后一个月行权。

### (二)看涨期权和看跌期权

按照买方行权方向的不同,可将期权分为看涨期权和看跌期权。

1. 看涨期权(call options)

看涨期权的买方享有选择购买标的资产的权利,所以看涨期权也称为买权、认购期权。

具体而言,看涨期权是指期权的买方向卖方支付一定数额的期权费后,便拥有了在合约有效期内或特定时间,按执行价格向期权卖方买入一定数量标的物的权利,但不负有必须买进的义务。

例如,某交易者于 2012 年 9 月 12 日以 1.33 美元的价格购买了 10 手 CME 上市的 DEC 12、执行价格为 90 美元/桶的美式原油期货看涨期权,该交易者便拥有了在 2012 年 12 月某日(合约到期日)前的任何交易日,以 90 美元/桶的价格,购买 10 手原油期货的权利,但不负有必须买进的义务。如果在合约有效期内原油期货价格一直低于 90 美元/桶,该交易者可放弃行使权利,其最大损失为购买该期权的费用 1.33 美元/桶,10 手最大损失合计 13300 美元(每手 1000 桶)。他也可以在期权到期日前将期权卖出,可以部分冲抵买入期权的权利金损失。

2. 看跌期权(put options)

看跌期权的买方享有选择出售标的资产的权利,所以看跌期权也称为卖权、认沽期权。

具体而言,看跌期权是指期权的买方向卖方支付一定数额的期权费后,便拥有了在合约有效期内或特定时间,按执行价格向期权卖方出售一定数量标的物的权利,但不负有必须出售的义务。

例如,某交易者于 2012 年 9 月 12 日以 4.93 美元的价格购买了 10 手 CME 上市的 DEC 12,执行价格为 90 美元/桶的美式原油期货看跌期权,该交易者便拥有了在合约到期日(2012 年 12 月某日)及之前的任何交易日,以 90 美元/桶的价格,卖出 10 手原油期货的权利,但不负有必须卖出的义务。如果在合约有效期内原油期货价格一直高于 90 美元/桶,该交易者可放弃行使权利,其最大损失为购买该期权的费用 4.93 美元/桶,10 手最大损失合计 49300 美元。他也可以在期权到期日前将期权卖出,以减少买价损失。

除以上常见的期权类型(普通期权)外,还有一些奇异期权。亚式期权即目前金融衍生品市场上交易最为活跃的奇异期权之一。

亚式期权(Asian options)又称为平均价格期权,是股票期权的衍生,是在总结真实期权、虚拟期权和优先认股权等期权实施的经验教训基础上推出的。它最早是由美国银行加信托公司(bankers trust)在日本东京推出的。

亚式期权与普通期权的差别是对执行价格的限制,其执行价格为期权合同期内某段时间标的资产价格的平均值,这段时间被称为平均期。在对价格进行平均值计算时,采用算术平均或几何平均方法。

### 三、期权的基本要素和期权合约

#### (一)期权的基本要素

期权要素是指期权交易时所涉及或必须考虑的基本因素或指标,包括执行价格、期权费、标的物、行权方向和行权时间、有效期和到期日、保证金等。

1. 标的资产(underlying assets)

标的资产也称为标的物,是期权买方行权时从卖方手中买入或出售给卖方的资产。期权买方在未来买进或卖出的标的物由期权合约事先约定。

期权合约的标的物可以是现货商品,也可以是期货合约;可以是实物资产,也可以是金融资产。与标的物相对应,期权被称为现货期权、期货期权、实物(或商品)期权、金融期权。

期权合约的标的物又可以分为金融现货、金融期货、商品现货、商品期货,对应的期权被称为金融现货期权(如股票期权、债券期权、外汇期权等)、金融期货期权(如股票价格指数期货期权、债券期货期权、外汇期货期权等)、商品现货期权(如东航与高盛签署的场外结构性燃油期权合约即场外商品现货期权)、商品期货期权(标的物是交易所交易的商品期货合约),在 CME 交易的金融期货合约和商品期货合约,几乎都有相应的期权合约在该交易所挂牌交易。

2. 有效期(validity)和到期日(expiration date)

有效期是交易者自持有期权合约至期权到期日的期限。交易所挂牌交易的期权,自挂牌交易第一天起至合约到期,可以是几个月,也可以长达两年、三年。期限不足一年的期权被称为短期期权,期限为两年或三年的期权被称为长期期权。

到期日是买方可以行使权利的最后期限,为期权合约月份的某一天。美式期权的买方在有效期内(含到期日)的任何交易日都可以行使期权,欧式期权的买方只能在到期日行使期权。

3. 执行价格(exercise price)

执行价格也称为行权价格、履约价格、敲定价格(snike price),是期权买方行使权利时,买卖双方交割标的物所依据的价格。场外期权的执行价格由交易者协商决定,场内期权的执行价格由交易所给出。

对于同一交易月份的同类期权(标的物相同的看涨或看跌期权),交易所通常按阶梯形式给出几个甚至几百个执行价格。例如,2012 年 9 月 21 日在 CME 交易的 OCT 12 (2012 年 10 月到期)美国 10 年期国债期货期权合约,交易所推出的不同执行价格的看涨和看跌期权分别有 107 个,该期权合约 DEC 12 的看涨和看跌期权,可供选择的执行价格分别有 123 个。同日,在该交易所交易的 OCT 12 欧洲美元期货期权,看涨和看跌期权的执行价格分别有 59 个,该期权合约来自 DEC 12 中,可供选择的看涨期权和看跌期权的执行价格仅有 4 个和 6 个(看涨期权和看跌期权的执行价格数量不等)。每种期权有多少个执行价格取决于该种期权的标的物市场价格的波动幅度,交易所根据标的物市场价格波动幅度适时调整执行价格的数量。标的物价格波动幅度越大,可供选择的执行价格的数量越多。

同一个标的资产、具有相同行权时间规定(即美式或欧式期权)、不同合约月份的所有看涨期权(或看跌期权)被称为一个"同类期权"(option class),即一个同类期权,由相同标的资产、相同行权时间规定、相同行权方向、不同合约月份的期权组成。例如,香港交易所ZYX股票的所有不同月份的看涨期权为一个同类期权,该股票的所有不同月份的看跌期权也是一个同类期权。

同类期权中同一合约月份的所有不同执行价格的期权被称为"期权系列"(option series),即同一期权系列,由相同标的资产、相同行权时间规定、相同到期月份、相同行权方向、不同执行价格的期权组成。例如,2012年9月21日CME交易的OCT 12美国10年期国债期货期权合约,一个期权系列分别有107个不同执行价格的看涨期权和看跌期权,同类期权中DEC 12期权系列分别有123个价格不同的看涨期权和看跌期权。由于市场环境不同,某一期权系列在不同的时期,交易所推出的执行价格的数量也不相同。

4. 期权费(premium)

期权费即期权价格,也称为权利金、保险费,是指期权买方为取得期权合约所赋予的权利而支付给卖方的费用。场外期权的期权费由交易双方协商决定;对于交易所期权,交易双方依据所选定的看涨期权或看跌期权的执行价格,竞价决定期权价格。

5. 行权方向和行权时间

期权交易者依据对标的物市场价格未来的判断和交易目的,选择所交易的期权的行权方向,即选择买进或卖出看涨期权或看跌期权;同时要了解所选择或交易的期权的行权时间,即所交易的期权是美式期权还是欧式期权。

6. 保证金(margin)

保证金是期权交易者向结算机构支付的履约保证资金。由于期权卖方收益有限而风险很大,为防止期权卖方违约,交易所或结算公司会按照标的资产价值的一定比例向卖方收取保证金。买方风险仅限于已经支付的期权费,所以无须缴纳保证金。

## (二)期权合约

交易所交易的期权合约与期货合约相似,是由交易所统一制定的标准化合约。除期权价格外,其他期权相关条款均在期权合约中列明。场外期权为非标准合约,合约格式和内容由交易双方协商决定。以下介绍的期权合约相关内容均为场内期权的相应内容。

对于期货期权,由于其标的物是相关期货合约,在设计期权合约时,相关条款要考虑标的期货合约的条款。因此,期权合约条款与标的期货合约存在一定的关系。

期权合约与标的期货合约有很多相关联的条款,但也存在一定的不同。例如,因为期货期权交易的对象是买进或卖出标的期货合约的权利,所以期权合约不涉及交割等相关内容,期货合约中必须列明的交割等级、最后交割日等条款不会在期权合约中列出,行权、合约到期时间等涉及履约的相关条款,在期货合约中则不会存在。

虽然交易所上市的期权合约是标准化的,但不同的期权品种、不同交易所设计的期权合约,列出的条款和具体规定有所不同。下面对期权合约的主要条款及内容进行介绍。

1. 合约规模(contract size)

合约规模也称交易单位,是指每手期权合约未来能够买进或卖出标的物的数量。通常情况下,期货期权合约的交易单位为一张标的期货合约,股指期货期权的合约规模为一张指数期货合约(同时要列出合约乘数),股票期权的交易单位为一手标的股票,但也存在期权合约交易单位与标的期货合约交易单位或标的股票交易单位不同的情形。

2. 执行价格的相关规定

在期权合约中,通常会列出执行价格的推出规则、执行价格间距等相关规定,或在交易规则中给出相关规定。不同交易所或同一交易所不同的期权合约,执行价格的推出方式和给出数量不同,同一期权合约不同的执行价格段,执行价格的间距也不相同。

3. 最小变动价位(tick size minimum fluctuation)

最小变动价位是指买卖双方在出价时,价格较上一成交价变动的最低值。最小变动价位还可能隐含着买卖双方应该如何报价的规则。例如,CME 交易的大豆期权合约,最小变动价位为 1/8 美分/蒲式耳,报价为 22'3 美分/蒲式耳的期权合约,实际价格为 22.375 ($22+3\times1/8=22.375$)美分/蒲式耳,报价为 37'5 美分/蒲式耳的期权合约,实际价格为 37.625 ($37+5\times1/8=37.625$)美分/蒲式耳。

每张合约的最小变动值等于最小变动价位乘标的期货合约的合约规模。例如,CME 交易的大豆期货合约,合约规模为 5000 蒲式耳,则大豆期货期权合约的最小变动值为 $5000\times1/800=6.25$ 美元。

欧洲美元期权合约,标的资产为 13 周(3 个月期)的欧洲美元期货合约,合约规模为 1000000 美元,最小变动价位为 1/4 个基点,即 0.01%/4 = 0.0025% (1 个基点为 0.01%),最小变动值为$(1000000\times3/12)\times0.01\%/4=6.25$ 美元。

美国 10 年期国债期货期权,合约规模为 100000 美元,最小变动价位为 1/64 点(1 点为合约面值的 1%),最小变动值为 $100000\times1\%/64=15.625$ 美元。

4. 合约月份(contract months)

合约月份指期权合约的到期月份。与期货合约的合约月份相似,在交易所上市的期权品种,交易所会推出多个到期月份不同的期权合约。

通常情况下,期货期权的到期月与标的期货合约的到期月相同(连续期权合约除外)。

5. 最后交易日(last trade date)

最后交易日是指期权合约能够在交易所交易的最后日期。为了使执行期权后交易双方有一定的时间处理所获得的标的期货合约头寸,期权合约的最后交易日较标的期货合约的最后交易日提前。例如,CME 交易的 GBP/USD 期权合约的最后交易日为合约月份的第三个星期三前数两个星期五(美国中部时间下午 2 点停止交易);相同到期月份的标的期货合约的最后交易日为合约月份的第三个星期三前数两个交易日(美国中部时间下午 2 点停止交易)。如 DEC 12 期货期权合约的最后交易日是 2012 年 12 月 7 日(2012 年 12 月的第三个星期三是 2012 年 12 月 19 日,前数一个星期五是 12 月 14 日,前数两个星期五是 12 月 7 日),DEC 12 期货合约的最后交易日为 2012 年 12 月 17 日。

通常情况下,期权多头在最后交易日执行期权,至少有一天以上的时间转让标的资产头寸,除非他们愿意持有标的资产。

**6. 执行（exercise）**

该条款主要给出期权买方执行期权的方式和时间。

例如，CME 交易的大豆期货期权合约规定，在期权合约到期前任何时间，期权买方都有权利行权，将期权头寸转为期货头寸，但必须在美国中部时间下午 6:00 前通知结算所。期权到期后，实值期权将被自动执行（除非持仓者提出拒绝执行期权的要求）。所以，持有实值期权的买方不需要担心期权过期作废。

**7. 合约到期时间（expiration）**

合约到期时间是指期权买方能够行使权利的最后时间，过了该时间，没有被执行的期权合约停止行权（该条款有时也与 exercise 并为一项，再规定合约到期时间，对行权方式进行相关规定）。

期权到期时间可以和合约最后交易时间相同，但大部分期权合约不同。如香港交易所上市的股票期权，行权方式（美式）为：期权买方在任何营业日（包括最后交易日）的下午 6:45 之前随时行权，合约的最后交易时间为最后交易日的下午 4:00。CME 交易的大豆、小麦、玉米、标准普尔 500 指数、利率互换等期货期权合约均列出了 expiration 条款，规定的合约终止执行时间为最后交易日下午 7:00，合约的交易截止时间为下午 1:15 和 3:15 等。

可见，对于合约到期在最后交易日交易时间之后的期权，当期权在交易所停止交易后，期权的买方仍有机会执行期权。

除以上所列出的主要条款外，期权合约会列出交易时间、每日价格限制等条款。具体期权合约可见表 11-1、表 11-2。

**表 11-1　CME 大豆期货期权合约**

| 合约规模 contract size | 一张 5000 蒲式耳的大豆期货合约（特定月份） |
| --- | --- |
| 最小变动价位 tick size（minimum fluctuation） | 1/8 美分/蒲式耳（每份合约 6.25 美元） |
| 执行价格间距 strike price intervals | 10 美分或 20 美分/蒲式耳的整数倍。更详细的关于执行价格间隔的规定参见 11A01.E 规则 |
| 合约月份/符号 contract months/symbols | 1 月（F），3 月（H），5 月（K），7 月（N），8 月（Q），9 月（U），11 月（X）若近期不是标准期权合约，将提供月度（连续）期权合约。该连续期权合约在执行时将转为最近月份的期货合约。例如，10 月份的连续期权合约执行后转为 11 月份的期货合约 |
| 每日价格限制 daily price limit | 0.7 美元/蒲式耳，当临近收盘限制买入或卖出时可以扩大到 1.05～1.60 美元/蒲式耳，最后交易日不设价格限制 |
| 最后交易日 last trade date | 标准及连续期权合约：期权月份前一个月的最后一个交易日至少前数两个交易日之前的最后一个周五。如该周五不是营业日，最后交易日将是该周五前一个营业日 |
| 行权 excercise | 在期权到期前的任何交易时间，期权买方都可以执行期权，但必须在美国中部时间下午 6:00 前通知结算所。期权执行结果将转为标的期货头寸，实值期权在最后交易日将被自动执行 |

| 到期<br>expiration | 在最后交易日下午 7:00,没有被执行的期货期权到期作废 | |
|---|---|---|
| 交易时间<br>trading hours | CME 电子交易平台 | 周日到周五,美国中部时间下午 6:00—上午 7:15,上午 9:30—下午 1:15 |
| | 公开喊价(交易所内的交易场地) | 周一到周五,美国中部时间上午 9:30—下午 1:15 |
| 代码<br>product ticker symbols | CME 电子交易平台 | OZS S=Clearing |
| | 公开喊价(交易所内的交易场地) | 看涨期权 CZ/看跌期权 PZ |
| 交易规则<br>exchange rule | 本合约列出的及服从 CBOT 的交易规则和制度 | |

注:(1)标准期权合约(standard option contract)和连续期权合约[monthly(serial)option contract]:在交易所上市的期权合约中,与期货合约在交易所挂牌交易相同,当某月份的合约到期时,与该月份相同的下一年度或下一期到期的合约会上市交易,即交易所上市的大部分期权合约和期货合约在一年中的任何交易日都可挂牌循环交易,但也有一部分合约只在临近交割月才上市交易。如果某期权品种存在以上两类合约,则前一类被称为标准期权合约,后一类被称为连续期权合约。

(2)对于连续期权合约:第一,合约仅在临近交割月份才推出,如 10 月份到期的连续期权合约可能在 8 月份才推出,合约的交易时间比较短。第二,如果连续期权合约没有对应的标的期货合约,则以后面最近月份的期货合约作为履约合约。所以,连续期权合约与后面最近月份的标准期权合约拥有同一个标的期货合约。第三,不同标的物的期权合约,推出连续期权合约的规定不同。

表 11-2　CME(COMEX)黄金期货期权合约

| 合约规模 | 一份 COMEX 黄金期货合约 |
|---|---|
| 最小变动价位 | 每盎司 0.10 美元 |
| 报价 | 每盎司美元和美分 |
| 交易时间 | CME Globe 电子交易: |
| | 周日至周五,上午 6:00 至下午 5:00(上午 5:00 至下午 4:00,芝加哥/中部时间),每天从下午 5:00(下午 4:00,中部时间)开始有 60 分钟短暂休市时间 |
| | CME ClearPort: |
| | 周日至周五,上午 6:00 至下午 5:00(上午 5:00 至下午 4:00,芝加哥/中部时间),每天从下午 5:00(下午 4:00,中部时间)开始有 60 分钟短暂休市时间 |
| 产品代码 | CME Globe 电子交易:OG<br>CME ClearPort:OG<br>清算所(Clearing):OG |
| 上市合约 | 黄金期货期权应该在每个最近的二十(20)个连续期货合约月上市交易。此外,6 月和 12 月合约将从目前上市月份上市 72 个月 |

续　表

| | |
|---|---|
| 交易终止 | 期权合约月之前一个月的月底之前四个工作日到期。如果到期日为周五或是交易所节假日之前,到期日将为前一个工作日 |
| 头寸限制 | 现货初始月 3000 |
| 大宗最小限额 | 50 手 |
| 价格限制或熔断 | 没有独立的价格限制,联合参考黄金期货合约规定 |
| 供应商报价代码 | OG |
| 执行价格<br>执行价格间距 | 按期货合约进行交易<br>在每个交易日开始时,本合同应遵循 COMEX 特别规则第 589 条规定的波动极限和特别价格波动限制 |
| 行权方式 | 美式 |
| 结算方法 | 可实物交割 |
| 标的产品 | 黄金期货 |
| 交易规则 | COMEX 的交易规则和制度 |

## 四、期权市场

拓展资料 11-2

### (一)期权市场的类型及特点

与期货交易不同,期权既可以在交易所交易,也可以在场外交易。在交易所以外采用非集中交易的非标准化期权合约被称为场外期权(over-the-counter-options,OTC options),也称为店头市场期权或柜台期权。场外期权合约由交易双方协商约定合约条款。

在交易所进行集中交易的标准化期权合约被称为场内期权,也称为交易所期权,期权合约由交易所设计。

与其他场内交易品种不同,大多数交易所期权交易采用做市商来促成交易。做市商(market maker)作为交易者的交易对手,向期权报价方和询价方(买方和卖方)报出买卖价格,所报出的卖价一定高于买价。做市商的收益为买卖价差,交易所会设定买卖价差的上限。此外,交易所对做市商参与市场还有其他规定,例如,香港交易所对做市商的规定包括:做市商的执照申请、执照形式及期限,做市商的权利和义务,对冲活动记录,暂停、撤销及交回执照等内容。做市商申请者向交易所申请做市商资格时,需向交易所注明其选定的责任范围或报价方式是回应报价还是持续报价等。

选择持续报价的做市商有责任就持有的做市商执照所涉及期权类别的指定期权系列,提供不少于交易所指定最低数量的期权合约的持续报价。

选择回应报价的做市商有责任在收到有关其当时持有的做市商执照所涉期权类别的一个期权系列开价要求后将不少于交易所规定的最低数量的期权合约的开价盘输入期权交易系统,维持报价至交易所规定的最短期限,同时在收到该开价要求后于交易所指定的期限内做出回应。

做市商的存在使交易所期权能够保持持续交易。期权交易做市商制度的引入促进了期权交易的活跃,增加了市场流动性,为期权市场的迅速发展做出了重要贡献。

### (二)场外期权与交易所期权的比较

大量的铁矿石、原油等商品期权、外汇期权均在场外交易。与场内期权相比,场外期权具有如下特点。

**1.合约非标准化**

交易所期权合约是标准化的,场外期权合约可以是非标准化的。

**2.交易品种多样、形式灵活、规模巨大**

由于场外交易双方可以直接商谈,期权品种、交易形式和交易规模等均可以按照交易者的需求进行定制,所以场外期权更能够满足投资者的个性化需求,场外期权交易也促进了新的复杂产品的诞生和交易。场外期权交易更为活跃、交易规模更大、交易形式更为多样化和复杂化。

**3.交易对手机构化**

场外期权交易多在机构投资者之间进行,对于一般法人和机构投资者,其交易对手多为经验丰富的投资银行、商业银行等专业金融机构,期权合约的内容、交易方式等均由经验丰富的交易对手设计。

**4.流动性风险和信用风险大**

交易所期权随时可以转让,结算机构可以保证卖方履约,而场外期权交易以上两点都无法保证。所以,场外交易具有较高的流动性风险和信用风险。

# 第二节 期权价格及影响因素

本节主要介绍期权的价格及取值范围、标的物市场价格和执行价格的关系、标的物价格波动率、期权合约的剩余期限、无风险利率对期权价格的影响等内容。

## 一、期权价格及取值范围

期权价格,即权利金(premium),是期权买方为取得期权合约所赋予的权利而支付给卖方的费用。依据期权的特点,权利金的取值范围如下:

(1)期权的权利金不可能为负。由于买方付出权利金后便取得了未来买入或卖出标的物的权利,除权利金外不会有任何损失或潜在风险,所以期权的权利金不会小于 0。

(2)看涨期权的权利金不应该高于标的物的市场价格。如果交易者预期标的物市场价格将上涨,但又担心购买标的物后价格会大幅下跌,当标的物的市场价格跌至 0 时,其最大损失为标的物市场价格,通常情况下损失会小于标的物的市场价格。如果投资者既希望获得标的物市场价格上涨带来的收益,又希望价格下跌时风险可控,便可通过购买看涨期权的方式持有标的物。价格上涨时,投资者按照约定的执行价格取得标的物,成本为执行价格与权利金之和;而价格下跌时,投资者放弃行权,最大的损失为权利金。如果权利金高于标的物的市场价格,投资者的损失将超过直接购买标的物的损失,这便失去了期权投资的意义,投资者不如直接从市场上购买标的物,损失更小且成本更低。所以权利金不应该高于标的物的市场价格。即通过期权方式取得标的物存在的潜在损失不应该高于直接从市场上购买标的物所产生的最大损失。

(3)美式看跌期权的权利金不应该高于执行价格,欧式看跌期权的权利金不应该高于将执行价格以无风险利率从期权到期贴现至交易初始时的现值。

投资者预期标的物市场价格下跌,又担心卖出后价格会上涨,因此可通过购买欧式看跌期权的方式卖出标的物。与购买美式看跌期权不同的是,欧式期权的买方在期权到期时方可行权,将按执行价格卖出标的物所得 X,折成现值为 $X/1([1+r(T-t)])$。同理,现值应大于期权权利金 $P(t)$,否则投资者将产生负的行权收益,而不行权将损失权利金。所以,欧式看跌期权的权利金不应该高于执行价格以无风险利率从期权至到期贴现至交易日时的现值。

(4)美式期权的行权机会大于欧式期权,所以美式期权权利金大于等于欧式期权的权利金。

## 二、期权价格构成

期权价格由内涵价值和时间价值组成。

### (一)内涵价值

**1.内涵价值的含义及计算**

期权的内涵价值(intrinsic value)是指在不考虑交易费用和期权费的情况下,买方立即执行期权合约可获取的收益。

内涵价值由期权合约的执行价格与标的物市场价格的关系决定:

看涨期权的内涵价值=标的物的市场价格-执行价格;

看跌期权的内涵价值=执行价格-标的物的市场价格。

如果计算结果小于0,则内涵价值等于0。所以,期权的内涵价值总是大于等于0。

**2.实值期权、虚值期权和平值期权**

按照执行期权所获得的收益情况的不同,可将期权分为实值期权、虚值期权和平值期权。

实值期权(in-the-money options),也称期权处于实值状态,是指在不考虑交易费用和期权权利金的情况下,买方立即执行期权合约所获得的收益大于0的期权,即内涵价值大于0的期权。对于实值期权,看涨期权的执行价格低于其标的物的市场价格、看跌期权的执行价格高于其标的物的市场价格。

当看涨期权的执行价格远远低于其标的物的市场价格,看跌期权的执行价格远远高于其标的物的市场价格时,该期权被称为深度或极度实值期权。

虚值期权(out-of-the-money options),也称期权处于虚值状态,是指在不考虑交易费用和期权权利金的情况下,买方立即执行期权合约将产生亏损的期权,即虚值期权的内涵价值等于0。对于虚值期权,看涨期权的执行价格高于其标的物的市场价格,看跌期权的执行价格低于其标的物市场价格。

当看涨期权的执行价格远远高于其标的物的市场价格,看跌期权的执行价格远远低于其标的物市场价格时,被称为深度或极度虚值期权。

平值期权(at-the-money options),也称期权处于平衡状态,是指在不考虑交易费用和期权权利金的情况下,买方立即执行期权合约会导致盈亏相抵的期权,与虚值期权相同,平值期权的内涵价值也等于 0。对于平值期权,期权的执行价格等于其标的物的市场价格。

实值期权、虚值期权与平值期的关系见表 11 – 3。

表 11 – 3 实值、虚值与平值期权的关系

| | 看涨期权 | 看跌期权 |
| --- | --- | --- |
| 实值期权 | 执行价格＜标的物的市场价格 | 执行价格＞标的物的市场价格 |
| 虚值期权 | 执行价格＞标的物的市场价格 | 执行价格＜标的物的市场价格 |
| 平值期权 | 执行价格＝标的物的市场价格 | 执行价格＝标的物的市场价格 |

如果某个看涨期权处于实值状态,执行价格和标的物相同的看跌期权一定处于虚值状态,反之亦然。

例如,12 月份到期,执行价格为 450 美分/蒲式耳的玉米期货看跌期权,当其标的玉米期货价格为 400 美分/蒲式耳时,由于执行价格高于标的物市场价格,该期权为实值期权,而 12 月份到期,执行价格为 450 美分/蒲式耳的玉米期货看涨期权为虚值期权。

对于实值期权,在不考虑交易费用和期权费的情况下,买方的行权收益大于 0,所以实值期权的内涵价值大于 0;对于虚值期权和平值期权,由于买方立即执行期权不能获得行权收益,或行权收益小于等于 0,虚值和平值期权不具有内涵价值,其内涵价值等于 0。

例如,执行价格为 450 美分/蒲式耳的玉米期货看涨和看跌期权,当标的玉米期货价格为 400 美分/蒲式耳时,看涨期权和看跌期权的内涵价值各为多少?

解析:

(1)看涨期权的内涵价值,因为执行价格高于标的物市场价格,所以看涨期权为虚值期权,内涵价值＝0。

(2)看跌期权的内涵价值＝450－400＝50 美分/蒲式耳。

### (二)时间价值

1.时间价值的含义

期权的时间价值(time value),又称外涵价值,是指在权利金中扣除内涵价值的剩余部分,它是期权有效期内标的物市场价格波动为期权持有者带来收益的可能性所隐含的价值。显然,标的物市场价格的波动率越高,期权的时间价值就越大。

2.时间价值的计算

时间价值＝权利金－内涵价值。

例如,2012 年 10 月 18 日,CME 交易的 DEC 12 执行价格为 85 美元/桶的原油期货[Light-Sweet Crude Oil(WTDFutures)]期权,看涨期权和看跌期权的权利金分别为 8.33 美元/桶和 0.74 美元/桶,当日该期权标的期货合约的市场价格为 92.59 美元/桶,计算以

上看涨期权和看跌期权的内涵价值和时间价值。

解析：

(1)看涨期权,内涵价值＝标的物市场价格－执行价格＝92.59－85＝7.59美元/桶,时间价值＝权利金－内涵价值＝8.33－7.59＝0.74美元/桶。

(2)看跌期权,由于执行价格低于标的物的市场价格,为虚值期权,内涵价值＝0,时间价值＝权利金＝0.74美元/桶。

例如,CME交易的玉米期货看跌期权,执行价格为450美分/蒲式耳、权利金为22′3美分/蒲式耳(玉米期货期权的最小变动价位为1/8美分/蒲式耳,22′3＝22＋3×1/8＝22.375),执行价格的玉米期货看涨期权的权利金为42′7美分/蒲式耳(42＋7×1/8＝42.875),当标的玉米期货合约的价格为478′2美分/蒲式耳(478＋2×1/4＝478.5)时(玉米期货的最小变动价位为1/4美分/蒲式耳),以上看涨期权和看跌期权的时间价值分别为多少?

解析：

(1)看跌期权,由于执行价格低于标的物市场价格,为虚值期权,内涵价值＝0,时间价值＝权利金＝22.375美分/蒲式耳。

(2)看涨期权,内涵价值＝478.5－450＝28.5美分/蒲式耳,时间价值＝42.875－28.5＝14.375美分/蒲式耳。

**3.不同期权的时间价值**

(1)平值期权和虚值期权的时间价值总是大于等于0。因为平值和虚值期权的内涵价值等于0,而期权的价值不能为负,所以平值期权和虚值期权的时间价值总是大于等于0。

(2)美式期权的时间价值总是大于等于0。对于实值美式期权,由于美式期权在有效期的正常交易时间内可以随时行权,如果期权的权利金低于其内涵价值,在不考虑交易费用的情况下,买方立即行权便可获利。因此,在不考虑交易费用的情况下,权利金与内涵价值的差总是大于0,或者说,处于实值状态的美式期权的时间价值总是大于等于0。

因为平值期权和虚值期权的时间价值也大于0,所以美式期权的时间价值均大于等于0。

由于存在佣金、行权费等交易成本,期权实际交易中,也存在实值美式期权时间价值小于0,即美式期权时间价值小于0的情形。

拓展资料 11-3

(3)实值欧式期权的时间价值可能小于0。欧式期权只能在期权到期时行权,所以在有效期的正常交易时间内,当期权的权利金低于内涵价值时,即处于实值状态的欧式期权具有负的时间价值时,买方并不能够立即行权。因此,处于实值状态的欧式期权的时间价值可能小于0,特别是处于深度实值状态的欧式看涨期权和看跌期权,由于标的物的市场价格与执行价格的差距过大,标的物市场价格的进一步上涨或下跌的难度较大,时间价值小于0的可能性更大。

因为美式期权的行权机会大于欧式期权,所以美式期权的时间价值和权利金大于等于欧式期权。

### 三、影响期权价格的基本因素

影响权利金的基本因素包括：标的物市场价格、执行价格、标的物市场价格波动率、期权合约的有效期、无风险利率等。

#### （一）标的物市场价格和执行价格

期权的执行价格与标的物的市场价格是影响期权价格的重要因素。两种价格的相对差额不仅决定着内涵价值，而且影响着时间价值。

执行价格与市场价格的相对差额决定了内涵价值的有无及其大小。就看涨期权而言，市场价格较执行价格高时，期权具有内涵价值，高出越多，内涵价值越大；当市场价格等于或低于执行价格时，内涵价值为0。就看跌期权而言，市场价格较执行价格低时，期权具有内涵价值，低得越多，内涵价值越大；当市场价格等于或高于执行价格时，内涵价值为0。

在标的物市场价格一定且高于执行价格时，执行价格的大小决定着期权内涵价值的高低。对看涨期权来说，若执行价格提高，则期权的内涵价值减少；若执行价格降低，则内涵价值增加。对看跌期权来说，若执行价格提高，则期权的内涵价值增加；若执行价格降低，则期权的内涵价值减少。也就是说，当期权处于实值状态，执行价格与看涨期权的内涵价值呈负相关关系，与看跌期权的内涵价值是正相关关系。同样，在执行价格一定且低于标的物市场价格时，标的物市场价格的上涨或下跌决定着期权内涵价值的大小，对于实值期权，标的物市场价格与看涨期权的内涵价值呈正相关关系，与看跌期权的内涵价值呈负相关关系。

因为虚值和平值期权的内涵价值总为0，所以当期权处于虚值或平值状态时，标的物市场价格的上涨或下跌及执行价格的高低不会使内涵价值发生变化。

此外，期权的价格虽然由内涵价值和时间价值组成，但由期权定价理论可以推得，内涵价值对期权价格高低起决定作用，期权的内涵价值越高，期权的价格也越高。

执行价格与标的物市场价格的相对差额也决定着时间价值的有无和大小。一般来说，执行价格与标的物市场价格的相对差额越大，则时间价值就越小；反之，相对差额越小，则时间价值就越大。

当期权处于深度实值或深度虚值状态时，其时间价值将趋于0，特别是处于深度实值状态的欧式看涨和看跌期权，时间价值还可能小于0；当期权正好处于平值状态时，其时间价值达到最大。因为时间价值是人们因预期市场价格的变动能使虚值期权变为实值期权，或使有内涵价值的期权变为内涵价值更大期权而付出的代价，所以当期权处于深度实值状态时，市场价格变动使它继续增加内涵价值的可能性已极小，使它减少内涵价值的可能性则极大，因而人们都不愿意为买入该期权并持有它而支付时间价值，或付出比当时的内涵价值更高的权利金；当期权处于深度虚值状态时，人们会认为变为实值期权的可能性十分渺茫，因而也不愿意为买入这种期权而支付时间价值或支付权利金。

在执行价格与市场价格相等或相近时，即在期权处于或接近于平值期权时，市场价格的变动才最有可能使期权增加内涵价值，人们也才最愿意为买入这种期权而付出代价，所以此时的时间价值应为最大,任何执行价格与标的物的市场价格的偏离都将减少这一价值。

无论是美式还是欧式期权,当标的物市场价格与执行价格相等或接近,即期权处于或接近平值状态时,时间价值最大;当期权处于深度实值和深度虚值状态时,时间价值最小。表 12 - 3 的结果也支持该结论。

### (二)标的物市场价格波动率

标的物市场价格波动率是指标的物市场价格的波动程度,它是期权定价模型中的重要变量。

在其他因素不变的条件下,预期标的物价格波动率越高,标的物上涨很高或下跌很深的机会会随之增加,标的物市场价格涨至损益平衡点之上或跌至损益平衡点之下的可能性和幅度也就越大,买方获取较高收益的可能性也会增加,损失却不会随之增加,但期权卖方的市场风险会随之大幅增加。所以,标的物市场价格的波动率越高,期权的价格也应该越高。

在期权定价中标的资产的波动率可用历史数据估计,也可通过期权价格推出,前者被称为历史波动率,后者被称为隐含波动率。如果历史波动率大于隐含波动率,即标的资产实际波动率大于通过期权价格计算的波动率,意味着标的资产未来有加大波动的可能;反之,如果历史波动率小于隐含波动率,即标的资产实际波动率小于通过期权价格计算的波动率,则意味着标的资产波动率有减小的可能。

### (三)期权合约的有效期

期权合约的有效期是指距期权合约到期日剩余的时间。在其他因素不变的情况下,期权有效期越长,美式看涨期权和看跌期权的价值都会增加。这是因为对于美式期权来说,有效期长的期权不仅包含了有效期短的期权的所有执行机会,而且有效期越长,标的物市场价格向买方所期望的方向变动的可能性就越大,买方行使期权的机会也越多,获利的机会也就越多。所以,在其他条件相同的情况下,距最后交易日长的美式期权价值不应该低于距最后交易日短的期权的价值。

随着有效期的增加,欧式期权的价值并不必然增加。这是因为对于欧式期权来说,有效期长的期权并不包含有效期短的期权的所有执行机会。即使在有效期内标的物市场价格向买方所期望的方向变动,但由于不能行权,在到期时也存在向不利方向变化的可能,所以随着期权有效期的增加,欧式期权的时间价值和权利金并不必然增加,即剩余期限长的欧式期权的时间价值和权利金可能低于剩余期限短的欧式期权的时间价值和权利金。

因为美式期权的行权机会多于相同标的和剩余期限的欧式期权,所以,在其他条件相同的情况下,剩余期限相同的美式期权的价值不应该低于欧式期权的价值,见表 11 - 4。

表 11 - 4　各类期权的内涵价值、时间价值和权利金

| 期权类型 | | | | 内涵价值 | | 时间价值 | | 权利金 |
|---|---|---|---|---|---|---|---|---|
| 美式 | 看涨 | 实值 | 深度 | >0 | 深度>一般 | ≥0 | | 剩余期限的影响:剩余期限长的>剩余期限短的;达到平值时,两者的差为最大;随着实值或虚值程度的加深。两者差越来越小,深度实值和深度虚值,剩余期限长的=剩余期限短的。深度虚值<一般虚值<平值<一般实值<深度实值 |
| | | | 一般 | | | >0 | 深度<一般 | |
| | | 虚值 | 深度 | =0 | | >0 | | |
| | | | 一般 | | | >0 | | |
| | | 平值 | | =0 | | 最大 | | |
| | 看跌 | 实值 | 深度 | >0 | 深度>一般 | ≥0 | | |
| | | | 一般 | | | >0 | 深度<一般 | |
| | | 虚值 | 深度 | =0 | | >0 | | |
| | | | 一般 | | | >0 | | |
| | | 平值 | | =0 | | 最大 | | |
| 欧式 | 看涨 | 实值 | 深度 | >0 | 深度>一般 | ≥0或<0 | | 剩余期限的影响:剩余期限长的>剩余期限短的;达到平值时,两者的差为最大;随着实值或虚值程度的加深。两者差越来越小,深度实值和深度虚值,剩余期限长的=剩余期限短的。深度虚值<一般虚值<平值<一般实值<深度实值 |
| | | | 一般 | | | >0 | 深度<一般 | |
| | | 虚值 | 深度 | =0 | | >0 | | |
| | | | 一般 | | | >0 | | |
| | | 平值 | | =0 | | 最大 | | |
| | 看跌 | 实值 | 深度 | >0 | 深度>一般 | ≥0或<0 | | |
| | | | 一般 | | | >0 | 深度<一般 | |
| | | 虚值 | 深度 | =0 | | >0 | | |
| | | | 一般 | | | >0 | | |
| | | 平值 | | =0 | | 最大 | | |

### (四)无风险利率

无风险利率水平会影响期权的时间价值,也可能会影响期权的内涵价值。当利率提高时,期权买方收到的未来现金流的现值将减少,从而使期权的时间价值降低;反之,当利率下降时,期权的时间价值会增加。但是,利率水平对期权时间价值的整体影响是十分有限的。

此外,利率的提高或降低会影响标的物的市场价格,如果提高利率使标的物市场价格降低,如在经济过热时期,政府提高利率以抑制经济的过热增长,将导致股票价格下跌,股票看涨期权的内涵价值降低,股票看跌期权的内涵价值提高,此种情况下,看涨期权的价值必然降低,而看跌期权的价值有可能会提高。但是,如果在经济正常增长时期,当利率增加时,股票的预期增长率也倾向于增加,此种情况下得出的结论与前述结

论可能相反。

综上所述,无风险利率对期权价格的影响,要视当时的经济环境及利率变化对标的物的市场价格影响的方向,考虑对期权内涵价值的影响方向及程度,然后综合对时间价值的影响,得出最终的结果。

# 第三节　期权交易策略

本节主要介绍四种最基本的期权交易策略、期权套期保值和期权套利策略等内容。

## 一、期权交易的简单策略及应用

拓展资料 11-4

期权交易的简单策略有买进看涨期权、买进看跌期权、卖出看涨期权、卖出看跌期权四种。通常情况下,当标的物市场价格趋势比较明了,或标的物市场价格有可能大幅波动时,会考虑买进期权策略,而当交易者认为标的物市场价格出现盘整行情时,可考虑卖出期权策略。

### (一)买进看涨期权

1.买进看涨期权损益

看涨期权的买方在支付一笔权利金后,便可享有按约定的执行价格买入相关标的物的权利,但不负有必须买进的义务,从而锁定了标的物价格下跌可能存在的潜在损失。一旦标的物价格上涨,便可执行期权,以低于标的物的价格(执行价格)获得标的物;买方也可在期权价格上涨或下跌时卖出期权平仓,获得价差收益或避免遭受损失全部权利金的风险。

买进看涨期权的最大损益结果或到期时的损益状况参见图 11-1。

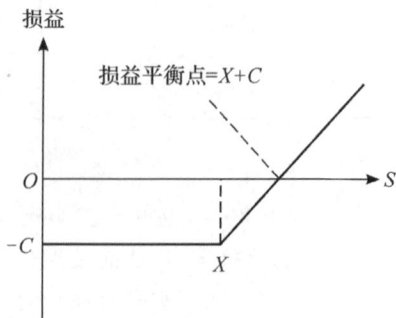

图 11-1　买进看涨期权损益状况

图 11-1 中:$C$=看涨期权的市场价格,$X$=期权的执行价格,$S$=标的物的市场价格。

标的物市场价格越高,对看涨期权的买方越有利,如果预期标的物的市场价格上涨,可通过买进看涨期权获利(见表 11-5)。

表 11-5 标的物市场价格变化对看涨期权买方损益的影响

| 标的物市场<br>价格范围 | 标的物市场价格的变动<br>方向及买方损益 | 期权头寸处置办法 |
|---|---|---|
| $0 \leqslant S \leqslant X$ | 处于亏损状态。无论 $S$ 上涨或下跌,最大损失不变,等于权利金 | 不执行期权;可卖出期权对冲平仓;或持有到期期权至作废 |
| $X < S < X+C$ | 处于亏损状态。亏损会随着 $S$ 上涨而减少,随着 $S$ 下跌而增加 | 可以执行期权;也可卖出期权对冲平仓;或持有到期期权被自动执行 |
| $S = X+C$<br>(损益平衡点) | 损益=0 | 可以执行期权;也可卖出期权对冲平仓;或持有到期期权被自动执行 |
| $S > X+C$ | 处于盈利状态,损益为 $S-(X+C)$,盈利随着 $S$ 下跌而减少,随着 $S$ 上涨而增加 | 可以执行期权;也可卖出期权对冲平仓;或持有到期期权被自动执行<br>行权收益=标的物市场价格-执行价格-权利金<br>平仓收益=权利金卖出价-权利金买入价 |

2.买进看涨期权的运用(见表 11-6)

表 11-6 买进看涨期权(long call)综合分析

| 运用场合 | (1)预期后市上涨;<br>(2)市场波动率正在扩大;<br>(3)愿意利用买进期权的优势,即有限风险的杠杆作用;<br>(4)牛市,隐含价格波动率低(low implied volatility)(隐含波动率低是指期权价格反应的波动率小于理论计算的波动率) |
|---|---|
| 收 益 | 平仓收益=权利金卖出价-权利金买入价<br>行权收益=标的物价格-执行价格-权利金<br>当标的物价格持续上涨时,买方收益不断增加,理论上收益可能达到无限大 |
| 最大风险 | 损失全部权利金 |
| 损益平衡点 | 执行价格+权利金 |
| 时间价值的损耗 | 随着合约到期日的临近,时间价值会一直下跌。如果波动率加大,时间价值下跌较慢。波幅下跌,时间价值的损耗加速 |
| 保证金 | 不交 |
| 履约部位 | 多头 |

注:"损益平衡"主要是从行权的角度考虑。只要标的物价格高于损益平衡点,买方行权即可获利。因此,交易时对权利金的出价要从长远考虑。

(1)获取价差收益。当交易者通过对相关标的物价格变动进行分析,认为标的物价格上涨可能性很大,希望通过买入看涨期权获得权利金价差收益,一旦标的物价格上涨,则权利金也会上涨,他可以在市场上以更高的价格卖出期权获利。即使标的物市场价格下跌,买方的最大损失也只是支付的权利金。

(2)追逐更大的杠杆效应。与期货交易相比,期权买方可以为投资者提供更大的杠杆效应,与持有股票等金融现货资产相比,通过购买期权获得标的资产的杠杆效用更高。特别是剩余期限较短的虚值期权,权利金往往较低,则较少的权利金就可以控制同样数量的标的合约或金融现货资产,而且如果标的资产市场价格下跌也不会被要求追加资金或遭受强行平仓,一旦价格反转则会享受标的物价格上涨带来的盈利。

例如,2012 年 10 月 29 日,CME 交易的 DEC 12 GBP/USD 期货合约的市场价格为 1.6095,该标的执行价格从 1.29 至 1.87 的美式看涨期权和看跌期权分别有 58 个,执行价格为 1.29 的实值看涨期权和执行价格为 1.87 的实值看跌期权的权利金最高,分别为 0.3195、0.2605,分别为标的期货合约市场价格的 19.85% 和 16.19%。以上期权虚值程度较高,所以时间价值为 0,权利金等于内涵价值。

执行价格为 1.6100,接近标的期货合约,即接近平值期权,其权利金为 0.0077,时间价值最高。执行价格为 1.65、1.66、1.67 的虚值看涨期权,权利金仅为 0.0001、0.0002、0.0003。执行价格为 1.55、1.56、1.57 的虚值看涨期权,权利金为 0.0001、0.0002、0.0004。期权权利金与标的资产市场价格的关系见表 11-7。

表 11-7  期权权利金与标的资产市场价格的关系

| 执行价格 | 期权类型 | 权利金 | 内含价值 | 时间价值 | 权利金/标的物价格 |
|---|---|---|---|---|---|
| 1.29 | Call | 0.3195 | 0.3195 | 0 | 19.85% |
| 1.55 | Call | 0.0596 | 0.0595 | 0.0001 | 3.70% |
| 1.56 | Call | 0.0497 | 0.0495 | 0.0002 | 3.09% |
| 1.57 | Call | 0.0399 | 0.0395 | 0.0004 | 2.48% |
| 1.58 | Call | 0.0304 | 0.0295 | 0.0009 | 1.89% |
| 1.59 | Call | 0.0216 | 0.0195 | 0.0021 | 1.34% |
| 1.60 | Call | 0.0138 | 0.0095 | 0.0043 | 0.86% |
| 1.61 | Call | 0.0077 | 0 | 0.0077 | 0.48% |
| 1.62 | Call | 0.0038 | 0 | 0.0038 | 0.24% |
| 1.63 | Call | 0.0016 | 0 | 0.0016 | 0.10% |
| 1.64 | Call | 0.0007 | 0 | 0.0007 | 0.04% |
| 1.65 | Call | 0.0003 | 0 | 0.0003 | 0.02% |
| 1.66 | Call | 0.0002 | 0 | 0.0002 | 0.01% |
| 1.67 | Call | 0.0001 | 0 | 0.0001 | 0.01% |

| 执行价格 | 期权类型 | 权利金 | 内含价值 | 时间价值 | 权利金/标的物价格 |
|---------|---------|--------|---------|---------|-----------------|
| 1.55 | Put | 0.0001 | 0 | 0.0001 | 0.01% |
| 1.56 | Put | 0.0002 | 0 | 0.0002 | 0.01% |
| 1.57 | Put | 0.0004 | 0 | 0.0004 | 0.02% |
| 1.58 | Put | 0.0009 | 0 | 0.0009 | 0.06% |
| 1.59 | Put | 0.0021 | 0 | 0.0021 | 0.13% |
| 1.60 | Put | 0.0043 | 0 | 0.0043 | 0.27% |
| 1.61 | Put | 0.0082 | 0.0005 | 0.0077 | 0.51% |
| 1.62 | Put | 0.0143 | 0.0105 | 0.0038 | 0.89% |
| 1.63 | Put | 0.0221 | 0.0205 | 0.0016 | 1.37% |
| 1.64 | Put | 0.0312 | 0.0305 | 0.0007 | 1.94% |
| 1.65 | Put | 0.0408 | 0.0405 | 0.0003 | 2.53% |
| 1.66 | Put | 0.0507 | 0.0505 | 0.0002 | 3.15% |
| 1.87 | Put | 0.2605 | 0.2605 | 0 | 16.19% |

通过表 11-7 可知,期权权利金最高不足标的期货合约的 20%,市场上有交易的虚值看涨和看跌期权,权利金仅为标的资产的万分之几,接近平值的期权权利金为 0.0077,不足标的资产的 0.5%。下面对期权和期货持仓资金占用及损益情况进行比较:

第一,如果投资者决定以当前价格购买 625000 英镑并持续持有,他决定通过购买 10 张接近平值的看涨期货期权持有 625000 英镑,即购买 10 张执行价格为 1.6100 的 DEC 12 美式看涨期货期权,便拥有了在合约到期前(含到期日)的任何交易日,以 1.6100 美元/英镑的价格购买 10 张 DEC 12 GBP/USD 期货合约的权利,每张期货合约的合约规模为 62500 英镑,需要初始资金 $10 \times 62500 \times 0.0077 = 4812.5$ 美元,资金占用不超过标的资产价值的 0.5%,且在标的资产价格下跌时,也不会被要求追加资金。

如果标的期货合约的价格上涨至 1.6100 美元之上,投资者行权买入期货合约,并将期货合约按市场价格卖出,同时在现货市场上按市价买入英镑,期货合约的平仓收益可以弥补现货市场价格上涨的损失,4812.5 美元的权利金投入为多增加的成本。

权利金投入也是投资者的最大损失额。例如,2012 年 11 月 23 日,DEC 12 GBP/USD 期货合约下跌至 1.6044,跌幅为 0.32699%,执行价格为 1.6100 的看涨期权价格下跌至 0.0042,如果交易者继续持有合约,则不需要追加任何资金,如果交易者将期权卖出平仓,损失为 $(0.0077 - 0.0042) \times 10 \times 62500 = 2187.5$ 美元。同时他可以以更低的价格从市场上购买英镑。

第二,如果投资者通过购买 10 张期货合约持有 625000 英镑,假设在该时点 CME 对该期货合约收取的交易保证金是 10%,则初始资金占用为 $10 \times 62500 \times 1.6095 \times 10\% = 100593.8$ 美元,远高于期权投资的资金占用。如果标的期货合约价格下跌,还需要追加保证金,且价格下跌多少,交易者便亏损多少。

当标的期货合约价格下跌至 1.0644 时,如果保证金比例仍为 10%,交易者需要追加保证金$(1.6044 - 1.6095) \times 10 \times 62500 \times 10\% + (1.6095 - 1.6044) \times 10 \times 62500 = 2868.75$ 美元。如果平仓了结的话,交易者亏损$(1.6095 - 1.6044) \times 10 \times 62500 = 3187.5$ 美元。

通过以上分析可知,通过购买期权获得标的资产,最大损失为权利金,标的物市场价格的不利变动给期权买方,特别是购买虚值或平值期权的买方带来的损失将远远低于持有期货合约的损失,而且也不会出现价格向不利方向变化时被要求追加保证金的问题。所以投资者如果不想投入更多资金持有标的资产,可选择买进看涨期权策略来博取更高的杠杆效应,同时也规避了标的物价格下跌带来的风险,但要承担损失权利金的风险或增加权利金投入的持仓成本。

(3)限制交易风险或保护标的物空头。持有标的物多头的交易者,当标的物价格上涨到一定程度后,担心标的物市场价格下跌而考虑卖出持仓获利,但如果将标的物卖出后,标的物价格继续上升而不是下跌,交易者会承受较大的价格上涨风险。如果交易者在卖出标的物的同时买进看涨期权,则可控制标的物价格上涨风险。

买进期权后,如果标的物价格继续上涨,则看涨期权的权利金价格应随之上涨,将期权平仓,或行使期权,以较低的执行价格买进标的物,再以较高的市场价格将其卖出,从而弥补了投资者卖出标的物的损失;一旦标的物价格下跌,则看涨期权的最大损失是权利金,使出售的标的物价格相对降低。

另外,对于已生产出产品的厂商来说,他设想将产品储存到价格可能上升时再出售以获更大的利润,同时又担心万一到时价格不升反跌,这时就可以考虑在卖出实物产品的同时买入与实物产品相关的看涨期货期权,既可立即获得货款,加快资金周转,又避免了因储存产品而产生的市场风险。如果卖出实物产品后其价格上涨,看涨期权的市场价格也会随之上涨,他可以将期权平仓,也可以行使期权,以较低的执行价格买进标的期货合约再将其以较高的市场价格卖出,可实现提高实物产品售价的目的;如果实物产品和标的期货价格下跌,可放弃行权,最大损失为权利金,意味着卖出的实物产品的售价相对降低。

(4)锁定现货成本,规避市场风险。未来需购入现货的企业利用买进看涨期权进行保值、锁定成本。买方买入看涨期权后便取得了以既定的执行价格买进相关商品期货合约的权利,这样可以为将来买入的实物商品限定一个最高买入价格,以防止价格上升而造成损失,达到商品保值的目的。当现货市场价格下跌时,期权购买者可以放弃行权,以较低价格买入商品,但要损失权利金投入。

**(二)卖出看涨期权**

1. 卖出看涨期权损益

看涨期权卖方损益与买方正好相反,买方的盈利即卖方的亏损,买方的亏损即卖方的盈利,看涨期权卖方能够获得的最高收益为卖出期权收取的权利金(见图 11-2)。

　　看涨期权的卖方在获得一笔权利金后,便拥有了按约定的执行价格卖出相关标的资产的义务。一旦标的资产价格上涨,买方执行期权,卖方被指定履约时,必须以较低的市场价格(执行价格)向买方出售标的资产;如果标的资产价格下跌,买方放弃行权,卖方最大的收益为权利金;卖方也可在期权价格上涨或下跌时买进期权平仓,获得权利金价差收益或减少价格向不利方向变动时的损失。

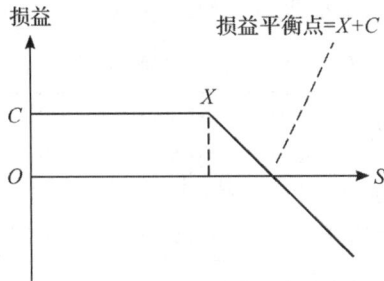

图 11-2 卖出看涨期权的损益状况

　　标的物市场价格处于横盘整理或下跌,对看涨期权的卖方有利,如果预期标的物市场价格处于窄幅整理或下跌,可通过卖出看涨期权获利,见表 11-8。

表 11-8 标的物市场价格变化对看涨期权卖方损益的影响

| 标的物市场价格范围 | 标的物市场价格的变动方向及卖方损益 | 期权头寸处置办法 |
| --- | --- | --- |
| $0 \leqslant S \leqslant X$ | 处于盈利状态。无论 $S$ 上涨或下跌,最大盈利不变,等于权利金 | 买方不会执行期权。卖方可买入期权对冲平仓;或持有到期,赚取权利金(期权不会被执行) |
| $X < S < X + C$ | 处于盈利状态。盈利会随着 $S$ 上涨而减少,随着 $S$ 下跌而增加 | 可买入期权对冲平仓;或接受买方行权;或持有到期期权被自动执行,履行期权合约 |
| $S = X + C$ (损益平衡点) | 损益 $= 0$ | 可以买入期权对冲平仓;或接受买方行权,履行期权合约;或持有到期期权被自动执行,履行期权合约 |
| $S > X + C$ | 处于亏损状态,损益为 $-S + (X + C)$ 亏损会随着 $S$ 下跌而减少,随着 $S$ 上涨而增加 | 可以买入期权对冲平仓;或接受买方行权,履行期权合约;持有到期期权被自动执行,履行期权合约 平仓损失=权利金卖出价-权利金买入价(买入价>卖出价) 被要求行权损失=执行价格-标的物市场价格+权利金 |

　　随着合约到期日的临近,时间价值会一直下跌。如果波动率加大,时间价值下跌较慢。波幅下跌,时间价值的损耗加速。

2.卖出看涨期权的运用

(1)获取价差收益或权利金收入(见表11-9)。看涨期权的卖方通过对期权合约标的物价格变动的分析,认为标的物价格会下跌,或即使上涨,涨幅也很小,可卖出看涨期权,收取一定数额的权利金。待标的物价格下跌时,看涨期权的市场价格也随之下跌,看涨期权卖方可以以低于卖出价的价格将期权买入平仓,获得价差收益;如果坚信价格不会上升,卖方可以一直持有期权至到期,期权不被执行,卖方可获得全部权利金收入。

表 11-9  卖出看涨期权综合分析

| | |
|---|---|
| 运用场合 | (1)熊市或横盘,市场波动率收窄;<br>(2)熊市或横盘,隐含价格波动率高(high implied volatility);<br>(3)预计后市下跌或见顶;<br>(4)已经持有现货或期货合约的多头,作为对冲策略 |
| 收益 | 所收取的全部权利金 |
| 最大风险 | 卖出看涨期权是看空后市,若市价不跌反升,将导致损失<br>损失=权利金卖出价-权利金斩仓买入价(买入价>卖出价)<br>期权被要求行权的损失=执行价格-标的物平仓买入价格+权利金<br>当标的物价格持续上涨时,卖方损失不断扩大,理论上损失可能达到无限大 |
| 损益平衡点 | 执行价格+权利金 |
| 时间价值的损耗 | 时间越接近到期日,价格又在执行价格左右,卖方的收益最大 |
| 保证金 | 交 |
| 履约部位 | 空头 |

从国外市场的交易情况看,卖出看涨期权的收益率并不低,因为多数期权买方行权的机会很小,所以卖方的收益往往高于买方。

卖出看涨期权者通过对期权及标的物趋势的分析选择不同的有效期、执行价格,以及适当的入市时机,有可能获得丰厚的利润。但对于资金有限的投资者,由于卖出者要交纳保证金还可能被要求追加保证金,则应避免卖出无保护性看涨期权。

(2)增加标的物多头的利润。如果交易者对标的物后市谨慎看多,则在买入标的物的同时可卖出该标的物的看涨期权,或已经持有标的物,当价格上涨到一定水平后,如果担心价格下跌,可采取卖出看涨期权策略。

[例5]  美国某交易者看涨英镑后市,于 2012 年 8 月 10 日在 CME 以 1.5667 的价格($S_1$)买进 1 手 DEC 12 GBP/USD 期货合约(62500 英镑),合约总价值 97918.75 英镑。10 月 29 日,GBP/USD 期货合约的价格涨至 1.6095($S_2$),该交易者认为英镑上涨势头减弱,如果他以此价格将期货合约对冲平仓,可获得 2675 美元的收益,但其希望通过构建期权头寸以更高的价格出售英镑。10 月 29 日,该交易者在 CME 以 0.0038 的价格卖出执行价格为 1.6200 的 DEC 12 GBP/USD 美式看涨期货期权(交易者谨慎看多,卖出的看涨期权的执行价格略高于标的期货合约的市场价格)。

在期权有效期内,如果 GBP/USD 期货合约的价格上涨至 $S$,但 $S < 1.6200$,则买方不会行权,卖出期权头寸的权利金收入等于增加了所持标的期货合约的售价,标的期货合约售价最大可增至 $S + 0.0038$。

如果标的期货合约的市场价格上涨至 1.6200 及以上,组合策略的最大净损益为 $X - S_1 + C = 1.6200 - 1.5667 + 0.0038 = 0.0571$,最多可获得 $0.0571 \times 62500 = 3568.75$ 美元的收益,且不再随标的期货合约价格的上涨而提高。组合策略损益状态见图 11-3。

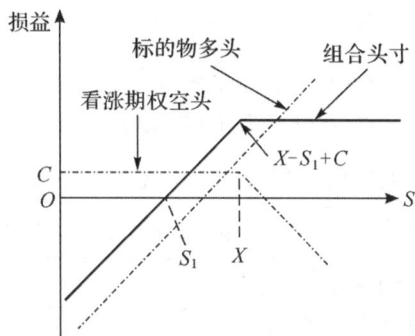

图 11-3 卖出看涨期权与标的物多头的组合

2012 年 11 月 20 日,由于 GBP/USD 现货下跌,该标的期货合约的市场价格下跌至 1.5890,执行价格为 1.6200 的期权合约的市场价格下跌至 0.0007,该交易者认为后市不乐观,决定了结组合头寸。该交易者以 1.5890 的价格卖出期货合约,期货头寸损益 $= (1.5890 - 1.5667) \times 62500 = 1393.75$ 美元,低于以 1.6095 平仓时所获收益;同时,该交易者以 0.0007 的价格买进期权合约对冲其期权头寸,期权损益 $= (0.0038 - 0.0007) \times 62500 = 193.75$ 美元,部分弥补了期货市场价格判断失误所造成的损失,组合策略的净损益 $= 1393.75 + 193.75 = 1587.5$ 美元。

构建该组合策略主要考虑的因素:

第一,看涨期权的执行价格。所卖出期权的执行价格越高,买方行权的可能性越小,对构建该组合策略者越有利,但执行价格越高,看涨期权的权利金越低,卖出期权对增加标的物持仓利润的影响越小。

第二,标的物价格的变化趋势。如果预期标的资产的市场价格能够上涨至期权的执行价格与权利金之和以上,则单独持有标的资产更为有利,即预期标的物市场价格将大幅上涨时不宜采用此策略;如果预期标的物市场价格下跌,则不会购买或继续持有标的物。所以,此策略适用于对标的物市场谨慎看多的市场环境。

### (三)买进看跌期权

#### 1. 买进看跌期权损益

看跌期权的买方在支付一笔权利金后,便可享有按约定的执行价格卖出相关标的物的权利,但不负有必须卖出的义务,从而锁定了标的物价格下跌可能存在的潜在损失。一旦标的物价格下跌,便可执行期权,以较高的市场价格(执行价格)出售标的物;或者在期权价格上涨时卖出期权平仓。买进看跌期权最大损益结果或到期时的损益状况见图 11-4。

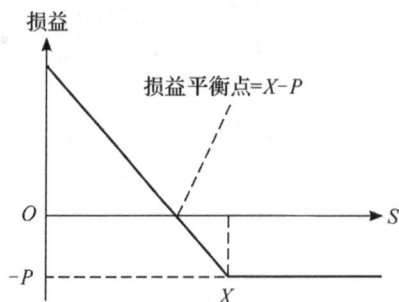

图 11-4 买进看跌期权损益状态

注:图中 $P$ 为看跌期权的权利金

标的物价格变化对看跌期权买方损益的影响见表 11-10。

表 11-10 标的物价格变化对看跌期权买方损益的影响

| 标的物市场<br>价格范围 | 标的物市场价格的变动<br>方向及买方损益 | 期权头寸处置办法 |
|---|---|---|
| $S \geqslant X$ | 处于亏损状态。无论 $S$ 上涨或下跌,最大<br>损失不变,等于权利金 | 不执行期权。可卖出期权对冲平仓;或<br>持有到期,期权作废 |
| $X-P<S<X$ | 处于亏损状态。亏损会随着 $S$ 下跌而减<br>少,随着 $S$ 上涨而增加 | 可以执行期权;也可卖出期权对冲平仓;<br>或持有到期期权被自动执行 |
| $S=X-P$<br>(损益平衡点) | 损益=0 | 可以执行期权;也可卖出期权对冲平仓;<br>或持有到期期权被自动执行 |
| $S<X-P$ | 处于盈利状态,盈利随着 $S$ 上涨而减少,<br>随着 $S$ 下跌而增加,但盈利不会无限大,<br>最大盈利=$X-P$,此时,$S$ 应跌至 0 | 可以执行期权;也可卖出期权对冲平仓;<br>或持有到期期权被自动执行 |

2. 买进看跌期权的运用(见表 11-11)

(1)获取价差收益。看跌期权的买方通过对市场价格变动的分析,认为标的物价格有较大幅度下跌的可能,于是,他支付一定数额的权利金买进看跌期权。如果标的物价格下跌,则看跌期权的权利金会上涨,他可将期权卖出平仓获利。如果标的物价格不跌反涨,交易者将放弃行权,其最大损失为支付的权利金。如果交易者认为标的物市场价格无反转可能,可将看跌期权卖出平仓,以减少标的物持续上涨所造成的损失。

表 11-11 买进看跌期权综合分析

| 运用场合 | (1)预期后市下跌;<br>(2)市场波动率正在扩大;<br>(3)熊市,隐含价格波动率低(low implied volatility) |
|---|---|

续　表

| | |
|---|---|
| 收益 | 平仓收益＝权利金卖出价－权利金买入价<br>行权收益＝标的物价格－执行价格－权利金<br>当标的物价格持续上涨时,买方收益不断增加,最大收益＝$X-P$ |
| 最大风险 | 损失全部权利金 |
| 损益平衡点 | 执行价格－权利金 |
| 时间价值的损耗 | 随着合约到期日的临近,时间价值会一直下跌。如果波动率加大,时间价值下跌较慢。波动率缩小,时间价值的损耗加速 |
| 保证金 | 不交 |
| 履约部位 | 空头 |

(2)博取更大的杠杆效用。与买进看涨期权相似,如果预期标的物价格有较大可能下跌,通过买进看跌期权持有标的物空头比直接卖出标的期货合约或融券卖出标的物所需准备的初始资金少,而且如果标的物市场价格上涨也不会被要求追加资金或遭受强行平仓,一旦价格反转则会享受标的物价格下跌带来的盈利。

(3)保护标的物多头。投资者已经买进了标的物,他既想持有标的物以享受价格上涨的好处,又担心价格下跌而遭受损失。在此情形下,投资者可买进看跌期权,或在买进标的物的同时买进看跌期权。如果标的物价格下跌,看跌期权的价差收益或行权收益会弥补持有标的物带来的损失,从而对买进的标的物是一种保护;如果价格上涨,投资者的标的物持仓会继续受益,而购买的看跌期权价格下跌或作废,其最大损失只是权利金,使投资者标的物持仓成本提高。

例如,某投资者于2012年6月29日以42港元买进香港交易所九龙仓集团有限公司股票10万股。2012年8月10日,股票价格上涨至47港元,他认为股票有进一步上涨空间,但又担心价格下跌,决定购买该股票看跌期权来保护其持有的股票多头(WHL)。8月10日,该交易者以3.10港元的价格买进NOV 12执行价格为50港元的该股票看跌期权10000张(该期权合约规模为1000股,美式)。2012年10月24日,该股票价格上涨至53港元,权利金下跌至0.46港元,该交易者认为股票价格已经上涨至目标价位,决定将其持仓进行平仓。由于股票价格超过执行价格,交易者放弃行权,将股票以53港元的市场价卖出,同时将期权以0.46港元平仓。股票卖价比8月10日的价格47港元高出6港元,而期权平仓价为0.46港元,期权每股亏损3.10－0.46＝2.64港元,冲抵了股票上涨所获收益,相当于股票以50.36港元的价格卖出。

如果股票价格下跌,则交易者执行期权,以执行价格50港元将股票出售,权利金投入等于降低了股票卖价,股票实际售价最低为46.90港元。

从以上结果可以看出,通过买进看跌期权,使股票实际售价最低保持与当前价格基本持平的水平,同时能够享受股票价格上涨的好处,但权利金投入将冲抵股价上涨带来的利润。

(4)锁定现货市场收益,规避市场风险。将有现货者或已签订了购货合同的中间商,未来有现货出售,当其认为现货市场价格趋势不明朗,为规避价格下跌风险,可通过买入该资产的看跌期权进行保值,锁定售货价格,以平稳企业利润。

若以后市场价格下跌至期权的执行价格以下,则投资者可执行期权,在市场上低价买进标的资产并按执行价格出售,所获得的收益可弥补其持有该标的物造成的损失;如果标的物市场价格上涨至执行价格以上,则投资者放弃执行期权,其最大的损失为权利金,而此时持有现货或出售现货所获得的超额收益可能远高于其损失的权利金。

### (四)卖出看跌期权

**1. 卖出看跌期权损益**

与看涨期权相似,看跌期权卖方损益与买方正好相反,买方的盈利即卖方的亏损,买方的亏损即卖方的盈利。看跌期权卖方能够获得的最高收益为卖出期权收取的权利金。如果标的物价格高于执行价格,则买方不会行权,卖方可获得全部权利金收入,或者在期权价格上涨时卖出期权平仓,获得价差收益。但是,一旦标的物价格下跌至执行价格以下,买方执行期权,卖方只能履约,以高于标的物的价格(执行价格)从买方处购入标的物。随着标的物价格的下跌,卖方收益减少,直至出现亏损,下跌越多,亏损越大,但卖方亏损不会达到无限大。卖出看跌期权最大损益结果或到期时的损益状况见图 11-5。

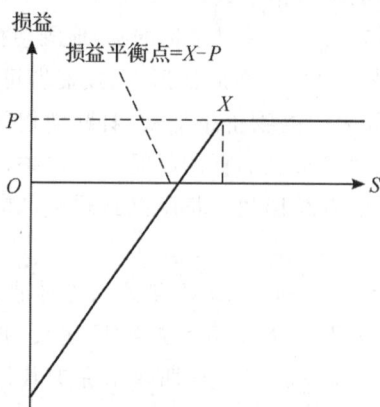

图 11-5 卖出看跌期权损益状况

标的物资产价格变化对看跌期权卖方损益的影响见表 11-12。

表 11-12 标的物资产价格变化对看跌期权空头损益的影响

| 标的物市场价格范围 | 标的物市场价格的变动方向及卖方损益 | 期权头寸处置办法 |
| --- | --- | --- |
| $S \geqslant X$ | 处于盈利状态。无论 $S$ 上涨或下跌,最大盈利不变,等于权利金 | 买方不会执行期权。卖方可买入期权对冲平仓;或持有到期,期权作废(期权不会被执行) |
| $X-P<S<X$ | 处于盈利状态。盈利会随着 $S$ 下跌而减少,随着 $S$ 上涨而增加 | 可买入期权对冲平仓;或接受买方行权,履行期权合约;或持有到期等待期权被自动执行,履行期权合约 |

| 标的物市场<br>价格范围 | 标的物市场价格的变动<br>方向及卖方损益 | 期权头寸处置办法 |
|---|---|---|
| S＝X－P<br>（损益平衡点） | 损益＝0 | 可买入期权对冲平仓；或接受买方行权，履行<br>期权合约；或持有到期等待期权被自动执行，<br>履行期权合约 |
| S＜X－P | 处于亏损状态，亏损随着 S 上涨而减<br>少，随着 S 下跌而增加，但亏损不会<br>无限大，最大亏损＝－X＋P，此时，S<br>应跌至 0 | 可买入期权对冲平仓；或接受买方行权，履行<br>期权合约；或持有到期等待期权被自动执行，<br>履行期权合约 |

2.卖出看跌期权的运用（见表 11－13）

表 11－13　卖出看跌期权综合分析表

| 运用场合 | (1)预期后市上升或已见底；<br>(2)牛市或横盘，市场波动率收窄；<br>(3)牛市或横盘，隐含价格波动率高(high implied volatility) |
|---|---|
| 收益 | 所收取的全部权利金 |
| 风险 | 卖出看跌期权是看好后市，若市价不升反跌，将导致损失<br>损失＝权利金卖出价－权利金买入价(买入价＞卖出价)<br>期权要求行权，损失＝标的物卖出平仓价－执行价格＋权利金<br>当标的物价格持续下跌时，卖方损失不断扩大，最大损失＝－X＋P |
| 损益平衡点 | 执行价格－权利金 |
| 时间价值的损耗 | 时间越是接近到期日，价格又在执行价格左右，卖家的收益越大 |
| 保证金 | 交 |
| 履约部位 | 多头 |

(1)获得价差收益或权利金收益。看跌期权的卖方通过市场分析，认为相关标的物价格将会上涨，或者即使下跌，跌幅也很小，所以卖出看跌期权，并收取一定数额的权利金。待标的物价格上涨时，看跌期权的市场价格随之下跌，看跌期权卖方可以以低于卖出价的价格将期权买入对冲平仓，获得价差收益。如果坚信价格不会下跌，卖方可以一直持有期权至到期，期权不被执行，卖方可获得全部权利金收入。

卖出看跌期权选择不同的有效期、执行价格，选择适当的入市时机，则获利丰厚。从国外实际的交易情况看，卖出看跌期权的收益率并不低，甚至高于买方。对于资金有限的投资者应避免卖出无保护性看跌期权。

(2)对冲标的物空头。如果投资者对标的物市场价格谨慎看空，则可在卖出标的物的同时，或持有标的物空头时，卖出执行价格较低的看跌期权。如果标的物价格上涨，则所获得的权利金等于提高了标的物的卖价，可减少标的物空头的部分损失；如果标的物价格下跌,或期权买方行权,投资者履行期权合约,按执行价格买进标的物将其所持标的物空头平仓。此策略被视为一个标的物空头和一个看跌期权空头的组合,标的物空头对卖出看跌期权形成保护,被称为有担保的看跌期权策略。

[例6] 2012 年 8 月 17 日,CME 交易的 DEC 12 月 EUR/USD 期货合约为 1.4372,某交易者分析该价格过高,以 1 欧元等于 1.4372 美元的价格($S_1$)卖出 1 手(1 手为 125000 英镑)DEC 12 月 EUR/USD 期货合约,卖出收入 $125000 \times 1.4372 \times 1 = 179650$ 美元。10 月 18 日,所卖出的期货合约的市场价格下跌至 1.3734($S_2$),交易者认为欧元下跌势头减弱,如果将其持有的期货合约空头平仓,可获收益 $(1.4372 - 1.3734) \times 125000 = 7975$ 美元。他希望通过构建期权头寸以更低的价格买入期货合约平仓其空头头寸。

当日交易者卖出了 1 张 DEC 12 执行价格为 1.3000 的 EUR/USD 美式看跌期货期权,期权权利金为 0.0132 美元(期权合约规模为 1 张标的期货合约,即 125000 欧元)。如果 EUR/USD 期货合约的市场价格下跌至 1.3000 以下,交易者被要求行权的话,他以 1.3000 的价格买入期货合约对冲其空头持仓;如果标的期货合约的价格下跌,但价格在 1.3000 以上,交易者自行买入期货合约平仓其空头头寸。以上策略使交易者在平仓的同时获得了权利金收入。如果期货合约价格上涨,交易者盈利减少甚至出现亏损,其所获权利金可弥补部分损失。该组合策略各损益状态见图 11 - 6。

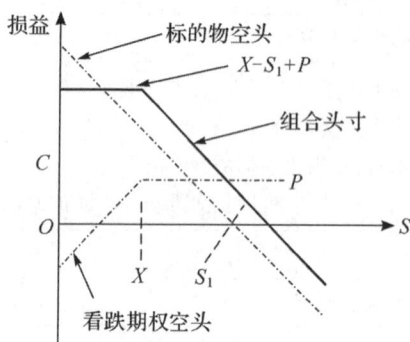

图 11 - 6 组合策略损益状态

在期权有效期内,如果 EUR/USD 期货合约的市场价格下跌至 $S$,但仍然在执行价格以上,即 $S > X$,则买方不会行权,交易者可获得权利金收入,卖出的期权头寸等于降低了所持标的期货合约空头的平仓价格,或增加了所出售的标的期货合约的卖价,扩大了盈利空间,标的期货合约卖价最高可提至 $S_1 + P$。

如果标的期货合约的市场价格下跌至执行价格及以下,即 $S < X$,交易者被指定履约,可按执行价格 $X$ 买入标的期货合约并将所持标的期货空头对冲平仓,同时获得权利金收入,交易者持仓净损益最大为 $(S_1 - X) + P$,且不再随标的期货合约价格的下跌而提高。

当标的资产的市场价格下跌至 $X - P$ 以下时,单独持有标的期货合约更为有利。

2012 年 11 月 20 日,该标的期货合约的市场价格下跌至 1.2768,执行价格为 1.3000 的期权合约的市场价格上涨至 0.0206,如果交易者被指定接受买方行权要求,以 1.3000 的价格买进期货合约,则其组合策略的净损益 $= [(1.4372 - 1.3000) + 0.0132] \times 125000 = 18800$ 美元,高于以 1.3734 平仓时所获收益 7975 美元,但由于标的期货合约的跌幅较大,如果不卖出期权的话盈利会更高,为(1.4372－1.2768)×125000＝20050 美元;交易者如果不被指定履约的话,也可考虑将期权买进平仓,平仓损益＝(0.0132－0.0206)×125000＝－925 美元,然后以 1.2768 的价格对冲其期货合约空头头寸,总损益＝20050－925＝19125 美元。

构建该组合策略主要考虑的因素:

第一,看跌期权的执行价格。所卖出期权的执行价格越低,买方行权的可能性越小,对构建该组合策略者越有利,但执行价格越低,看跌期权的权利金越低,卖出期权对增加标的物空头的持仓利润的影响越小。

第二,标的物价格的变化趋势。如果预期标的资产的市场价格下跌至期权的执行价格与权利金的差以下,单独持有标的资产更为有利,即预期标的物市场价格将大幅下跌时不宜采用此策略;如果预期标的物市场价格上涨,则不会卖出或继续持有标的物空头。所以,此策略适用于对标的物市场谨慎看空的市场环境。

第三,低价买进标的物。如果投资者想买进标的物但认为价格偏高,也可卖出执行价格较低的看跌期权。如果标的物价格上涨,投资者可赚取权利金收益;如果标的物价格下跌至执行价格以下,投资者被指定行权按执行价格买进标的物,实现其买进标的物的目的。

## 二、期权套期保值策略

与期货套期保值目的和功能相似,构建期权套期保值策略的目的是利用期权交易对冲现货或期货合约风险。期权套期保值策略可以有多种方式,本部分仅介绍利用单一期权对冲现货风险的简单套期保值策略。

### (一)买进看涨期权套期保值

生产企业或已签订了售货合同的中间商,未来需购买现货,但担心现货市场价格上涨,可通过购买该资产的期货合约对冲价格上涨风险,当其认为该资产价格趋势不明朗,为规避价格上涨风险,买入该资产的看涨期权更为有利。

买方买入看涨期权后便取得了以既定的执行价格买进标的资产的权利,这样可以为将来买入的标的资产限定一个最高买入价格,以防止价格上升而造成损失,达到商品保值的目的。若以后市场价格上涨至期权合约的执行价格以上,则该投资者可执行期权。此时现货市场价格也有一定幅度的上涨,执行期权并将期货合约出售所获得的收益可弥补其购买该标的资产多付出的资金成本;如果标的资产市场价格下跌至执行价格以下,则投资者放弃执行期权,其最大的损失为权利金,而此时购买现货所节省的成本可能远高于其损失的权利金。

与买进期货合约对冲现货价格上涨风险相比,利用买进看涨期权进行套期保值具有以下特征。

(1)买进看涨期权套期保值比买进期货合约套期保值具有更大的杠杆效用,即购买期权所支付的权利金较购买期货合约所需交纳的保证金更低。例如,在 2012 年 10 月 8 日,CME 交易的 DEC 12 原油期货合约的结算价为 92.07 美元/桶,执行价格为 90 美元/桶的看涨期权的市场价格为 4.93 美元/桶,如果期货合约的保证金为 10%,购买 1 手原油期货

（合约单位为 1000 桶）需要交付保证金 1000×92.07×10％＝9207 美元，而购买一张该标的期货合约的看涨期权，需要支付权利金 1000×4.93＝4930 美元，杠杆效用放大了近一倍，有时甚至更高。

（2）当价格变化趋势对交易者不利时，买进期货合约的套期保值者需要追加保证金，而期权买方在持仓期间不用再支付任何费用。

（3）如果市场变化对该交易者不利，看涨期权买方最大的损失为权利金，而期货合约买方可能产生很大的风险。

（4）如果市场变化有利于该交易者，则购买期权比直接购买期货合约高出权利金成本。

［例 7］　6 月份，美国某铜电缆厂计划在 9 月份购铜 500 吨，当时现货市场的价格为 7800 美元/吨。该厂商估计未来几个月铜价有可能上涨，工厂会因生产成本提高而遭受损失，于是决定利用衍生品工具对冲价格上涨的风险。该厂商考虑到通过期货套期保值的话，如果现货市场价格不涨反跌，期货市场将遭受较大损失，所以决定利用期权市场锁定其现货市场价格上涨的风险，见表 11 - 14。

表 11 - 14　买进看涨期权套期保值损益分析

| | 现货市场 | 期权市场 |
|---|---|---|
| 6 月份 | 铜价 7800 美元/吨 | 买入 44 手 9 月份看涨期权合约<br>执行价格 3.54 美元/镑<br>权利金 0.112 美元/镑 |
| 8 月份 | 以 7910 美元/吨的价格买入铜 500 吨 | 行使期权，以执行价格 3.54 美元/镑买进 44 手期货合约，并以市场价格 3.706 美元/镑卖出；或以 0.166 美元/镑卖出 9 月份看涨期权合约 |
| 结果 | 多付出购货成本<br>110×500＝55000 美元 | 行权净损益：<br>(3.706－3.54－0.112)×44×25000＝59400 美元；<br>或期权平仓净损益：<br>(0.166－0.112)×44×25000＝59400 美元 |

该厂在 CME 买入 44 手（每手 25000 镑，44 手约 498.95 吨）执行价格为 3.54 美元/镑的 9 月份铜期货美式看涨期权合约，成交价为 0.112 美元/镑。到 8 月份时，现货市场上的铜价上升到 7910 美元/吨，9 月份铜期货合约价格为 3.706 美元/镑。该厂商行使期权，以 3.54 美元/镑的执行价格买进 44 手 9 月份的铜期货合约，并以 3.706 美元/镑的价格将期货合约卖出，每镑获得价差收益 3.706－3.54＝0.166 美元，扣除先前支付的权利金 0.112 美元/镑，实际获利 0.054 美元/镑，44 手合约共获利 44×25000×0.054＝59400 美元。而现货市场上，该厂商以 7910 美元/吨的价格买入 500 吨钢，与 6 月份的铜价相比，每吨多支付货款 7910－7800＝110 美元，500 吨合计多支付货款 55000 美元。期权交易的盈利完全对冲了现货市场价格上涨的风险。

8 月份，随着标的期货合约价格的上涨，铜看涨期权合约的权利金上涨到 0.166 美元/镑，该厂商也可采用对冲平仓的方法了结期权头寸。以此价格卖出 44 手 9 月份铜看涨期权合约,期权价差收益＝(0.166－0.112)×44×25000＝59400 美元,期权平仓盈利同样可以对冲现货市场价格上涨的风险。

如果到 8 月时,铜现货价格大幅度下跌,在收敛规律的作用下,9 月份铜期货合约价格也会大幅下跌,如果 9 月份铜期货合约价格跌至 3.492 美元/镑或者更低,该厂商只要放弃看涨期权,让其到期自动作废,他的最大损失也只限于买进看涨期权时所支付的 0.112 美元/镑的权利金,44 手合计损失 44×25000×0.112＝123200 美元,而且可在到期前将期权合约对冲平仓,权利金损失会低于 123200 美元,还可低价在市场上买进铜现货。

当现货市场价格下跌时,尽管利用看涨期权进行套期保值比期货多头套期保值的损失要小,但上例中损失 123200 美元的权利金也是一笔不小的支出,而且如果标的物市场价格上涨,采用期权套期保值比利用期货套期保值要多付出权利金代价。

对于计划在未来购买现货的企业,在利用看涨期权套期保值时,可在买进看涨期权的同时卖出执行价格较低的看跌期权,执行价格的选择可考虑企业未来购买现货的成本。如果标的物市场价格上涨,交易者看涨期权盈利,同时还收获了看跌期权的权利金收入;如果标的期货合约市场价格下跌,交易者可接受买方行权,按执行价格买进期货合约,并进行交割,实现其购买标的现货的目的,其卖出看跌期权的权利金收入可使购买价格进一步降低。

**(二)买进看跌期权套期保值**

生产商或已签订了购货合同的中间商,未来需要出售资产,但认为资产价格趋势不明朗,为规避价格下跌风险,买入该资产或相关标的资产的看跌期权更为有利。

若以后市场价格下跌至期权执行价格以下,投资者可执行期权。在市场上低价买进标的资产并按执行价格将资产出售,所获收益可弥补其现货资产下跌所造成的损失;如果标的资产市场价格上涨至执行价格以上,则投资者放弃执行期权,其最大的损失为权利金,而此时持有现货或出售现货所获得的超额收益可能远高于其损失的权利金。

与卖出期货合约对冲现货价格下跌风险相比,利用买进看跌期权进行套期保值具有以下特征。

(1)和买进看涨期权相似,买进看跌期权所支付的权利金较卖出期货合约所需交纳的保证金更低,即买进看跌期权套期保值与卖出期货合约套期保值相比具有更大的杠杆效用。例如,在 2012 年 10 月 8 日,某投资者以 2.86 美元/桶的价格买进 CME 交易的 DEC 12 执行价格为 90 美元/桶的原油期货看跌期权,需支付期权费 1000×2.86＝2860 美元,而卖出 DEC 12 月期货合约(结算作为 92.07 美元/桶)需存入保证金 1000×92.07×10％＝9207 美元。由此可见,买进看跌期权的杠杆效应可以远远大于卖出相同标的资产期货合约的杠杆效应。

(2)同样,当价格变化趋势对交易者不利时,期货套期保值者需要追加保证金,而期权买方在持仓期间不需要支付任何费用。

(3)如果市场变化对交易者不利,看跌期权买方最大的损失为权利金,而卖出期货合约可能产生很大的风险。

(4)如果市场变化有利于该交易者,则通过购买看跌期权套期保值比直接卖出期货合约要多支付权利金。

[例8] 2012年6月29日,某机构投资者以42港元的价格买进香港交易所九龙仓集团有限公司股票100万股。10月24日,该股票价格上涨至53元,交易者认为股票价格已经上涨至目标价位,希望以此价格卖出股票实现投资收益。因直接卖出会产生较大的冲击成本,故:(1)采用买进该股票看跌期权策略达到锁定利润的目的;(2)采用卖出该股票期货合约的方式实现账面利润。

(1)采用买进看跌期权策略锁定收益。交易者以1.26元的价格买进NOV 12执行价格为52港元的股票看跌期权1000张。支付权利金$1.26 \times 1000 \times 1000 = 1260000$港元。

如果股票价格继续上涨,尽管购买的看跌期权有所损失,但股票持仓将获得更多收益;如果股票价格下跌,看跌期权的盈利将弥补股票价格下跌造成的损失。

2012年11月26日,该股票价格上涨至57港元,期权价格下跌至0.01港元。交易者将组合头寸平仓,以57港元的价格卖出股票,以0.01港元的价格将期权平仓。由于采用期权策略多付出权利金代价$(1.26 - 0.01) \times 1000000 = 1250000$港元,其股票卖价相当于$57 - 1.25 = 55.75$港元。

(2)采用卖出期货合约策略锁定收益。交易者以53.12港元的价格卖出NOV 12股票期货合约100万张,每张期货合约的合约规模为1000股。如果交易所收取保证金的比例为10%,交易者得交纳$53.12 \times 1000000 \times 10\% = 5312000$港元。

当股票价格上涨至57港元时,该期货合约的价格上涨至56.82港元,交易者将期货合约平仓,同时在市场上以57港元将股票卖出。采用期货策略所付出的代价为期货头寸净损失$(56.82 - 53.12) \times 1000000 = 3700000$港元,远高于权利金投入的代价;其股票卖价相当于$57 - 56.82 + 53.12 = 53.30$港元。

如果股票价格下跌的话,采用期权策略则要多付出权利金成本。

同样,对于该例中的股票持有者,在利用看跌期权套期保值时,可在买进看跌期权的同时卖出执行价格较高的看涨期权,执行价格的选择可考虑股票持有者卖出股票的目标价格。如果标的物市场价格下跌,交易者看跌期权盈利,同时还收获了看涨期权的权利金收入;如果标的物市场价格上涨,交易者可接受买方行权,按执行价格将所持股票卖出,实现其以较高价格卖出股票的目的,其卖出的看涨期权的权利金收入还可进一步提高股票的卖价。

上例中,该交易者在买进股票看跌期权的同时,卖出执行价格为55港元的看涨期权,所得权利金为0.79港元。11月26日,当股票价格上涨至57港元时,如果交易者被指定行权,以55港元的价格将所持股票对冲,其股票卖价为$55 + 0.79 = 55.79$港元,好于单独看跌期权策略;如果股票价格下跌,则收取的0.79港元权利金收入冲抵了部分购买看跌期权所投入的权利金成本。

### 三、期权套利策略

与期货套利策略相似,期权套利策略是指在买进期权合约的同时,卖出类型相同但其他要素不同,或卖出其他要素相同但类型不同的期权合约,从而避免单一期权交易对行情判断错误所付出的权利金代价,但同时也降低了因判断正确获得高收益的可能。

期权套利策略有很多,通常按套利时建仓的期权头寸类型是否相同进行分类,可分为价差套利和组合套利两种。

### （一）价差套利

期权价差套利策略是指同时持有相同类型的两个或多个期权头寸的策略（即两个或多个看涨期权，或者两个或多个看跌期权）。价差策略包括牛市价差、熊市价差、盒式价差、蝶式价差、日历价差、对角价差等策略。其中，牛市价差策略和熊市价差策略是最基本的价差策略。

拓展资料 11-5

构建价差策略者通过对标的物未来市场价格趋势进行分析，在预期价格趋势的基础上构建套利组合而获利。套利者预期在一个期权价格上升的同时，另一个期权价格应该下跌，则买进一个期权的同时卖出与该期权相同类型但执行价格不同的期权。

1. 牛市价差期权（bull spreads）

牛市价差期权是最普遍的价差期权类型。该策略由两种不同执行价格的期权头寸组成，购买一个确定执行价格的看涨期权和出售一个相同标的、到期日相同的较高执行价格的看涨期权得到。其特点是在标的物价格上涨时才能够获利。当投资者预期标的物价格上升时，可考虑采用牛市价差策略。对于看涨期权，执行价格越低，权利金应该越高，所以出售的执行价格较高的期权的权利金应该小于购买的执行价格较低的期权的权利金。因此，用看涨期权构造牛市价差期权策略时，需要一定的初始投资。

牛市价差期权有三种不同类型：

（1）期初两个看涨期权均为虚值期权。

（2）期初一个看涨期权为实值期权，另一个为虚值期权。

（3）期初两个看涨期权均为实值期权。

此外，通过购买较低执行价格的看跌期权和出售较高执行价格的看跌期权也可以建立牛市价差期权。对于看跌期权，执行价格越高，权利金也越高，所以与利用看涨期权建立的牛市价差期权不同，利用看跌期权建立的牛市价差期权投资者开始会得到一个正的现金流（忽略保证金要求和交易成本），即构建策略初期交易者盈利，标的物价格下跌会使交易者亏损，所以该策略也被称为牛市价差期权策略。用看跌期权建立的牛市价差期权策略的最终收益低于用看涨期权建立的牛市价差期权策略的最终收益。

[例 9]　某交易者 9 月 10 日在 CME 以 0.0106 的价格出售一张执行价格（汇率）为 1.5900 的 DEC 12 GBP/USD 看涨期货期权，同时又以 0.0467 的价格买进同一张执行价格为 1.5100 的 GBP/USD 看涨期权，该日 DEC 12 GBP/USD 期货合约的价格为 1.5341，试分析该交易者的盈亏状况。期权组合的盈亏状况如图 11-7 所示。

交易当日，标的物的市场价格为 1.5341，出售的看涨期权为实值期权，买进的看涨期权为虚值期权，交易

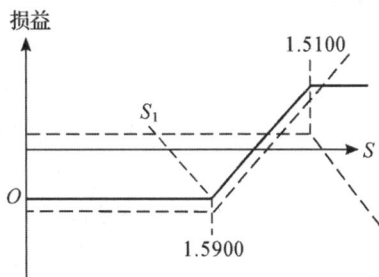

图 11-7　牛市价差期权损益状态

者的净损益为买入期权和卖出期权的价差,即该策略的初始现金流＝－0.0467＋0.0106＝－0.0361。

当标的物的市场价格达到 $S_1$ 时,交易者停止亏损,$S_1$ 为该策略的损益平衡点。由图 11-7 可见,当标的物的市场价格上涨至 $S_1$ 时,交易者的空头头寸仍盈利 0.0106,所以多头头寸亏损 0.0106,多头损益＝$S_1$－1.510－0.0467＋0.0106,$S_1$＝1.5461。

当标的物的市场价格超过 $S_1$ 时,交易者开始盈利,随着标的物市场价格的上涨,盈利增加,但当标的物的市场价格上涨至 1.5900 时,盈利不再随标的物市场价格的上涨而进一步增加,即标的物市场价格在 1.5900 及以上时盈利保持不变,此时交易者的多头头寸盈利,空头头寸亏损,组合净损益＝1.5900－0.0467－1.5100＋0.0106＝0.0439,标的物市场价格在 1.5900 以上时,组合的净损益恒为 0.0439。

通过以上分析可见,通过该组合策略,交易者最大亏损为构建策略时的初始投资额 0.0361,锁定了风险,但也限制了盈利空间,最大的盈利为 0.0439。

2. 熊市价差期权(bear spreads)

与牛市价差期权策略相同的是,熊市价差期权策略也是由两种不同执行价格的期权头寸组成,不同的是,该策略的特点是在标的物价格下跌时能够获利,熊市价差期权也因此而得名。当投资者预期标的物价格下跌时,可考虑采用熊市价差策略。熊市价差策略可通过购买一个确定执行价格的看涨期权和出售另一个相同标的、到期日相同的较低执行价格的看涨期权得到。利用看涨期权构造的熊市价差期权可以获得一个初始的现金流入(忽略保证金要求),这是因为出售的看涨期权的价格高于购买的看涨期权的价格。

与牛市价差期权类似,熊市价差期权降低了标的物价格向不利方向变动时的损失,但同时也限制了标的物价格向有利方向变动时的潜在盈利。熊市价差期权也可以用看跌期权来构造。投资者购买较高执行价格的看跌期权并出售较低执行价格的看跌期权。持有由看跌期权构造的熊市价差期权需要的初始投资。作为对放弃获得更大盈利机会的补偿,投资者获得了出售期权的期权费。

[例10] 某交易者 9 月 10 日在 CME 以 22'3 (22.375 ≈22)美分/蒲式耳的价格出售一张 12 月份到期、执行价格为 450 美分/蒲式耳的玉米看跌期权,同时以 37'5 (37.675 ≈38)美分/蒲式耳的价格购买一张相同合约月份、执行价格为 490 美分/蒲式耳的玉米看跌期权,如果此时 12 月份玉米期货合约的价格为 478'2(478.5)美分/蒲式耳,试分析该交易者的盈亏状况。

根据以上数据,两个看跌期权均为虚值期权,期权组合的盈亏状况如图 11-8 所示。

交易当日,标的物的市场价格为 478.5 美分/蒲式耳,此时看跌期权买方不会行权,卖出的看跌期权最大盈利共 22 美分/蒲式耳,买入的看跌期权最大亏损为 38 美分/蒲式耳,净损益＝－38＋22＝－16 美分/蒲式耳。

标的物的市场价格等于或在 490 美分/蒲式耳以上时,交易者均处于亏损状态,且最大亏损保持不变,为－16 美分/蒲式耳。

当标的物的市场价格低于 490 美分/蒲式耳并继续下跌时,亏损减少,至某点 $S_1$ 时,盈亏平衡。由于期权空头头寸盈利 22 美分/蒲式耳,多头头寸应该亏损 22 美分/蒲式耳,490－$S_1$－38＋22,$S_1$＝474 美分/蒲式耳。

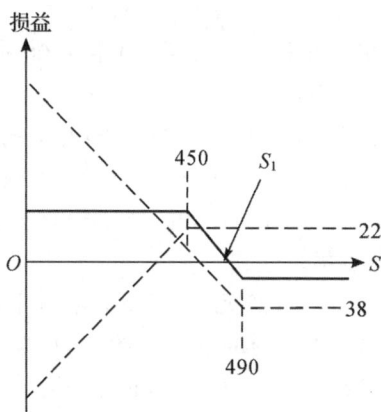

图 11-8 熊市价差期权损益状态

标的物的市场价格低于 474 美分/蒲式耳并继续下跌时,交易者开始盈利,且盈利随着标的物市场价格的下跌而增加,但当标的物价格跌至 450 美分/蒲式耳时,盈利达到最大并保持不变,即不会随标的物价格的下跌而改变。当标的物跌至 450 美分/蒲式耳及以下时,交易者净损益＝490－38＋22－450＝24 美分/蒲式耳。

通过以上分析可见,采用该熊市价差期权策略,最大亏损为 16 美分/蒲式耳,大大缩小了亏损程度,但也限定了盈利空间,最大盈利为 24 美分/蒲式耳。

3.蝶式价差期权(butterfly spreads)

蝶式价差期权策略由三种不同执行价格的期权头寸所组成。当投资者预期标的物价格不可能发生较大波动时,可考虑采用买入蝶式价差策略。可通过如下方式构造:同时购买一个较低执行价格和较高执行价格的看涨(或看跌)期权,再出售两个中间执行价格的看涨(或看跌)期权。一般来说,中间执行价格非常接近标的物价格。如果标的物价格保持在中间执行价格附近,运用该策略就会获利;如果标的物价格在任何方向上有较大波动,则会有少量损失。这一策略需要少量的初始投资,损益状况见图 11-9 和图 11-10。

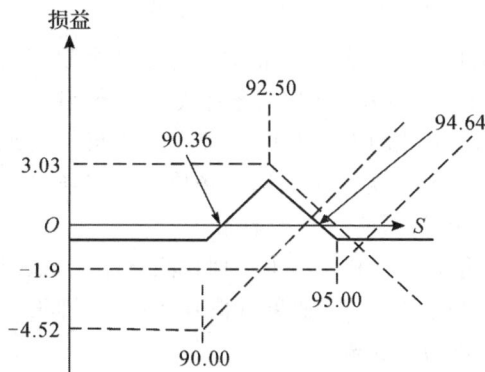

图 11-9 看涨期权构成的蝶式策略

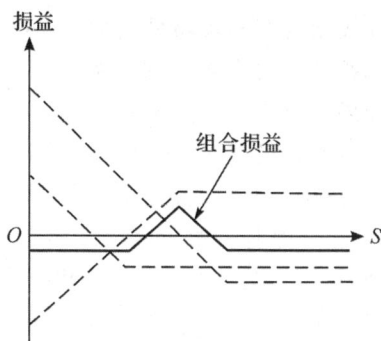

图 11-10 看跌期权构成的蝶式策略

[例 11] 2012 年 10 月 17 日,CME 原油期货 DEC 12 的价格为 92.59 美元/桶,某交易者认为近期内该合约价格会在该价格附近波动,于是决定通过构建蝶式价差期权获取

收益。

该交易者以 3.03 美元/桶的价格卖出 2 手（每手 1000 桶）该标的执行价格为 92.50 美元/桶的美式看涨期货期权，又分别以 4.52 美元/桶和 1.90 美元/桶的价格买进 1 手该标的执行价格分别为 90.00 美元/桶和 95.00 美元/桶的美式看涨期货期权。

当标的期货合约价格在 90.00 美元/桶至 92.50 美元/桶之间，且达到损益平衡时，损益平衡点 $S$ 的计算如下：$(3.03 \times 2) + (-1.90) + (S - 90 - 4.52) = 0$，$S = 90.36$，即 $S$ 在 90.36 美元/桶以下时，交易者亏损。

当标的期货合约的价格在 90.36 美元/桶以下并继续下跌至 90.00 美元/桶及以下，交易者亏损最大且不再随标的期货合约的下跌而改变，损益为 $3.03 \times 2 - 1.90 - 4.52 = -0.36$ 美元/桶，总损益为 $1000 \times (-0.36) = -360$ 美元。

当标的资产价格在 92.50 美元/桶至 95.00 美元/桶之间，且达到损益平衡时，损益平衡点 $S$ 的计算如下：$(-S + 92.50 + 3.03) \times 2 + (-1.90) + (S - 90 - 4.52) = 0$，$S = 94.64$，即 $S$ 在 94.64 美元/桶以上时，交易者亏损。

当标的期货合约的价格在 94.64 美元/桶以上并继续上涨至 95.00 美元/桶及以上时，交易者亏损最大，且亏损数额不再随标的期货合约的上涨而改变，损益为 $(-95 + 92.5 + 3.03) \times 2 + (-1.90) + (95 - 90 - 4.52) = -0.36$ 美元/桶，总损益为 $-0.36 \times 1000 = -360$ 美元。

标的物价格在 90.36 美元/桶至 94.64 美元/桶之间时，交易者盈利；价格为 92.50 美元/桶时，交易者盈利最大，为 $(3.03 \times 2) + (-1.90) + (92.50 - 90 - 4.52) = 2.14$ 美元/桶，总损益为 $1000 \times 2.14 = 2140$ 美元。

如果看跌期权均为欧式期权，运用看跌期权构造的蝶式价差期权与运用看涨期权构造的蝶式价差期权完全一样。

卖空蝶式价差策略可通过如下方式构造：同时出售一个较低执行价格和较高执行价格的看涨（或看跌）期权，再购买两个中间执行价格的看涨（或看跌）期权。如果股价发生较大的变化，这个策略将获得一定的收益。

**（二）期权组合套利策略**

期权组合套利策略是指构建同一标的物、相同或不同执行价格的一个或多个看涨期权和看跌期权的策略，主要有跨式组合、Strips 组合与 Straps 组合、宽跨式组合等策略。

如果投资者预计标的物市场价格将大幅波动，但波动方向不明确，则可以考虑构建组合套利策略。买进同一标的物的看涨期权和看跌期权，无论标的物市场价格上涨还是下跌，方向正确的期权获利，方向错误的期权损失权利金，所获得的收益大于权利金损失。所以，无论未来标的物价格上涨还是下跌，交易者均可获利。与单一期权策略相比，如果行情判断正确，交易者比单向期权要多付出一个权利金代价，如果行情判断错误，即没有大幅波动而是窄幅整理，则交易者将损失两个期权的权利金。

1. 跨式期权（straddle）

组合期权策略中非常普遍的就是跨式期权策略。跨式期权的构建是同时买入具有相同执行价格、相同到期日、同种标的资产的看涨期权和看跌期权。在期权到期日，如果标的资产价格非常接近执行价格，该策略就会发生损失；反之，如果标的资产价格在任何方向大幅偏离执行价格,投资者就会获取大量利润。

当投资者预期标的资产价格会大幅波动,但不知变动方向时,可采用此策略。参见图 11－11。

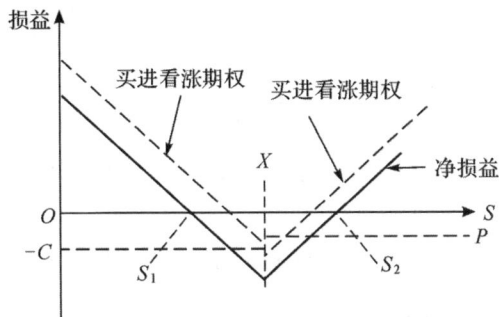

图 11－11 跨式组合期权策略的损益

从图 11－11 可以看出,当标的资产价格在 $S_1$ 和 $S_2$ 之间时,交易者处于亏损状态;标的资产价格下跌至 $S_1$ 以下或上涨至 $S_2$ 以上,交易者均可实现盈利。所以,标的资产价格大幅波动对交易者有利。

2. strips 期权策略和 straps 期权策略

strips 期权策略由相同执行价格和相同到期日的一个看涨期权和两个看跌期权的多头组成。投资者认为标的资产价格会有很大的变化,且标的资产价格下降的可能性要大于标的资产价格上涨的可能性时,可考虑采用此策略。此策略的损益状态参见图 11 -12。

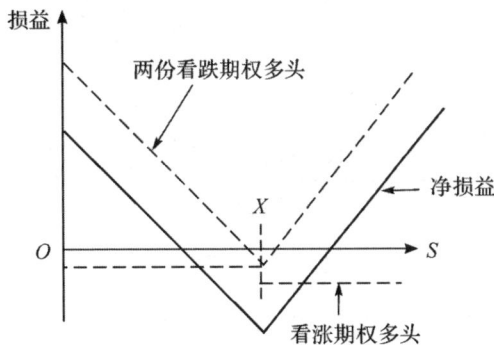

图 11－12 strips 期权策略的损益

straps 期权策略由相同执行价格和相同到期日的两个看涨期权和一个看跌期权的多头组成。同样的,straps 期权策略也适用于标的资产价格大幅变化的情形,与 strips 期权策略不同的是,该策略适用于标的资产价格上升的可能性大于下降的可能性的情形,此策略的损益状态参见图 11－13。

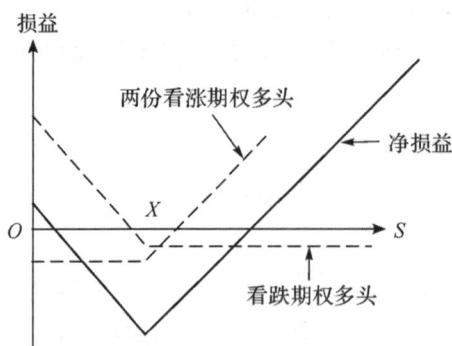

图 11-13　straps 期权策略的损益

**3. 宽跨式期权策略(strangle)**

宽跨式期权策略也被称为地步垂直价差组合(bottom vertical combination)。购买相同到期日但执行价格不同的一个看跌期权和一个看涨期权,看涨期权的执行价格高于看跌期权的执行价格。

宽跨式期权策略与跨式期权策略相似,当投资者预期标的资产价格会大幅波动,但不能确定是上升还是下降时,可考虑采用此策略。与跨式期权策略不同的是,宽跨式期权策略中标的资产价格变动程度要大于跨式期权策略中的标的资产价格变动程度,投资者才能获利,此策略损益状态见图 11-14。

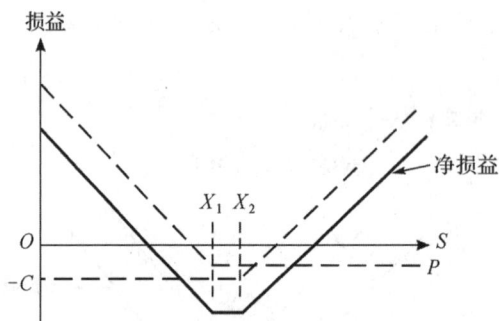

图 11-14　宽跨式期权策略的损益

采用宽跨式期权策略时投资者获利大小取决于两个期权执行价格的接近程度。距离越近,潜在损失就越小,标的资产价格变动程度越大,获得的利润也就越多。

## 本章小结

期权,也称为选择权,是指期权的买方有权在约定的期限内,按照事先确定的价格,买入或卖出一定数量某种特定商品或金融工具的权利。与其他交易相比,期权交易的最大特点是买卖双方权利、义务、收益和风险均不对等,且损益状态为非线性。

期权要素是指期权交易时所涉及或必须考虑的基本因素或指标,包括执行价格、期权费、标的物、行权方向和行权时间、有效期和到期日、保证金等。

交易所交易的期权合约是由交易所统一制定的标准化合约。除期权价格外,其他期权相关条款均在期权合约中列明。芝加哥期权交易所是场内期权交易的发源地。

期权价格,即权利金,是期权买方为取得期权合约所赋予的权利而支付给卖方的费用,由内涵价值和时间价值组成。

期权的内涵价值是指在不考虑交易费用和期权费的情况下,买方立即执行期权合约可获取的收益。内涵价值由期权合约的执行价格与标的物市场价格的关系决定:

看涨期权的内涵价值=标的物的市场价格-执行价格。

看跌期权的内涵价值=执行价格-标的物的市场价格。

期权的时间价值,又称外涵价值,是指在权利金中扣除内涵价值的剩余部分,它是期权有效期内标的物市场价格波动为期权持有者带来收益的可能性所隐含的价值。

时间价值=权利金-内涵价值。

影响权利金的基本因素包括:标的物市场价格、执行价格、标的物市场价格波动率、距到期时剩余时间、无风险利率等。

期权交易的简单策略有买进看涨期权、买进看跌期权、卖出看涨期权、卖出看跌期权四种。

构建期权套期保值策略的目的是利用期权交易对冲现货或期货合约风险,最简单的可分为买进看涨期权套期保值和买进看跌期权套期保值。

期权套利策略通常按套利时建仓的期权头寸类型是否相同进行分类,可分为价差套利和组合套利两种。其中,牛市价差策略和熊市价差策略是最基本的价差策略。期权组合套利策略是指构建同一标的物、相同或不同执行价格的一个或多个看涨期权和看跌期权的策略,主要有跨式组合、strips 组合与 straps 组合、宽跨式组合等策略。

## 思考与练习

1.什么是期权?它有什么特点?

2.期权有哪些基本类型?

3.期权有哪些基本要素?

4.什么是期权价格?它的取值范围如何?

5.请论述期权价格的构成。

6.哪些因素会影响期权的价格?

7.了结期权头寸的方式有哪些?

8.最基本的期权交易策略有哪几种?

9.构建期权套期保值的最基本策略有哪些?分别具有什么特点?

# 参考文献

渤海商品交易所. http://www.boce.cn.

常清. 供给侧改革下大宗商品价格走势展望[J]. 价格理论与实践,2017 (2):30-31.

陈雨露. 国际金融[M]. 5 版. 北京:中国人民大学出版社,2015.

CME 集团. http://www.cmegroup.com.

海关信息网. http://www.haiguan.info.

黄达. 货币银行学[M]. 5 版. 北京:中国人民大学出版社,2014.

黄国平,方龙. 全球大宗商品市场前景展望及应对策略[J]. 财经问题研究,2017 (8):
  30-36.

黄勇. 大宗商品金融化及国际贸易定价权研究[J]. 统计与决策,2015 (18):155-157.

John Hull. *Options, Futures, and Other Derivatives* [M]. 9th ed. London:Pearson
  Education Limited,2014.

李靓,穆月英. 大宗商品国际市场价格波动的影响因素研究——基于分组国家的比较[J].
  国际金融研究,2015,399 (10):55-63.

梁坤. 大宗商品电子交易保证金管理模式研究[D]. 北京:对外经济贸易大学,2011.

刘子佳. 进口大宗商品和通货膨胀[D]. 北京:中国社会科学院研究生院,2016.

吕志平. 大宗商品金融化问题研究[J]. 湖北社会科学,2013 (2):77-80.

马春阳. 大宗商品金融化的影响研究[M]. 南京:南京大学出版社,2016.

宁波大宗商品交易所. http://www.nbdzsp.cn.

庞红,尹继红,沈瑞年. 国际结算[M]. 5 版. 北京:中国人民大学出版社,2016.

融宝. http://www.reapal.com.

上海浦东发展银行. http://www.spdb.com.cn.

深圳石油化工交易所. http://www.szpex.org.cn.

王超. 机构聚焦大宗商品,商品 ETF 呼声高[N]. 期货日报,2016-11-28(A04).

王珂,徐思远. 商品 ETF 市场的发展趋势及对我国的启示[J]. 中国管理信息化,2016
  (19):134-135.

王志萍,张问鼎. 全球原油 ETF 发展概况及借鉴意义不直接持有实物,主要跟踪原油期货
  价格或特定原油指数[N]. 期货日报,2014-11-10(A03).

张翔,刘璐,李伦一. 国际大宗商品市场金融化与中国宏观经济波动[J]. 金融研究,2017
  (1):35-51.

张晓珍. 商品 ETF 的分类及运作模式已经成为一种有效的规避通胀风险的投资工具

［N］.期货日报,2016-03-08(A03).

张筱翠.铜 ETF 获受理,行业 ETF 密集上市,场内工具型基金迎来大发展［N］.证券时报,2016-08-09(A10).

张雪莹,刘洪武.国际大宗商品金融化问题探析［J］.华北金融,2012(4):4-21.

中国(上海)自由贸易试验区.http://www.china-shftz.gov.cn.

中国大宗商品市场年鉴 2013［M］.北京:中华工商联合出版社,2014.

中国大宗商品市场年鉴 2014［M］.北京:中华工商联合出版社,2015.

中国工商银行.http://www.icbc.com.cn.

中国建设银行.http://www.ccb.com.

中国期货业协会.期货市场教程(期货从业人员考试教程),2013.

中国期货业协会.期货投资分析,2012.

中华人民共和国国家统计局.http://www.stats.gov.cn.

中瑞金融.http://www.zrjr.net.

朱学红,谌金宇,彭韬.中国市场的大宗商品金融化测度［J］.统计与决策,2016 (17):149-151.

滋维·博迪.投资学(第 10 版)［M］.北京:机械工业出版社,2017.

**图书在版编目（CIP）数据**

大宗商品金融 / 李玫，肖本华主编. —杭州：浙
江大学出版社，2019.3
ISBN 978-7-308-18231-7

Ⅰ.①大… Ⅱ.①李… ②肖… Ⅲ.①商品市场—金
融—商业服务—研究 Ⅳ.①F713.58 ②F830.9

中国版本图书馆 CIP 数据核字（2018）第 099249 号

**大宗商品金融**

李　玫　肖本华　主编

| | |
|---|---|
| **丛书策划** | 朱　玲 |
| **责任编辑** | 李　晨 |
| **责任校对** | 杨利军　汪　潇 |
| **封面设计** | 春天书装 |
| **出版发行** | 浙江大学出版社 |
| | （杭州市天目山路 148 号　邮政编码 310007） |
| | （网址：http://www.zjupress.com） |
| **排　　版** | 杭州中大图文设计有限公司 |
| **印　　刷** | 绍兴市越生彩印有限公司 |
| **开　　本** | 787mm×1092mm　1/16 |
| **印　　张** | 13.5 |
| **字　　数** | 328 千 |
| **版印次** | 2019 年 3 月第 1 版　2019 年 3 月第 1 次印刷 |
| **书　　号** | ISBN 978-7-308-18231-7 |
| **定　　价** | 49.00 元 |

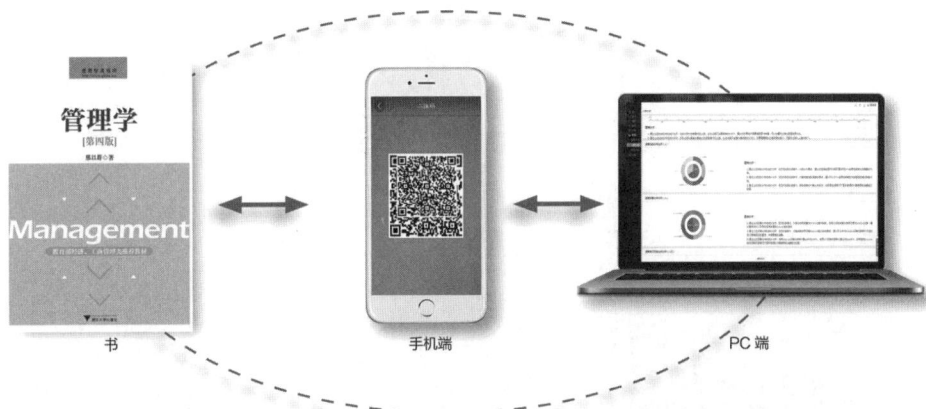

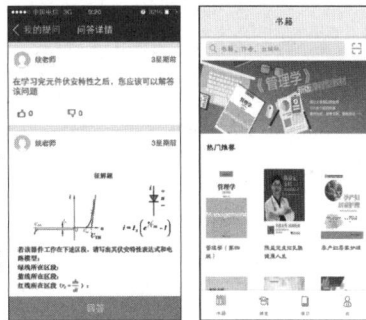